Springer-Lehrbuch

Springer-Verlag Berlin Heidelberg GmbH

Ute Claussen

Objektorientiertes Programmieren

Mit Beispielen und Übungen in C++

Zweite, überarbeitete und erweiterte Auflage
Mit 24 Abbildungen

Springer

Dr. Ute Claussen
Wetterburger Straße 13
D-34454 Bad Arolsen

ISBN 978-3-540-57937-3

Die Deutsche Bibliothek - CIP-Einheitsaufnahme
Claussen, Ute:
Objektorientiertes Programmieren: mit Beispielen und Übungen in C++ /
Ute Claussen.- 2., überarb. und erw. Aufl. -
Berlin; Heidelberg; New York; Barcelona; Budapest; Hongkong; London; Mailand;
Paris; Santa Clara; Singapur; Tokio: Springer, 1998
(Springer-Lehrbuch)
ISBN 978-3-540-57937-3 ISBN 978-3-642-58856-3 (eBook)
DOI 10.1007/978-3-642-58856-3

Umschlaggestaltung: design & production GmbH, Heidelberg
Satz: Reproduktionsfertige Vorlagen von der Autorin
SPIN: 10473679 33/3142 543210 Gedruckt auf säurefreiem Papier

Für
Josef,
der gerne
objektorientiert
programmieren würde,
wenn damit Dreiecke noch
schneller darstellbar wären.

Vorwort

Liebe Leserin, lieber Leser,

objektorientiertes Programmieren ist in aller Munde. Es wird von vielen als die Lösung aller Probleme der viel beschworenen Softwarekrise gesehen, von vielen aber auch nur als ein „Trend". Unbestritten ist es ein aktuelles Thema. Um sich kompetent mit diesem Thema auseinandersetzen zu können, werden Kenntnisse benötigt, die ich in diesem Buch vermitteln möchte.

Grundlagen der folgenden Ausführungen sind einerseits Erfahrungen aus einem großen Softwareprojekt, an dem ich beteiligt war, und andererseits die Ausarbeitung einer Vorlesung zum Thema „Grundlagen objektorientierter Programmierung", die ich im Wintersemester 1991/92 an der Universität Bremen gelesen habe. Die Vorlesung diente Studentinnen und Studenten des Hauptfachstudiums Informatik dazu, sich auf die Projektarbeit vorzubereiten. Dementsprechend sind die drei Schwerpunkte des Buches entstanden.

Der erste Schwerpunkt ist die Erarbeitung der Konzepte objektorientierter Programmierung. Es geht dabei nicht um eine bestimmte Programmiersprache, sondern um die Klärung der Begriffe. Was ist ein Objekt? Was ist Vererbung? Was bedeuten diese Konzepte im Vergleich zur prozeduralen Programmierung? Solche Fragen werden dort unabhängig von deren Umsetzung diskutiert.

Sind diese Konzepte vermittelt, so stellt sich die Frage nach der Anwendbarkeit in einem konkreten Projekt, in dem wir arbeiten. Setzen wir die allgemeine Akzeptanz eines Software-Lebenszyklus voraus, so müssen sich die Konzepte der objektorientierten Programmierung in allen Phasen wiederfinden. Eine objektorientierte Analyse- und Entwurfsmethodik wird benötigt, um objektorientierte Programme zu erstellen. Dieses Thema stellt den zweiten Schwerpunkt des Buches dar.

Der letzte Teil dient der praktischen Erarbeitung und Umsetzung des Gelernten. Auf der Basis von Kenntnissen in prozeduralen Programmiersprachen wie PASCAL, Modula-2 oder C werden Grundkenntnisse in C++ vermittelt. C++ ist die derzeit am häufigsten genutzte Sprache mit objektorientierten Eigenschaften.

Neben den Grundkonzepten dieser Sprache steht die Bearbeitung von Übungsaufgaben wachsender Komplexität bis hin zu einem kleinen Projekt im Mittelpunkt dieses Teils. In dem Projekt werden alle im Buch vermittelten Techniken angewandt – von der Spezifikation über den Entwurf bis hin zur Programmierung in C++.

Das Ziel des Buches ist, Grundlagen für die eigenständige Bearbeitung von Projekten zu schaffen und die Beurteilung der Methodik im Vergleich zu anderen zu ermöglichen, so daß Sie für Ihr Projekt entscheiden können, ob objektorientiertes Programmieren für dessen Erfolg günstige Voraussetzungen schafft.

Am Schluß möchte ich mich bei verschiedenen Personen bedanken, die auf die eine oder andere Art zu diesem Buch beigetragen haben. Die Studentinnen und Studenten der Vorlesung „Grundlagen objektorientierter Programmierung" an der Universität Bremen, die in solchen Unmengen in die Vorlesung strömten und dort blieben, haben erst die Notwendigkeit für dieses Buch geschaffen und den Bedarf deutlich gemacht. Das Lektorenteam des Springer-Verlages hat mich durch seinen Enthusiasmus für das Projekt verblüfft und extrem motiviert. Ich bedanke mich bei Herrn Dr. Barabas, Frau Malachowski, Herrn Rossbach und Frau Glaunsinger.

Prof. H.-J. Hoffmann, Max Peschek-Schröder und Andreas Middendorf danke ich für die Bereitschaft, sich mit dem Manuskript auseinanderzusetzen. Für die Vervollständigung durch Korrekturen und Anmerkungen danke ich Josef, den anonymen Leserinnen und Lesern sowie Brigitte Evertz-Jägers, Matthias Olt, Ursula Zimpfer und Ilona Kaiser.

Castrop-Rauxel, im Oktober 1992

Ute Claussen

Vorwort zur 2. Auflage

Seit der ersten Auflage von „Objektorientiertes Programmieren" im Jahr 1993 ist die Entwicklung im Bereich der Objektorientierung weiter rasant fortgeschritten.

In der Informatik allgemein prägt das Internet bzw. Intranet inzwischen ganze Entwicklungen, und mit Java hat sich eine neue wichtige Programmiersprache etabliert, die hauptsächlich für Anwendungen in diesem Bereich genutzt wird. Andere Programmiersprachen, in diesem Fall C++, wurden im Standard um wichtige Elemente erweitert, und es wurde eine erste Klassenbibliothek zu C++ international standardisiert.

Mit der Objekt Management Group, kurz OMG, hat sich ein Industriekonsortium aus inzwischen rund 800 Firmen zusammengeschlossen, um Standards im Bereich der Objektorientierung zu verabschieden und durchzusetzen. Als neueste Entwicklung in diesem Konsortium ist die „unified modeling language" UML entstanden, deren Ziel die einheitliche Analyse und Modellierung objektorientierter Systeme ist.

Und auch ich habe inzwischen neue Erkenntnisse gewonnen, die ich gerne in das Buch mit einfließen lassen möchte. Diese basieren auf einem weiteren großen Projekt im industriellen Umfeld und auf etlichen Kursen und Seminaren, die ich zwischenzeitlich zum Thema Objektorientierung gehalten habe. Die Rückmeldungen der Leserinnen und Leser der ersten Auflage haben mir ebenfalls geholfen, Ansatzpunkte für Verbesserungen zu finden.

Insgesamt wurde die Grundstruktur des Buches beibehalten. Die Darstellung der Programmiersprachen ist um Java erweitert, in der konkreten Vorstellung von C++ sind wichtige Konstrukte wie die Ausnahmebehandlung und die C++-Klassenbibliothek nachgetragen.

Die objektorientierten Analyse- und Entwurfsmethoden sind wesentlich umfassender und systematisiert dargestellt und enthalten als „Bonbon" eine Präsentation der UML. Das vorgestellte Analyse- und Entwurfsverfahren wird an dem Beispiel, an dem es eingeführt wird auch vertiefend diskutiert. In den programmiersprachlichen Teil sind etliche neue Beispiele eingeflossen, so wie am Schluß wichtiger Kapitel Ideen und Übungsaufgaben Impulse zur selbständigen Arbeit geben sollen.

Ich möchte mich bei allen bedanken, die inzwischen durch Ideen und Anregungen zur Verbesserung des Buches beigetragen haben: hauptsächlich den Teams von UP-Vision und KUBUS, die in den letzten Jahren immer wieder für „Prüfsteine" der Objektorientierung gesorgt haben. Viele Mitarbeiterinnen und Mitarbeiter der Kurse und Seminare bei den unterschiedlichsten Firmen haben durch ihre Fragen auch in meinem Kopf einige Neubewertungen hervorgerufen. Besonders hervorheben möchte ich dabei die Kolleginnen und Kollegen von debis, die mir gestattet haben, einen Teil ihrer Ergebnisse hier beispielhaft zu verwenden.

Frau Glaunsinger vom Springer-Verlag, die das Buch nunmehr seit seiner Entstehung begleitet, und Herrn Engesser herzlichen Dank für die gute, vertrauensvolle Zusammenarbeit.

Bad Arolsen, im Januar 1998

Ute Claussen

Inhaltsverzeichnis

1 Einleitung

Diese Einleitung behandelt einige Ansatzpunkte des objektorientierten Programmierens und will einen Überblick über die in diesem Buch vermittelten Inhalte geben. Dazu nähern wir uns zuerst der Frage „Was ist objektorientiertes Programmieren?“, die hier aber nicht abschließend behandelt wird. Nach Erarbeitung der Grundkonzepte wird diese Frage nochmals genauer erörtert.

Kann die erste Frage vorerst noch nicht befriedigend beantwortet werden, so führt die Frage „Wofür wird objektorientiertes Programmieren benötigt?“ schon weiter zur ersten These: Die in diesem Buch beschriebenen Methoden erhöhen die Qualität von Software. Dazu muß natürlich ein Qualitätsbegriff festgelegt werden.

Zum Abschluß wird der Inhalt dieses Buches und die Möglichkeiten seiner Bearbeitung vorgestellt. Die Diskussion ergänzender und vertiefender Literatur schließt das einführende Kapitel ab.

1.1 Was ist objektorientiertes Programmieren (nicht)?

Darauf lassen sich die unterschiedlichsten Antworten geben. In verschiedenen Quellen finden sich unterschiedlich starke oder schwache Definitionen. In dieser Einleitung sollen nur Ansatzpunkte einer Definition vorgestellt werden. Eine endgültige Formulierung wird sich erst im Laufe der Diskussion von Eigenschaften objektorientierter Programmierung ergeben. Ihr ist das Kapitel 4 gewidmet.

Was also ist objektorientiertes Programmieren (im folgenden kurz: OOP)?

1. *In*. Das kann durch die Anzahl der in diesem Bereich veröffentlichten Literatur im wissenschaftlichen und populärwissenschaftlichen Bereich belegt werden. „In“ ist natürlich keine Definition, aber die Popularität des Begriffes objektorientiert läßt entweder

den Schluß zu, daß „etwas an der Sache dran ist" oder, daß es sich um eine Modeerscheinung handelt. Die folgenden Ausführungen tragen hoffentlich nicht nur dazu bei, die Flut der Veröffentlichungen zu diesem Thema zu vergrößern, sondern auch dazu, daß Sie sich anschließend eine Beurteilung zutrauen.

2. *Objektorientiert* ersetzt den Begriff *strukturiert*. Daraus läßt sich eine Weiterentwicklung der Erkenntnisse für den Softwareentwurf ablesen. Auf diesem Teilgebiet der Informatik findet nach Ansicht mancher mithin ein sogenannter „Paradigmenwechsel" statt. Ob dieser Wechsel mit der Ablösung des geozentrischen durch das heliozentrische Weltbild vergleichbar ist, sei dahingestellt. Dennoch bedeutet objektorientiertes Programmieren die Umkehrung der Strukturierung von Programmen, wie wir an dem folgenden ersten Versuch einer Definition sehen werden.

3. Ein erster Versuch einer ernsthaften Begründung von objektorientierter Programmierung stammt von Bertrand Meyer [Mey90].

   These 1.1: *EDV-Systeme führen Operationen auf bestimmten Objekten aus; um flexible und wiederverwendbare Systeme zu erhalten, ist es sinnvoller, die Softwarestruktur auf die Objekte statt auf die Operationen zu gründen.*

   In dieser Definition entsprechen die Operationen den Funktionen und Prozeduren, wie sie z.B. in prozeduralen Programmiersprachen wie PASCAL, Modula-2 oder C bekannt sind. Objekte entsprechen den Daten oder Datenstrukturen. Als Softwarestrukturen sind beispielsweise „Units" aus manchen Dialekten von PASCAL oder die Module von Modula-2 bekannt. Auch getrennt übersetzbare Einheiten in C spiegeln eine Softwarestruktur wider. Die Bedeutung dieser Definition wird sich schon im nächsten Kapitel zeigen, in dem abstrakte Datentypen als konzeptioneller Übergang zwischen den prozeduralen und den objektorientierten Programmiersprachen eingeführt werden.
   Die Begriffe der Flexibilität und Wiederverwendbarkeit treten im Zusammenhang mit der Frage „Wofür wird OOP benötigt?" auf und kommen als Begriffe aus dem Bereich des Softwareentwurfs. Sie werden im nächsten Abschnitt und in Kapitel 6 wieder aufgegriffen.

4. *Mit Vorurteilen behaftet*. Bertrand Meyer hat diese Vorurteile in den möglichen Reaktionen auf objektorientierte Programmierung in drei Punkten zusammengefaßt [Mey90]:

(a) Das ist trivial.
(b) Im übrigen wird das nicht funktionieren.
(c) Ich habe sowieso schon immer so gearbeitet.

Jeder dieser drei Einwände hat sicher seine Berechtigung. Es ist tatsächlich ein „trivialer" Schritt, die Struktur von Programmen nicht mehr auf die Operationen, sondern auf die Operanden zu begründen. Diesen Schritt dann aber auch konsequent im Software-Lebenszyklus einzuhalten, neue Methoden der Analyse und des Softwareentwurfs zu verwenden oder diese Methoden gar in einer prozedural orientierten Programmiersprache umzusetzen, ist dann nicht mehr so trivial.

„Im übrigen wird das nicht funktionieren." Auch dies kann eintreten. Meines Erachtens gibt es dafür zwei Gründe, die aber nicht empirisch belegt sind: Es gibt Problemstellungen, deren Umsetzung geradezu nach objektorientierter Programmierung verlangen, z.B. im Bereich der Simulation oder bei der Erstellung grafischer Benutzungsoberflächen, und andere, bei denen das nicht der Fall ist. Insofern kann tatsächlich der Fall eintreten, daß objektorientierter Entwurf und Programmierung das Problem nicht löst und daher nicht „funktioniert".

Der zweite Grund hat mit der „Trivialität" des objektorientierten Programmierens zu tun. So einfach der Schritt der Umstrukturierung erscheinen mag – vielen, die nicht von Anfang ihres „Programmierlebens" an mit dieser Methode vertraut sind, fällt das Umsteigen auf diese Methode schwerer, als sie selbst es wahrhaben wollen. Meiner Einschätzung nach denken selbst nach einem Semester objektorientierter Programmierung noch etwa ein Drittel aller Hörerinnen und Hörer in prozedural orientierten Bahnen. Auch die Seminare im industriellen Umfeld bestätigen diese Tatsache. Je nach Dauer, mit der z.B. einzelne in einem transaktionsorientierten Umfeld gearbeitet haben, fällt es schwer, sich Objekte als unabhängige, zeitlich vergängliche Einheiten vorzustellen.

Das letzte Vorurteil, „Ich habe sowieso schon immer so gearbeitet.", bedeutet letztlich, daß die aussprechende Person objektorientiertes Programmieren schon beherrscht oder es zumindest behauptet. Um so besser. Dennoch könnte es auch für diesen Personenkreis interessant sein zu wissen, ob alle Konzepte des objektorientierten Programmierens in ihrer Vorgehensweise bereits berücksichtigt werden. Insbesondere der Abschnitt zum objektorientierten Entwurf ist dann interessant.

1.2 Wofür wird objektorientiertes Programmieren benötigt?

Die Notwendigkeit, OOP zu benutzen, bzw. die Sinnhaftigkeit für diesen Ansatz kommt als Erkenntnis aus dem Software Engineering bzw. dem Softwareentwurf.

Definition 1.1 (Software Engineering) *Software Engineering befaßt sich mit Prinzipien, Methoden, Werkzeugen und Menschen, die Software unter industriellen Bedingungen planen, entwickeln, anwenden und warten [Sch90]. Das Ziel von Software Engineering ist die Erstellung von Qualitätssoftware.*

Was ist Qualität von Software? Jeder von uns hat dazu – je nach Einstellung – verschiedene Ansichten. Das Deutsche Institut für Normung hat nicht geruht und auch dies in einer Norm niedergelegt (DIN 55 350 [Man91]). Danach läßt sich die Qualität von Software unter anderem an den folgenden Punkten festmachen:

1. *Funktionserfüllung* ist die Erfüllung der Aufgaben, die in der Leistungsbeschreibung einer Software festgelegt sind.
2. Die *Zuverlässigkeit* von Software hat mehrere Aspekte. Software soll unter allen Bedingungen, also auch bei Bedienungsfehlern, ein sinnvolles Verhalten zeigen. Ein anderer Aspekt ist die Häufigkeit und Schwere der bei der Benutzung auftretenden Fehler.
3. Software ist *benutzungsfreundlich,* wenn sie in allen Situationen einfach zu bedienen ist. Damit eng verbunden ist die leichte Erlernbarkeit. Diese Eigenschaft ist wichtig für die Akzeptanz einer Software, die letztlich einen großen Einfluß auf den tatsächlichen Nutzen hat. Die Akzeptanz einer Software hängt aber auch stark von der Vorgehensweise bei ihrer Einführung ab (hinreichende Einweisung).
4. *Effizienz* beschreibt den Ressourcenverbrauch einer Software, z.B. Rechenzeit und Speicherbedarf.
5. Gute *Wartbarkeit* von Software erfordert zunächst, daß Fehler leicht zu lokalisieren und zu beheben sind. Ebenso schwer wiegt aber auch, daß sie sich leicht an geänderte Rahmenbedingungen (z.B. Hardware) anpassen läßt. Wichtig ist dafür ein „durchdachtes" Softwaredesign und eine ebenso gute Dokumentation. Auch die *Portabilität* fällt in den Bereich Wartbarkeit:

Software ist portabel, wenn sie leicht auf eine andere Hardware oder ein anderes Betriebssystem übertragen werden kann.

Flexibilität und Wiederverwendbarkeit sind zwar in diesem Ausschnitt zur Qualität von Software nicht explizit erwähnt, aber der Zusammenhang mit den oben genannten Punkten ist offensichtlich: Portabilität und Wiederverwendbarkeit sind Aspekte von Flexibilität und Wartbarkeit. Ein wartbares Programm kann auch wieder genutzt werden.

Die These, die daher im Zusammenhang mit objektorientierter Programmierung aufgestellt wird, lautet:

These 1.2 *Objektorientiertes Programmieren erhöht die Qualität der Software.*

Ob es das tatsächlich bewirkt und an welchen Punkten sich diese These begründen läßt, zeigt sich im Verlauf dieses Buches. Insbesondere das Kapitel 6 behandelt nochmals die Ziele und Begriffe des Software Engineering.

1.3 Überblick über den Inhalt

Das Buch gliedert sich in drei größere Teile. Der erste Teil befaßt sich mit den Konzepten objektorientierter Programmierung, der zweite mit dem objektorientierten Entwurf und der letzte mit der Anwendung des Gelernten in C++ und der gemeinsamen Durchführung von Aufgaben.

Nach dieser Einführung und der anschließenden Kommentierung der verwendeten Literatur wird sich das nächste Kapitel mit abstrakten Datentypen beschäftigen. Diese stellen meines Erachtens ein sinnvolles Bindeglied zwischen prozedural orientierter und objektorientierter Programmierung dar. Anschließend werden in Kapitel 3 grundlegende Konzepte der OOP beschrieben, unter anderem die Begriffe Klasse und Objekt, Vererbung, dynamisches Binden, Mehrfachvererbung, Hierarchien und Generizität. Das abschließende Kapitel dieses Teils ist dem endgültigen Versuch einer Definition von OOP gewidmet.

Bevor sich der zweite größere Teil mit den Software-Entwicklungsmethoden befaßt, werden in Kapitel 5 objektorientierte Programmiersprachen in einer Übersicht vorgestellt und untersucht, welche der angesprochenen Konzepte sie jeweils wie umsetzen. Der zweite Teil wird durch einen Exkurs in das Software Engineering eingeleitet, in dem auch das in Kapitel 7 beschriebene Verfahren eingeordnet wird.

Anschließend stellt Kapitel 7 eine objektorientierte Software-Entwurfsmethode vor. Diese Methode erlaubt den Übergang von einer Spezifikation zu einem objektorientierten, in eine Programmiersprache umsetzbaren Entwurf. Anhand eines Beispiels wird das Verfahren im Detail behandelt. An diesem Beispiel werden auch die Probleme, die dem Verfahren noch innewohnen, deutlich.

Der letzte Teil ist ganz der praktischen Umsetzung gewidmet. Anhand der Programmiersprache C++ und deren Eigenschaften werden Übungsaufgaben behandelt und umgesetzt. Die Kapitel 8, 10 und 12 dienen der Einführung grundlegender Programmierkenntnisse in C++. Diese können auf der Basis von Kenntnissen in prozeduralen Programmiersprachen nachvollzogen werden. Klassen und Objekte sowie die Realisierung des Prinzips der Vererbung mit allen verwandten Problemen sind Gegenstand dieser Kapitel.

Abwechselnd zu diesen Abschnitten mit C++-Eigenschaften sind in den Kapiteln 9, 11 und 13 Beispiele zur Einübung der gelernten Fertigkeiten vorgesehen. Anhand dreier Übungsaufgaben zur Programmierung einer Klasse, einer Klassenhierarchie und dem Vergleich verschiedener Zugriffsmöglichkeiten wird die Vorgehensweise gezeigt. Insbesondere das Kapitel 13 dient der Diskussion eines weitverbreiteten Vorurteils über objektorientierte Programmiersprachen – sie schluckten zu viel Speicherplatz und seien ineffizient in der Ausführungszeit.

Das letzte Kapitel behandelt die Durchführung eines Projektes von der Spezifikation über den Entwurf bis hin zur Realisierung. Zunächst in der Theorie, anschließend beispielhaft an dem bereits früher besprochenen Projekt. Es ist vom Umfang her sicher ein kleines Projekt, daher aber in seiner Komplexität leicht nachvollziehbar. Ein Großteil der in diesem Buch erlernten Konzepte und Methoden wird praktisch eingesetzt und dient der Übertragung auf Ihr eigenes Projekt.

1.4 Wie können Sie dieses Buch benutzen?

Das Buch ist zum Selbststudium ebenso geeignet wie zum Einsatz in Lehrveranstaltungen an Universitäten oder Weiterbildungseinrichtungen.

Haben Sie grundlegende Kenntnisse in einer prozeduralen Programmiersprache und der Strukturierung von Software, so sollten

Sie das Buch komplett durcharbeiten. Die Kapitel sollten dabei in der vorgegebenen Reihenfolge gelesen werden.

Sind Sie dagegen mit der Nomenklatur und der Bedeutung objektorientierter Konzepte bereits vertraut (was Sie am besten mit Hilfe des Glossars überprüfen), wollen aber genauer wissen, wie Sie einen objektorientierten Entwurf realisieren, so können Sie die ersten fünf bzw. sechs Kapitel „überfliegen" und sich auf das Kapitel 7 konzentrieren. Haben Sie in C++ bereits programmiert, sind die Kapitel 7 und 14 eine sinnvolle Ergänzung, ansonsten sollten Sie die Kapitel 7 bis 14 komplett durcharbeiten.

Für alle, die mit Hilfe dieses Buches C++ lernen wollen, sei an dieser Stelle eine Warnung ausgesprochen: *Es handelt sich nicht um ein Lehrbuch für C++!* Sie werden in dieser Hinsicht also auch nicht zufrieden sein. In diesem Fall sollten Sie sich in der Literaturliste oder in Ihrem Buchladen orientieren, um ein geeignetes Buch für Ihre Zwecke zu finden.

Abschließend möchte ich oft gestellte Fragen einiger wichtiger Zielgruppen beantworten, um vorweg schon zu klären, was diese im speziellen von diesem Buch erwarten können.

Im *universitären Umfeld* gilt C++ wegen etlicher Konstrukte als „unsicher" und „böse". Beispielhaft sei hier ein Schwerpunkt im „Informatik-Spektrum" zum Thema „Objektorientierung in der Ausbildung" angeführt [FB97]. Dort werden Eiffel, Oberon-2, Smalltalk und Java für die Ausbildung benannt. Dem sei entgegengehalten: Wenn es in einem industriellen Projekt überhaupt eine Evaluierung der zu nutzenden Programmiersprache gibt, dann treten meist Smalltalk und C++ gegeneinander an. Die Entscheidung fällt dann in der Mehrzahl der Fälle zugunsten von C++. Andere Sprachen spielen eine noch geringere Rolle.

Auch aus der Sicht eines Programmiersprachenentwicklers stellt sich das so dar. Hierzu hat Jürg Gutknecht von der ETH Zürich einen interessant zu lesenden Beitrag geleistet [Gut93].

Natürlich gibt es auch gute Gründe, die Lehre an der Hochschule auf eine andere Sprache zu stützen. Auf absehbare Zeit wird C++ jedoch zum „Handwerkszeug" der Informatik gehören.

Im *industriellen Umfeld* begegnet man dagegen anderen Phänomenen: einem auf der Ebene der Entwicklung und einem auf der Ebene des Managements.

Je nach Ausbildungsgrad und Alter haben Mitarbeiterinnen und Mitarbeiter unterschiedliche Erfahrungen und daher eine sehr unterschiedliche Wahrnehmung der Objektorientierung. Die Unterscheidung zwischen dem zeitlich vergänglichen (transienten) Zustand eines Objektes und der Repräsentation dieses Objektes in einer Datenbank ist beispielsweise ein solcher Punkt. Er ist Menschen, in deren

Verständnis im wesentlichen mit direkten Transaktionen auf Datenbanken gearbeitet wird, recht schwer vermittelbar.

Das bedeutet, daß Schulungen und Trainingseinheiten stark individuell differenziert werden müssen, was dieses Buch nicht leisten kann. Mit Beispielen und Hinweisen auf solche Erfahrungen wird allerdings immer wieder auf Punkte eingegangen, die im jeweiligen Kontext Probleme bereiten könnten.

Seitens des Managements kommt – natürlich – immer die Frage nach den Kosten und Nutzen der Objektorientierung bzw. nach den Kosten der Einführung. Ohne dieser Frage allzuweit ausweichen zu wollen, ist die Frage zwar meist als „Objektorientierung – Ja oder Nein?" formuliert, hat aber im allgemeinen weit größere Konsequenzen. In der Regel ist sie verbunden mit

1. einer generellen Umstellung der *Hardwareinfrastruktur* von einer Mainframe-orientierten zu einer Client-Server-basierten Architektur,
2. der Ablösung entsprechender *Betriebssysteme* durch moderne, grafisch orientierte und ereignisgesteuerte Betriebssysteme,
3. der Nutzung neuer *Programmiersprachen*, z.B. von C++ und der damit verbundenen Nutzung neuer *Entwicklungsumgebungen*, sowie
4. der Einführung der Objektorientierung als Prinzip der Softwarearchitektur.

Das bedeutet, daß die gesamte Informatik-Infrastruktur betroffen ist. Sie sollten sich also immer fragen, ob es wirklich „nur" um eine Umstellung der Programmierung geht und dementsprechend eine differenzierte Kostenanalyse vornehmen.

Die genannte Verbindung unterschiedlicher Aspekte hat übrigens auch den Effekt, daß Lernende sich teilweise geradezu „erschlagen" fühlen. Falls dies bei Ihnen auftritt: Lassen Sie sich nicht entmutigen. Versuchen Sie herauszufinden, welcher der genannten Punkte sich bei Ihnen vielleicht zusätzlich belastend bemerkbar macht.

1.5 Literatur

Inzwischen gibt es jede Menge von Büchern zur Objektorientierung. Als begleitendes bzw. vertiefendes Material werden sie im Laufe des Textes immer wieder angegeben. Ein paar Titel sollten schon vorab kurz hervorgehoben werden, da sie von besonderer, allgemeiner Bedeutung in diesem Gebiet sind.

Der erste Teil des vorliegenden Buches orientiert sich in vielen Punkten an dem Buch von Bertrand Meyer: „Objektorientierte Softwareentwicklung“ [Mey90]. Der Autor ist extrem enthusiastisch bezüglich objektorientierter Programmierung und natürlich seiner eigenen Sprache, Eiffel, die er in dem Buch vorstellt. Es ist sehr gut zu lesen und zu verstehen. Eiffel ist eine faszinierende Programmiersprache, die mehr als nur objektorientierte Konzepte zur Verfügung stellt. Auf alle Fälle ein lesenswertes Buch.

Als Einleitung zum zweiten Teil des Buches dient die Darstellung des Software Engineering. Einen guten Überblick über Softwaretechnik allgemein gibt Arno Schulz in „Software-Entwurf – Methoden und Werkzeuge“ [Sch90]. Er geht allerdings nicht sehr speziell auf den objektorientierten Entwurf ein.

Wenig mehr tut dies die „Bibel“ der Softwaretechnik. Allerdings ist „Software Engineering“ von Ian Sommerville auf alle Fälle ein lesenswertes Buch für alle, die sich mit Softwareentwicklung beschäftigen [Som89]. Alle Aspekte des Software-Lebenszyklus und der Erstellung von Software unter „industriellen Bedingungen“ sind hierin enthalten.

Der zweite Teil des Buches wird sich danach auf das Buch von Wirfs-Brock, Wilkerson und Wiener stützen: „Designing Object-Oriented Software“ [WWW90]. Es geht mehr auf die Entwurfsmethoden denn auf die Programmierung ein. Für Leserinnen und Leser, die sich mit der Methode, die hier vorgestellt werden wird, genauer auseinandersetzen wollen, ist dieses Buch als vertiefende Lektüre genau richtig.

Wer sich lieber mit einer anderen Analyse- bzw. Entwurfsmethode auseinandersetzen möchte, findet in Kapitel 6 hierzu genügend Material.

Für den dritten Abschnitt des Buches, die Einführung in C++, empfehle ich die Standardwerke zu C und C++. Dies ist zum einen Kernighan und Ritchie „Programmieren in C“ und von Bjarne Stroustrup „The C++ Programming Language“ [KR90, Str91]. Das erste ist als Grundlage für das Erlernen von C++ sinnvoll, da nicht mehr alle Konstrukte von C in C++-Büchern ausreichend gewürdigt werden. Das am weitesten verbreitete Buch für C++ von Bjarne Stroustrup ist inzwischen auch in deutscher Sprache erschienen.

2 Abstrakte Datentypen

Abstrakte Datentypen stellen eine Verbindung zwischen dem prozeduralen und dem objektorientierten Programmieren her. Sie sind eine Art der Komplexitätsbewältigung, derer sich Programmiererinnen und Programmierer bedienen, um umfangreiche Programmsysteme entwickeln zu können. Dieser Abschnitt handelt von verschiedenen Arten der Komplexitätsbewältigung, von abstrakten Datentypen (ADT) und der These, was ADT und OOP miteinander zu tun haben.

2.1 Arten der Komplexitätsbewältigung

Programme bestehen im Prinzip aus der Hintereinanderausführung einfachster Befehle:

```
Befehl 1
Befehl 2
Befehl 3
Befehl 4
...
Befehl i
```

Solange Programme nur von einer Person geschrieben werden und wenige Zeilen lang sind, bleiben sie übersichtlich. An den Projekten, in denen wir arbeiten, sind im allgemeinen aber mehrere Personen beteiligt und Programme werden zigtausend Zeilen lang. Sie müssen also strukturiert werden, um Teile davon als Einheiten behandeln zu können. Eine Form der Strukturierung, deren sich Menschen gerne bedienen, ist die Abstraktion.

„Abstraktion ist ein (natürlicher, mentaler) Prozeß, der sowohl dem Verständnis der Welt als auch der Reduktion der Komplexität dient" [WWW90]. Traditionell entsteht Abstraktion einerseits durch Weglassen bestimmter Merkmale im Sinne des „Absehens" von ihnen. Andererseits bezeichnet der Begriff die dadurch erzielte Hervorhebung der verbleibenden Gemeinsamkeiten. Um diese geht es auch bei der objektorientierten Programmierung.

In dem schon erwähnten Beitrag von Gutknecht [Gut93] zählt dieser die Abstraktionen auf, die in der Konzeption von Programmiersprachen angewendet werden. Schon die Einführung von symbolischen Konstanten, Variablen und einfachen Ausdrücken stellt ja gegenüber der Programmierung mit hexadezimalen Zahlen einen Abstraktionsfortschritt dar. Weitere Stufen sind für ihn unter anderem

- strukturierte Anweisungen und Prozeduren,
- strukturierte Daten und Typen,
- Softwaremodule und Schnittstellen,
- funktionale und logische Programmierung,
- algebraische Spezifikationen und
- neuronale Netzwerke.

Dabei sieht er drei Probleme, die sich auch durch dieses Buch ziehen. Das erste ist der Konflikt zwischen größtmöglicher Abstraktion und dem gleichzeitigen Wunsch, in Sonderfällen extrem „tief unten" eingreifen zu können. Dies ist seiner Ansicht nach einer der Gründe für den Erfolg von C++, einer Sprache, die beides ermöglicht.

Ein zweites Problem stellt der Konflikt zwischen Abstraktion und Effizienz dar. Je abstrakter eine (programmiersprachliche) Formulierung ist, desto weniger ist beeinflußbar, wie sie umgesetzt wird und um so mehr sind Entwickelnde von der Effizienz der Compiler abhängig. Mit diesem Thema wird sich auch Kapitel 13 befassen.

Als letzte Gefahr sieht Gutknecht, daß bei entsprechenden Abstraktionsmechanismen quasi „mit Kanonen auf Spatzen geschossen" wird. Abstraktion kann eben auch dazu genutzt werden, ein System komplexer zu gestalten, statt es hierdurch schlichter und überschaubarer zu machen.

Aber zurück zu dem oben begonnenen Beispiel. Eine Umsetzung der Abstraktion ist beispielsweise das Zusammenfassen sich wiederholender Befehlsfolgen. Werden also, auf einer relativ niedrigen Ebene betrachtet, die Befehle:

```
Befehl 1
Befehl 2
Befehl 3
Befehl 4
...
Befehl i
...
Befehl n
...
Befehl i
...
Befehl n
Befehl n+1
...
```

ausgeführt, so kann die mehrfache Ausführung der Befehle i bis n zusammengefaßt werden.

```
Befehl 1
Befehl 2
Befehl 3                      Marke 1:  Befehl i
Befehl 4                                ...
...                                     Befehl n
Aufruf 1 Marke 1                        Return
...
Aufruf 2 Marke 1
Befehl n+1
...
```

Auf der linken Seite wird also von der konkreten Ausführung der Befehle i bis n „abstrahiert“. Diese Möglichkeit der Strukturierung findet sich typischerweise in Assemblersprachen. Auf einem höheren programmiersprachlichen Level entspricht sie einem Prozeduraufruf. In der Programmentwicklung sollte heute üblicherweise die Strukturierung vor der Umsetzung in eine Programmiersprache stehen, dennoch zeigt dieses Beispiel das Prinzip einer „Vereinfachung durch Strukturierung“, indem Befehle zu einer Einheit zusammengefaßt werden.

Werden zusätzlich Parameter, die an diese Einheit übergeben werden, zur Ablaufsteuerung genutzt, so ist sie nochmals flexibler einsetzbar. Vorteil dieses Prozedurkonzeptes ist also die Parametrisierbarkeit und die Tatsache, daß nun nicht mehr unbedingt wichtig ist, *wie* etwas bei einer Einsprungstelle wie **`Marke 1`** programmiert ist, sondern *was*. Dieses Prinzip wird auch als „information hiding“

oder Kapselung bezeichnet. Es ist eines der fundamentalen Prinzipien, das auch der objektorientierten Programmierung zugrunde liegt.

Definition 2.1 (Kapselung) *Kapselung ist das Prinzip, nach dem die Schnittstelle einer Softwarekomponente auf die notwendige Information beschränkt wird. Relevant ist, wie eine Komponente verwendet werden kann, nicht wie sie realisiert ist.*

Ein Nachteil des Prozedurkonzeptes ist, daß Daten, auf die von verschiedenen Routinen zugegriffen werden soll, *global* verfügbar sein oder als Parameter übergeben werden müssen. Bei der Implementierung eines Stapels müssen beispielsweise alle Routinen (z.B. **`init, push, pop`**) auf der gleichen Datenstruktur agieren können oder der Stapel muß als Parameter der Prozedur jedesmal mit übergeben werden.

Die Lösung dieses Problems kann in dem Konzept gefunden werden, dessen sich auch die Gestalter von Modula-2 bedient haben: dem Modulkonzept. Hier können globale Daten in einem Modul zusammengefaßt und geschützt werden. Die typische Schnittstelle eines Stapels in einem Modul legt die Zugriffsroutinen offen und verdeckt den Rest.

```
MODULE STAPEL;
   IMPORT ...;
   EXPORT init, push, pop;

   ...(* Datenstruktur nicht "sichtbar" *)
END STAPEL;
```

Dieses getrennt übersetzbare Modul beschreibt also wiederum, *wie* auf die Daten zugegriffen werden kann, nämlich mit **`push`**, **`pop`** und **`init`**, nicht aber, wie die Einheit intern aussieht und agiert. Wir haben wieder eine andere Abstraktionsstufe als vorher gefunden.

Damit ist das Zugriffsproblem auf gemeinsame Datenbereiche befriedigend gelöst. Es stellt sich aber ein neues Problem, das uns dann zum Konzept der abstrakten Datentypen führen wird. Oftmals werden mehrere Stapel, z.B. für Übersetzer (Compiler), benötigt. Diese müssen in einem Modulkonzept, so wie es eben beschrieben wurde, explizit als verschiedene Module dargestellt werden, obwohl die Funktionalität dieser Module jeweils die gleiche ist. Wir hätten gerne mehrere Kopien der Datenbereiche, ohne die Prozeduren auch mehrfach kopieren zu müssen.

Die Lösung zu diesem neuen Problem ist eine Einheit, die nicht nur die Funktionalität auf einem Datenbereich beschreibt, sondern auch noch einen Typ exportiert. Dieser ermöglicht nun die Wiederverwendung der Funktionalität des Moduls. Eine solche Einheit entspricht schon weitgehend einem abstrakten Datentyp.

2.2 Eigenschaften abstrakter Datentypen

Im folgenden wird eine Definition und die Beschreibung der Eigenschaften abstrakter Datentypen gegeben.

Definition 2.2 (Abstrakte Datentypen) *Abstrakte Datentypen zeichnen sich dadurch aus, daß sie*

1. *eine Typdefinition exportieren,*
2. *Operationen auf dem Typ definieren und exportieren, mit denen Instanzen dieses Typs manipuliert werden können,*
3. *die internen Daten so schützen, daß nur durch die in 2. bestimmten Operationen darauf zugegriffen werden kann,*
4. *mehrfache Instantiierungen des Typs erlauben und*
5. *Axiome und Vorbedingungen ihren Einsatz beschreiben.*

Der Export eines Typs ermöglicht den Einsatz einer Einheit nicht nur *ein* Mal, sondern beliebig oft. Das Beispiel **STAPEL** von oben würde also nicht mehr als Modul, sondern als Typ interpretiert. Es können also mehrere Stapel definiert werden, so wie wir mehrere ganze Zahlen deklarieren.

```
INTEGER a, b, c;
STAPEL Stapel1, Stapel2, Stapel3;
```

Stapel1, **Stapel2** und **Stapel3** sind Kopien des in **STAPEL** definierten Datenfeldes. Sie werden als Instanzen bezeichnet. Der abstrakte Datentyp (der Typ) gibt also die Struktur und die Operationen vor, die Instanz (die Variable) ist dann das Laufzeitobjekt.

In Axiomen werden Grundwahrheiten über den ADT festgehalten. Als „erste Sätze“, aus denen andere Aussagen folgen, bestimmen sie die Semantik des ADT. Beispielsweise bedeutet die direkte Hintereinanderausführung der Befehle **push** und **pop**, daß wir das eben auf den Stapel geschobene Element wieder erhalten. Vorbedingungen dienen speziell der Einschränkung der Definitionsbereiche von partiellen Funktionen. Eine Vorbedingung für die Anwendung des Befehls **pop** auf einen Stapel ist, daß der Stapel nicht leer sein darf.

Zusammenfassend läßt sich sagen, daß abstrakte Datentypen den Programmierenden erlauben, Programme zu schreiben, ohne sich Gedanken darüber machen zu müssen, wie die Daten repräsentiert sind. Sie sind Datenabstraktionen, die eine Menge von Objekten als „versteckte" Datenstruktur und Operationen auf dieser Datenstruktur beinhalten.

2.3 Beispiele

Anhand zweier Beispiele wird die Beschreibung eines abstrakten Datentyps umgangssprachlich dargestellt. Ein sehr einfacher ADT sind die *komplexen Zahlen.* Den zu exportierenden Typ wollen wir **KOMPLEX** nennen. Aus der Mathematik sind für komplexe Zahlen unter anderem die Addition und die Multiplikation sowie die Bildung von Real- und Imaginärteil und die Zusammenfassung zweier reeller Zahlen zu einer komplexen Zahl bekannt. Diese Operationen sollen zur Verfügung gestellt werden (vergleichen Sie hierzu auch Kapitel 9).

Die interne Repräsentation könnte beispielsweise aus einem Feld mit zwei reellen Zahlen oder einer Struktur mit zwei reellen Zahlen bestehen:

```
1. TYPE KOMPLEX = ARRAY[1..2] OF REAL;
2. TYPE KOMPLEX = RECORD
                     REALTEIL,
                     IMAGINAERTEIL: REAL;
                  END;
```

In den Axiomen und Vorbedingungen von **KOMPLEX** spiegeln sich die Axiome und Regeln der Mathematik wider. Es gibt ein neutrales Element der Addition und der Multiplikation. Eine komplexe Zahl besteht aus der Zusammenfassung ihres Real- und Imaginärteils usw.

ADT können natürlich nicht nur umgangssprachlich, sondern auch formal beschrieben werden. An dieser Stelle steht für uns diese Formalisierung nicht im Vordergrund, sie kann z.B. mit Mitteln der Mathematik geleistet werden. Wichtig ist die Erkenntnis, daß durch abstrakte Datentypen eine Reduktion der Komplexität erreicht wird. In unserem Beispiel können wir nun also mit komplexen Zahlen im

Programm umgehen wie mit ganzen Zahlen. Auch von diesen, von einer Programmiersprache zur Verfügung gestellten Datentypen, wissen wir bei der Benutzung nicht, wie sie implementiert sind.

Ein zweites Beispiel, das abstrakte Datentypen illustrieren soll, sind *Warteschlangen*. Typische „Operationen" an einer Warteschlange, wie wir sie aus dem täglichen Leben erfahren, sind

- das Anstellen an eine Schlange,
- das „Bedient werden" und anschließende Verlassen der Schlange,
- das Verlassen der Schlange, ohne bedient worden zu sein,
- das Messen der Länge einer Schlange und
- das Erzeugen einer Schlange.

Vorbedingungen und Axiome sind beispielsweise: „Eine leere Schlange kann nicht bedient werden" oder „ist ein einziges Glied in der Schlange, so ist sie nach dessen Bedienung leer".

Die programmiersprachliche Umsetzung kann auf vielerlei Weise realisiert werden: Als Feld, als einfach oder doppelt verkettete Liste usw. Auch an diesem Beispiel wird deutlich: Es genügt, eine Beschreibung des *Wie* zu haben, um mit der Warteschlange arbeiten zu können.

2.4 Erweiterung durch generische Parameter

Eine weitere Abstraktion der abstrakten Datentypen kann durch Einführen eines sogenannten *generischen Parameters* erreicht werden. Wir haben gesehen, daß ADT einen Typ exportieren, von dem Instanzen gebildet werden können. In den meisten Fällen sollen abstrakte Datentypen aber auch auf einem bestimmten Datentyp arbeiten. Beispielsweise sind Stapel von Äpfeln, Stapel von ganzzahligen Variablen oder auch Stapel von Stapeln denkbar.

In diesem Fall ist es nicht notwendig, jeden dieser Stapel einzeln als ADT zu entwerfen. Die Funktionalität von **push** ändert sich nicht dadurch, daß statt eines Apfels nun eine Birne auf den Stapel gelegt wird. Es ändert sich aber der Speicherplatz, der intern für die Stapelelemente benötigt wird.

Die Lösung dieser Anforderung besteht in der Einführung eines Parameters, mit dem der abstrakte Datentyp verschiedene Arten von Stapeln erzeugen kann. Dieser Parameter wird als *generisch* bezeichnet. Die Erzeugung von Stapeln mit verschiedenen Stapelelementen sieht dann beispielsweise wie folgt aus:

```
STAPEL( INTEGER ) Stapel1;
STAPEL( REAL )    Stapel2;
```

Eine Möglichkeit, auch diese Struktur noch zu vereinfachen, werden wir im Laufe dieses Buches mit den Prinzipien der Vererbung und des Polymorphismus kennenlernen. Damit wird die Unterscheidung der Typen der Stapelelemente überflüssig. In einem Stapel können dann alle Stapelelementtypen, die wir dort speichern möchten, abgelegt werden.

2.5 Abstrakte Datentypen und objektorientiertes Programmieren

Abstrakte Datentypen haben Sie als Hilfsmittel zur Beschreibung bestimmter Funktionalitäten nun kennengelernt. Es ist offensichtlich, daß diese Funktionalitäten anhand der Datentypen, also anhand der *Objekte der Programmierung*, gruppiert sind. Die Entsprechung der abstrakten Datentypen in objektorientierten Programmiersprachen werden als Klassen bezeichnet.

Da ADT genauso wie Klassen einen Typ exportieren, haben wir die Möglichkeit, Variablen dieses Typs zu deklarieren. Diese werden als Objekte bezeichnet.

Genau dies ist der gesuchte Zusammenhang und die Antwort auf die Frage „Was haben ADT und OOP miteinander zu tun?" Bertrand Meyer hat es wie folgt formuliert [Mey90]:

These 2.1 *Objektorientierter Entwurf ist die Entwicklung von Softwaresystemen als strukturierte Sammlungen von Implementierungen abstrakter Datentypen.*

Nachdem im folgenden Kapitel die Konzepte objektorientierten Programmierens besprochen werden, lernen Sie anschließend die Auswirkungen dieser These für den Entwurf von Systemen kennen.

2.6 Übungen

1. Postleitzahlen

Die Umstellung der Postleitzahlen (PLZ) am 1. Juli 1993 ist der typische Fall einer Datenänderung, ohne – im Prinzip – eigentliche

Änderung der damit verbundenen Funktionalität. Sie hat gezeigt, an welchen Stellen der mit PLZ arbeitenden Programme es Abhängigkeiten von der Struktur dieser Daten gab. Das sogenannte „Jahr 2000"-Problem hat eine ähnliche Qualität.

Natürlich gab es auch Änderungen in der Funktionalität der PLZ, z.B. bei den sogenannten Leitbereichen für den Versand von Massendrucksachen, diese sollen hier aber der Einfachheit halber ignoriert werden.

Entwerfen Sie einen abstrakten Datentyp zur Verwaltung von Postleitzahlen in einer Art PLZ-Buch mit den dafür notwendigen Beschreibungen

- der Datentypen,
- der Operationen (Methoden),
- der Axiome und Vorbedingungen.

2. Adressen

Entwerfen Sie zwei abstrakte Datentypen für die Verwaltung von Adressen: eine für deren private Nutzung, eine für eine Kundenkartei im betrieblichen Umfeld.

- Beschreiben Sie beide Adreßformen mit ihren jeweiligen Daten.
- Beschreiben Sie beide Adreßverwaltungen als abstrakte Datentypen.
- Welche Gemeinsamkeiten haben beide?
- Wie könnte ein abstrakter Datentyp gestaltet sein, der für beide Adreßverwaltungen nützlich ist?

3. Datenbanken

In relationalen Datenbankmanagementsystemen (DBMS) wird SQL („structured query language") als standardisierte Abfragesprache genutzt.

- Formulieren Sie einen abstrakten Datentyp für ein Datenbankmanagementsystem.
- Wie verändert sich Ihre Schnittstelle, wenn es sich um ein verteiltes Datenbanksystem handelt?

3 Konzepte objektorientierter Programmierung

In diesem Abschnitt werden Konzepte vorgestellt, die objektorientierte Programmiersprachen kennzeichnen. Das bedeutet nicht, daß jede als objektorientiert bezeichnete Programmiersprache auch alle Konzepte jeweils beinhaltet. Es bedeutet aber auch nicht, daß alle hier vorgestellten Konzepte „rein objektorientiert" sind. Beispielsweise ist die Bindung von Variablen an einen Typ ein Thema, mit dem Sie sich in allen Programmiersprachen beschäftigen müssen.

In manchen Programmiersprachen werden für die hier vorgestellten Konzepte unterschiedliche Namen verwendet. Durch die Definitionen sollten Sie allerdings in der Lage sein, die Konzepte auch unter anderem Namen zu erkennen und zu verwenden, so wie es in der Mathematik eigentlich unerheblich sein sollte, wie die Variable heißt, mit der Sie rechnen. Das Ziel dieses Abschnittes ist, diese Konzepte vorzustellen, um anschließend den Begriff des objektorientierten Programmierens genauer fassen zu können und um für einzelne Programmiersprachen beurteilen zu können, welche dieser Konzepte darin umgesetzt werden.

Im Laufe dieses Abschnittes werden Beispiele anhand einer Notation dargestellt, für die kein Compiler oder Interpreter existiert. Die Beispiele sind typographisch abgehoben, sollten aber nicht „wörtlich" genommen werden.

3.1 Objekte

Besteht ein objektorientierter Entwurf aus der Sammlung von Implementierungen abstrakter Datentypen, so handelt es sich bei Objekten um die Instanzen der Implementierungen von abstrakten Datentypen. Dies ist zwar nicht die einzige Definition des Objektbegriffes, aber die am weitesten akzeptierte. Bei abstrakten Datentypen handelt es sich also umgekehrt um die abstrakte Beschreibung einer Menge von Objekten.

Was ist also ein Objekt? Eine Auswahl der Antworten lautet:

- *Alles, dem ein Name gegeben werden kann.* Gemäß der Philosophie von Smalltalk ist alles ein Objekt, also beispielsweise dingliche Gegenstände, gedachte Objekte, Prozesse, Protokolle und Schnittstellen. Selbst abstrakte Datentypen können Objekte sein.
- *Die Kapselung von Daten und Funktionen in eine neue, abstraktere Ebene.* Kennzeichnend dafür ist die Trennung des Zugriffs auf ein Objekt von der Implementierung. Diese Aufteilung haben wir schon bei der Darstellung des Modulkonzeptes kennengelernt.
- *Hat was und kann was.* Dies ist die umgangssprachliche Formulierung des Prinzips der Kapselung [Pöp92].

Im Beispiel der komplexen Zahlen besteht also das Objekt aus den Daten Realteil und Imaginärteil und aus den Operationen Addition, Multiplikation, Realteil, Imaginärteil und Konstruktion.

Für die Zwecke dieses Buches soll es genügen, eine relativ schwache Definition für Objekt zu formulieren.

Definition 3.1 (Objekt) *Ein Objekt ist eine Instanz der Implementierung eines abstrakten Datentyps. Es handelt sich um die eindeutig identifizierbare Repräsentation eines Gegenstands oder Konzeptes.*

Die Daten und Operationen eines Objektes werden auch als dessen Attribute bezeichnet.

Definition 3.2 (Attribut) *Attribute bezeichnen Daten und Methoden eines Objektes. Sie existieren nicht getrennt von den Objekten und können andere Objekte als Wert annehmen. Es handelt sich also um relevante Eigenschaften eines Objektes.*

Die Sammlung aller Methoden beschreibt das Verhalten oder Protokoll des Objektes.

Definition 3.3 (Verhalten) *Die Menge aller Methoden eines Objektes beschreiben das Verhalten des Objektes.*

Insbesondere bei dem Begriff „Attribut“ kommt es immer wieder zu Unklarheiten. Generell bezeichnen Attribute Eigenschaften von Datenbankobjekten in Programmen, im engeren Sinne also nur Daten. Verallgemeinert spiegeln jedoch auch die Operatoren auf den

Daten Eigenschaften der Daten wider. Im folgenden verwende ich daher Attribut als Sammelbegriff und differenziere an den notwendigen Stellen.

3.2 Klassen

Auch die Implementierung eines abstrakten Datentyps hat ein eigenes Synonym: Es handelt sich um eine Klasse. Klassen sind die Abstraktion einer Menge von Objekten, welche die gemeinsamen statischen und Verhaltenscharakteristiken beschreiben. Sie geben auch an, ob und wie diese Eigenschaften zugreifbar sind.

Die Klasse ist also die abstrakte Beschreibung einer Menge von Objekten. Ein Objekt dagegen ist ein „Beispiel", die Instanz bzw. ein Repräsentant, einer Klasse.

Definition 3.4 (Klasse) *Eine Klasse ist die Implementierung eines abstrakten Datentyps. Sie ist eine abstrakte Beschreibung der Daten und des Verhaltens einer Menge von gleichartigen Objekten.*

Definition 3.5 (Protokoll) *Ein Protokoll beschreibt das Verhalten jedes Objektes einer Klasse. Es besteht aus den Methoden der Klasse.*

Die Klassenbeschreibung des Beispiels der komplexen Zahlen könnte also folgendermaßen aussehen:

```
Klasse KOMPLEX
{
Daten:
   Realteil,
   Imaginärteil: REAL;

Funktionen:
   REAL Betrag();
}
```

Die Bezeichnung **`Klasse { ... }`** soll andeuten, daß die Klammern eine Klassendefinition enthalten. Unter **`Daten`** stehen nach außen nicht unbedingt sichtbare Daten der Klassen. Die Methoden der Klasse werden nach dem Schlüsselwort **`Funktionen`** aufgeführt.

Hier werden also als Daten der Objekte vom Typ **KOMPLEX** der **Realteil** und der **Imaginärteil** festgelegt. Dazu kommt die Funktion **Betrag**, welche die Länge einer komplexen Zahl berechnet.

Für dieses und alle folgenden Beispiele wird vereinbart, daß Klassennamen wie **KOMPLEX** nur mit Großbuchstaben, Objekte mit kleinen Anfangsbuchstaben, Daten und Methoden mit großen Anfangsbuchstaben geschrieben werden. Eine solche Systematik erleichtert das Verstehen der Beispiele.

Zusammenfassend zu den letzten beiden Abschnitten läßt sich sagen:

- Klassen sind statische Beschreibungen. Sie entsprechen dem Typ eines Objektes.
- Objekte sind Variablen bzw. Instanzen der Klasse. Sie sind Laufzeitelemente.
- Zur Laufzeit gibt es nur Objekte; im Programm sind nur Klassen deklariert.
- Es bestehen Analogien zwischen den Begriffen Klasse und Typ und zwischen den Begriffen Objekt und Variable.

Damit sind zwei wichtige Grundbegriffe des objektorientierten Programmierens geklärt. Objektorientiertes Programmieren besteht daraus, eine Sammlung von Klassen zu programmieren, deren Instanzen, die Objekte, dann den Programmablauf realisieren. Dabei stellt sich als Hauptfrage, wie ein Ablauf von Operationen (prozedural gedacht) aussieht, wenn nur Objekte das Programm „bevölkern". Dazu wird im folgenden der Begriff der „Botschaft" eingeführt. Er bezeichnet die Art und Weise, in der Objekte angesprochen werden bzw. sich untereinander mitteilen.

3.3 Botschaften

Das Aktivieren von Methoden erfolgt über das Senden von Botschaften. Dies entspricht dem Funktions- bzw. Prozeduraufruf bei „herkömmlichen" Programmiersprachen. Eine Botschaft besteht aus dem Namen der Operation und den notwendigen Parametern. Bei Erhalt einer Botschaft führt ein angesprochenes Objekt dann eine Methode aus.

Als Beispiel sei der folgende „Programmabschnitt" betrachtet:

```
STAPEL ersterStapel, zweiterStapel;
STAPELELEMENT x;
...
ersterStapel.Init();
ersterStapel.Push(x);
...
zweiterStapel.Push( ersterStapel.Pop() );
...
```

In diesem Beispiel werden insgesamt drei Objekte angelegt: eines der Klasse **STAPELELEMENT** und zwei der Klasse **STAPEL**. Im Programm wird dann zuerst dem Objekt **ersterStapel** die Botschaft **Init** geschickt, was hier durch die Kennzeichnung mit dem „.“angedeutet wird. Da **Init** keine Parameter hat, werden hier auch keine übergeben.

In der nächsten Anweisung wird **ersterStapel** die Botschaft **Push** mit dem Argument **x** geschickt. Beide Methoden haben keinen Rückgabewert, sondern nur Auswirkungen auf das Objekt **ersterStapel**. In der letzten Programmzeile wird dann dem Objekt **zweiterStapel** die Botschaft **Push** mit dem Parameter **ersterStapel.Pop** geschickt.

Botschaften haben in verschiedenen Sprachen verschiedene Erscheinungsformen, in C++ sehen sie beispielsweise so aus, wie in diesem Beispiel, also wie Zugriffe auf die Komponenten eines Feldes. In anderen Sprachen werden sie mit einem Pfeil (←) gekennzeichnet.

Definition 3.6 (Botschaft) *Eine Botschaft ist die Aufforderung an ein Objekt, eine seiner Methoden auszuführen.*

Definition 3.7 (Methode) *Eine Methode ist eine Prozedur oder Funktion, die mit einer Klasse assoziiert ist und als Reaktion auf eine Botschaft ausgeführt wird.*

Im oben angeführten Beispiel haben Botschaft und Methoden die gleichen Namen. **Push** ist die Botschaft, die an ein Objekt der Klasse **STAPEL** geschickt wird. Es führt daraufhin die Methode **Push** aus, die ein Speichern des Arguments auf dem Stapel bewirkt.

3.4 Generizität

In der Diskussion der abstrakten Datentypen wurde bereits auf die Sinnhaftigkeit generischer Parameter hingewiesen. Da Klassen die Implementierung von abstrakten Datentypen sind, können auch sie generische Parameter haben. Klassen mit einem generischen Parameter erzeugen also Klassen von Klassen von Objekten.

Als Beispiel werden nochmals zwei **`STAPEL`** betrachtet, einmal mit ganzzahligen und einmal mit reellen Elementen.

```
Beispiel 1: INTSTAPEL stapel1;
            REALSTAPEL stapel2;

Beispiel 2: STAPEL(INTEGER) stapel1;
            STAPEL(REAL) stapel2;
```

Im ersten Beispiel sind zwei Klassen definiert und implementiert, obwohl in beiden Klassen die gleichen Operationen ausgeführt sind. Der einzige Unterschied liegt im Typ der auf den Stapel gelegten Elemente. Mit einem generischen Parameter hingegen wird in **`Beispiel 2`** nur eine Klasse **`STAPEL`** deklariert, die mit dem Typ der Elemente zusätzlich parametrisiert ist.

Definition 3.8 (Generizität) *Generizität ist die Fähigkeit, Klassen (durch einen Typ) zu parametrisieren.*

Verallgemeinert kann der Begriff der Generizität auch auf Funktionen, Prozeduren bzw. Methoden und deren Parameter angewendet werden. Dies bedeutet dann die Anwendbarkeit z.B. eines Sortieralgorithmus auf beliebige Elementtypen eines Feldes.

Noch interessanter wird die Anwendung der generischen Parameter, wenn der Parameter der generischen Klasse selbst Klasse und Elternklasse von anderen Klassen ist. Damit können dann in einem Stapel Elemente unterschiedlicher Typen abgelegt werden, welche die gemeinsame Eigenschaft haben, auf einem Stapel abgelegt werden zu können. Sie werden den Begriff der Elternklassen und deren Auswirkung im nächsten Abschnitt kennenlernen.

Trotz der Mächtigkeit generischer Konstrukte sind generische Klassen in kaum einer Sprache zugelassen. Ausnahme sind beispielsweise Eiffel, Ada und C++.

3.5 Vererbung

Vererbung ist eines der mächtigsten und interessantesten Konzepte des objektorientierten Programmierens. Der Begriff der Vererbung ist zentral, wenn es um die Wiederverwendung von Software geht. Klassen werden miteinander in Beziehung gesetzt. Dies führt dazu, daß neue Klassen auf bereits vorhandenen Klassen und ihrer Funktionalität aufbauen können.

Wir wollen zu diesem Konzept zuerst ein Beispiel betrachten. Es ist in unserer fiktiven Programmiersprache abgefaßt.

Für ein grafisches System sollen bestimmte Datentypen mit ihren Funktionalitäten festgelegt werden. Der erste dieser Typen soll einen Punkt im mathematischen Sinne beschreiben. Er hat im zweidimensionalen Raum zwei Komponenten und kann auf einem Ausgabegerät ausgegeben werden.

```
Klasse PUNKT
{
Daten:
   X-Komponente,
   Y-Komponente : INTEGER;

Funktionen:
   Ausgeben(); /* Koordinaten des Punktes
                  ausdrucken */
}
```

Um die mathematischen Objekte von den auf einem Bildschirm darzustellenden Punkten, den Pixeln (Pixel = „picture element“), zu unterscheiden, wird eine zweite Klasse eingeführt. Pixel haben ebenfalls Koordinaten, die in bestimmten Grenzen verlaufen, da ein Bildschirm nicht unendlich groß ist. Sie haben eine Farbe, mit der sie auf dem Bildschirm dargestellt werden. Eine ihrer Funktionalitäten ist die Darstellung auf dem Bildschirm.

```
Klasse PIXEL
{
Daten:
   X-Komponente,
   Y-Komponente,
   Farbe             : INTEGER;

Funktionen:
   Ausgeben(); /* Koordinaten des Punktes
                  ausdrucken */
   Male();     /* Darstellung auf dem
                  Bildschirm */
}
```

Bei genauerer Betrachtung dieser beiden Klassen können Sie erkennen:

- Die Klasse **PIXEL** enthält alle Elemente (Daten *und* Funktionen), welche die Klasse **PUNKT** auch enthält.
- Die Klasse **PIXEL** kann also auch als *Spezialisierung* der Klasse **PUNKT** gesehen werden.

Vererbung bedeutet in unserem Beispiel, daß die Attribute von **PUNKT**, die in **PIXEL** gleichermaßen auftreten, nicht mehr neu deklariert werden müssen, wenn **PIXEL** diese von **PUNKT** „erbt". Im Pseudoprogrammtext sieht das folgendermaßen aus:

```
Klasse PIXEL = Erbin von PUNKT
{
/* Das bedeutet, daß X-Komponente,
 * Y-Komponente und Ausgeben zugreifbar
 * sind, ohne neu deklariert zu werden.
 * Die folgenden Daten und Funktionen
 * sind Ergaenzungen zu PUNKT.
 */

Daten:
   Farbe : INTEGER;

Funktionen:
   Male();     /* Darstellung auf dem
                Bildschirm */
}
```

Definition 3.9 (Vererbung) *Vererbung ist der Mechanismus, nach dem Objekte einer Klasse Zugriff auf Daten und Methoden einer bereits früher definierten Klasse bekommen, ohne daß diese neu definiert werden müssen.*

Die für diesen Mechanismus notwendigen Begriffe sind in den folgenden Punkten dargestellt.

- **PUNKT** ist *Oberklasse* oder *Elternklasse* von **PIXEL**. Die Elternklasse ist also die direkte Vorgängerklasse, von der eine Klasse erbt. Natürlich kann der Prozeß der Vererbung mehrfach ausgeführt werden. So kann in einem grafischen System **PIXEL** wiederum Elternklasse einer Klasse **3D-PIXEL** sein usw.
- **PIXEL** ist *Unterklasse* oder *Kindklasse* oder *abgeleitete Klasse* von **PUNKT**. Eine Kindklasse ist die Erweiterung einer anderen Klasse.
- Eine abgeleitete Klasse *erbt* alle Daten und Methoden der Elternklasse, ohne sie explizit nochmals aufzuführen. Sie greift dennoch auf diese Attribute zu.
- Die Beziehung zwischen Elternklasse und Kindklasse kann als Graph illustriert werden. In unserem Beispiel ergibt sich ein einfacher Vererbungsgraph bzw. eine Vererbungshierarchie.

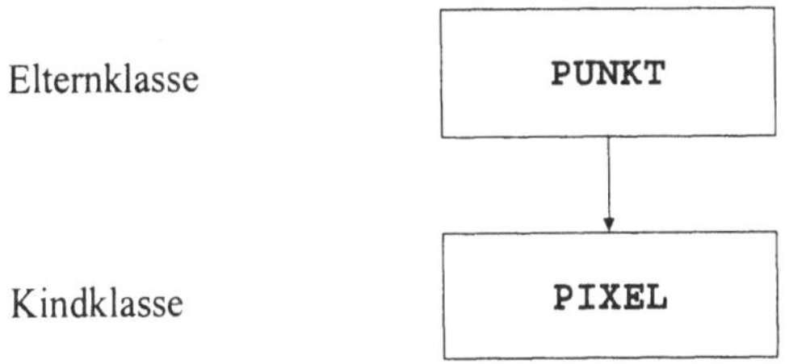

Der Vererbungsgraph visualisiert sowohl die Beziehung zwischen zwei Objekten als auch die Beziehung zwischen zwei Klassen. Damit im folgenden Klassen und Objekte in einem Graph unterschieden werden können, vereinbaren wir:

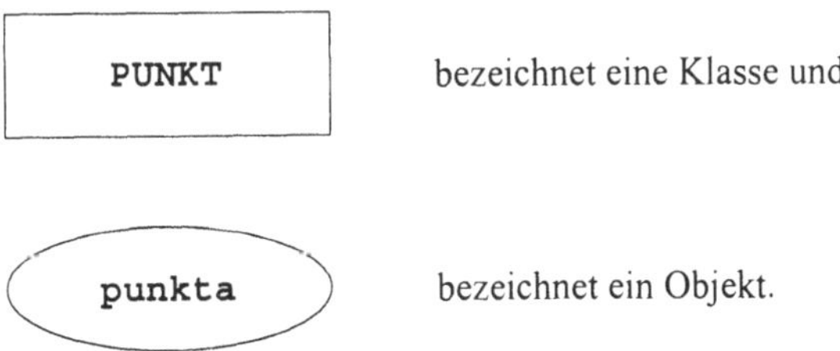

Pfeile legen eine Beziehung fest. Nicht gekennzeichnete Pfeile deuten eine Vererbungsrelation an. Im anderen Fall werden die Pfeile mit der Relation beschriftet.

Wenn eine Vererbungshierarchie aufgebaut wird, werden in diese Hierarchie auch Klassen eingefügt, die nur der Strukturierung des Programms dienen. Von dieser Klasse ist also nicht beabsichtigt, Instanzen zu bilden. Sie werden als abstrakte Elternklassen bezeichnet. Ihr Gegenstück sind konkrete Elternklassen.

Definition 3.10 (Abstrakte Klasse) *Eine abstrakte Klasse ist eine Klasse, von der keine Instanzen gebildet werden. Sie dient als Elternklasse anderer Klassen, die ihre Eigenschaften erben.*

Als Vorteile des Vererbungsprinzips werden gesehen [Bud91]:

1. Software wird wieder verwendbar. Standardprobleme, z.B. Suchen in einem Feld, können in einer Bibliothek abgelegt werden. Es entstehen geringere Wartungskosten durch Wiederverwendung der Software. Zusätzlich kann durch die häufigere Verwendung und damit durch das häufigere Testen dieser Softwarekomponenten mit einer geringeren Fehlerträchtigkeit gerechnet werden.
2. Schnittstellen werden konsistenter. Die Schnittstelle eines Objektes ist sein Verhalten. Ähnliche Objekte haben auch ähnliche Schnittstellen. Die Schnittstelle unserer Beispielklasse **`PIXEL`** entspricht bis auf Erweiterungen der Schnittstelle der Klasse **`PUNKT`**. Allgemein sind Schnittstellen zu Objekten, die nah zueinander in der Vererbungsbeziehung stehen, ähnlich. Im Regelfall wird eine Schnittstelle sogar Teilmenge der anderen sein.
3. Schnelle Prototypentwicklung („rapid prototyping") wird möglich. Aufbauend auf bestehenden Programmbibliotheken kann die schnelle Prototypentwicklung durch „Sammeln" der Eigenschaften und beerben bestimmter Klassen erreicht werden. Bei unklar definierten Aufgabenstellungen kann dieser Stil des „experimentellen" Programmierens in einer ersten Evaluationsphase sinnvoll sein.
4. Das Verbergen von Information wird möglich. Stellt bereits die Klasse als Konzept die Kapselung von Attributen zur Verfügung, so wird durch die Vererbung diese Kapselung noch hierarchisiert.

Es werden aber nicht nur Vorteile im Prinzip der Vererbung gesehen. Versuchen Sie sich vorzustellen, wie dieses Prinzip sich in einem Übersetzer wiederfindet. Für jedes Objekt, also die Instanz einer Klasse, muß festgehalten werden, welcher Klasse es angehört. Da diese Klasse Kindklasse einer weiteren Klasse sein kann, müssen auch Informationen über die Elternklasse und somit über die gesamte Klassenhierarchie mit gespeichert werden.

Zusammengefaßt werden die Nachteile wie folgt angegeben:

1. Die Ausführungszeit steigt an. Dem wird entgegengehalten, daß für die Erstellung einer Software vorrangig die Erfüllung der Funktionalität im Vordergrund stehen sollte. Optimierungen aufgrund von Zeitmessungen sind natürlich auch in objektorientierten Programmiersprachen möglich.
2. Der Programmumfang sowohl des Quelltextes als auch des übersetzen Programms steigt an. Durch das Botschaften-Konzept und eventuell durch mehrfach indirektes Aufrufen von Methoden entsteht ein Overhead an zusätzlichen Operationen. Dem wird das (etwas abgegriffene) Argument entgegenhalten, daß die Kosten für Speicherplatz sinken. Nicht zu leugnen ist der zusätzliche interne Verwaltungsaufwand für den Zugriff auf Methoden. Der Gewinn liegt jedoch in dem durch die Vererbung zur Verfügung stehenden Abstraktionsmechanismus.
3. Die Komplexität und Undurchschaubarkeit eines Programms nehmen zu. Dieses Argument „zieht“ nur insofern, als es sich um eine andere Art von Komplexität als bei anderen Konstrukten handelt. Jede Entwicklerin und jeder Entwickler sollte selbst entscheiden, ob die Komplexität einer Vererbungshierarchie besser handhabbar ist als die Komplexität von hierarchisch strukturierten Funktionen oder Prozeduren.

3.6 Mehrfachvererbung

Neben der Vererbung gibt es auch noch den Begriff der Mehrfachvererbung. Er bezeichnet allerdings *nicht* die Tatsache, daß eine Klasse Kindklasse einer Kindklasse ist, wie im folgenden Beispiel illustriert wird.

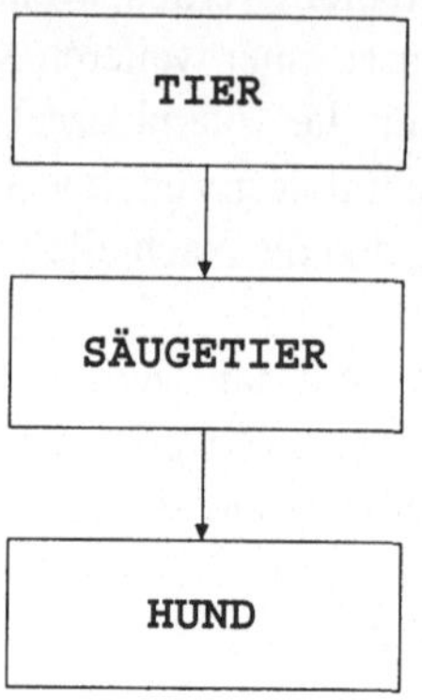

Mehrfachvererbung bezeichnet auch *nicht* die Tatsache, daß eine Klasse mehrere Kindklassen hat.

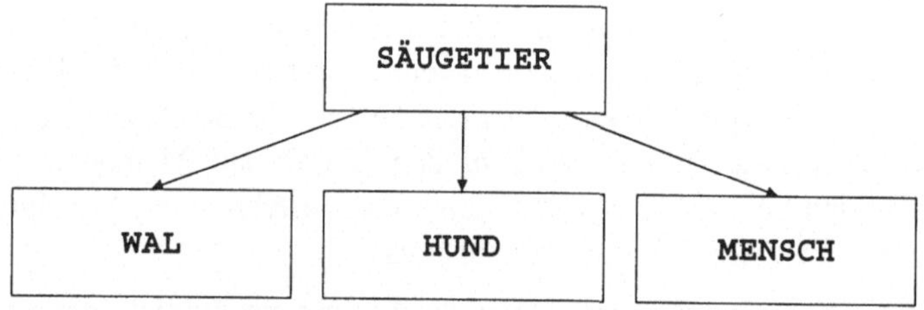

Beides sind zulässige Vererbungsbeziehungen, die jedoch nicht mit dem Begriff Mehrfachvererbung benannt werden. Mehrfachvererbung bezeichnet vielmehr die Tatsache, daß eine Klasse *mehrere Elternklassen* hat.

Definition 3.11 (Mehrfachvererbung) *Mehrfachvererbung ist die Eigenschaft, die einer Klasse das Erben von mehr als einer Elternklasse erlaubt.*

Beispielsweise kann **WAL** sowohl als Kindklasse von **SÄUGETIER** als auch von in Wasser lebenden Tieren definiert werden.

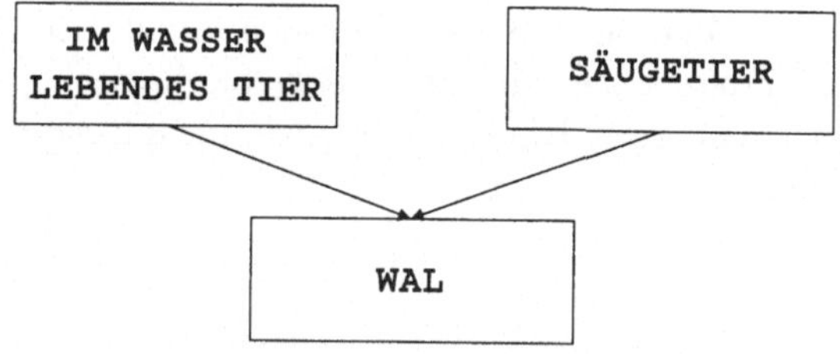

Ein Problem ist jetzt, daß in den Elternklassen Attribute mit gleicher Bezeichnung auftreten können. Beide Elternklassen könnten auch wieder Kindklasse einer gemeinsamen Elternklasse (also sozusagen der Großelternklasse), hier z.B. **TIER**, sein.

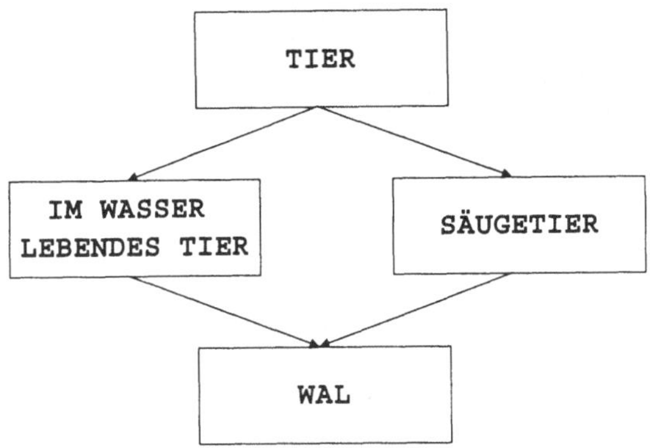

In beiden Fällen stellt sich die Frage, welche Attribute **WAL** jetzt erbt und welche nicht. Teile der Attribute der Klasse **WAL** sind doppelt vorhanden, aber eigentlich identisch. Dieses Problem ist in verschiedenen Sprachen unterschiedlich gelöst. In manchen ist die Mehrfachvererbung nicht erlaubt. Im allgemeinen aber wird die Kindklasse dann als Erweiterung der „Großelternklasse" betrachtet, d.h. sie erhält die Eigenschaften beider Elternklassen dazu.

3.7 Relationen

Eine wichtige Rolle in der Strukturierung objektorientierter Programme spielen Relationen. Sie drücken Beziehungen zwischen Klassen bzw. Objekten aus. Eine Beziehung haben wir mit der Vererbungsrelation schon kennengelernt.

Klassen können aber nicht nur voneinander erben, sondern können sich z.B. auch gegenseitig enthalten. Im Beispiel von oben könnte die Klasse **PIXEL** durchaus ein „Unterobjekt" vom Typ **PUNKT** enthalten, um die Koordinaten zu repräsentieren.

Die Relationen dienen dem Erkenntnisgewinn bei der Analyse eines Problems. Sie gehen direkt in den Entwurf des objektorientierten Systems ein. Beispielsweise wird die Vererbungshierarchie anhand der Relation aufgestellt, die ein Objekt als Spezialisierung eines anderen begreift. Die genaue Vorgehensweise wird in Kapitel 7 nochmals aufgegriffen.

Definition 3.12 (Relation) *Unter einer Relation versteht man das Bilden von Zusammenhängen (Beziehungen) in Anwendungsmodellen; in der Objektorientierung beziehen sich Relationen auf Objekte und Klassen.*

Relationen lassen sich grob in drei Klassen unterteilen:

- die *Vererbung*, die Sie oben bereits kennengelernt haben und die Spezialisierung bzw. Generalisierung ausdrückt,
- die *Aggregation*, die eine Teil-Ganzes-Beziehung modelliert und
- als allgemeinsten Fall die *Assoziation*, die eine generelle Relation wie im Entity-Relationship-Modell abbildet.

Im folgenden werden diese Relationen im einzelnen dargestellt.

3.7.1 Vererbung

Eine Vererbungsbeziehung entsteht, wenn zwei Objekte – oder genereller zwei Klassen – eine Spezialisierung oder Generalisierung voneinander darstellen. Je nachdem, ob es sich um die Betrachtung auf Objekt- oder auf Klassenebene handelt, wird sie als *Is-A-* oder als *A-Kind-Of-Relation* bezeichnet.

Definition 3.13 (Is-A-Relation) *Die Is-A-Relation sichert zu, daß Instanzen einer Kindklasse spezialisierte Formen der Instanzen ihrer Elternklassen sind.*

Liegen z.B. zwei Instanzen `punkta` und `pixelb` von `PUNKT` und `PIXEL` vor, so stehen sie in der Is-A-Relation zueinander, nicht jedoch die Klassen `PUNKT` und `PIXEL`. Die Relation kann wie die Vererbungshierarchie illustriert werden.

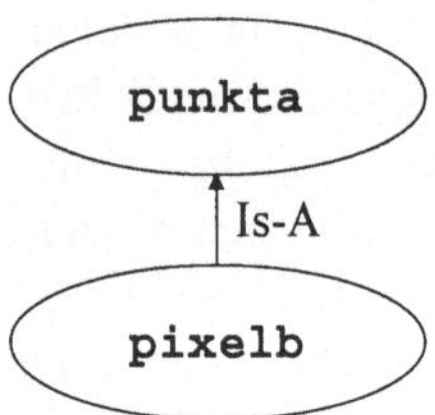

Jedes Objekt einer Kindklasse steht zu einer beliebigen Instanz ihrer Elternklasse in der Is-A-Relation. Umgangssprachlich kann diese Relation z.B. in den Aussagen „Hunde sind Säugetiere“ oder „Säugetiere sind Tiere“ wiedererkannt werden.

Die Is-A-Relation bewirkt, daß Instanzen einer Kindklasse überall da verwendet werden können, wo Instanzen der Elternklasse gefordert sind. Auch dies können Sie sich einfach mit dem letzten Beispiel klarmachen. Ein Hund wird sich immer wie ein Säugetier verhalten, aber ein Säugetier nicht immer wie ein Hund.

Definition 3.14 (A-Kind-Of-Relation) *Die A-Kind-Of-Relation bezeichnet die Vererbungsbeziehung zwischen einer Klasse und ihrer Elternklasse.*

Diese Relation besteht also beispielsweise zwischen den Klassen **`PIXEL`** und **`PUNKT`**. Sie kann ebenso visualisiert werden wie die Is-A-Relation. A-Kind-Of hat dabei eine Richtung, die der Vererbungsrelation entgegengesetzt ist. Insgesamt bietet sich also das folgende Bild:

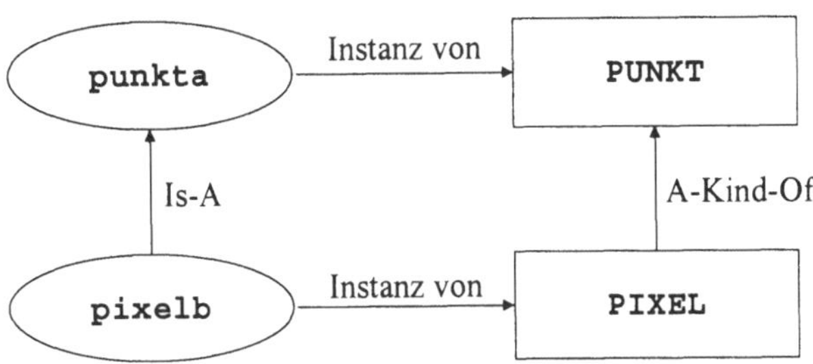

Bezüglich der Relationen herrschen leider einige Unklarheiten in der Namensgebung. So wird oft die Beziehung zwischen Klassen als Is-A bezeichnet, teilweise auch die Beziehung zwischen einem Objekt und seiner Klasse.

Zusätzlich entsteht Verwirrung durch die Transitivität der Is-A-Relation. Ein Objekt, das eine spezialisierte Form der Instanzen seiner Elternklassen hat, erfüllt diese Relation auch in bezug auf Elternklassen der Elternklasse. Von einigen Autoren werden deshalb verschiedene Formen dieser Relation unterschieden.

3.7.2 Aggregation

Eine weitere, für den objektorientierten Entwurf wichtige Relation stellt die Aggregation dar.

Definition 3.15 (Aggregation) *Eine Aggregation besteht dann, wenn ein Objekt (Ganzes) sich aus anderen Objekten (Teilen) zusammensetzt.*

Hierbei ist wichtig, daß die Bestandteile *wesentlich* für den Aufbau des Ganzen sind, ansonsten handelt es sich um eine Assoziation. Beispielsweise sind für ein Auto das Fahrwerk und die Karosserie notwendige Bestandteile, ohne die das Auto nicht existieren könnte, um seine Aufgabe zu erfüllen.

Je nachdem, aus welcher Sicht Sie diese Relation betrachten, handelt es sich um eine *Has-A-* oder um eine *Part-Of-Relation.*

Definition 3.16 (Has-A-Relation) *Die Has-A-Relation sichert zu, daß Instanzen einer Klasse ein Attribut einer bestimmten anderen Klasse enthalten.*

An einem weiteren Beispiel soll die Has-A-Relation demonstriert werden. Neben den Klassen **PIXEL** und **PUNKT** soll eine weitere Klasse **LINIE** eingeführt werden. Eine Linie, mathematisch genauer eine Strecke, besteht aus zwei Punkten, einem Anfangs- und einem Endpunkt. Ihr Verhalten ähnelt dem aller geometrischen Objekte. Sie kann dargestellt und ihr Inhalt auf einem Drucker ausgegeben werden.

```
Klasse LINIE
{
Daten:
   Anfangspunkt,
   Endpunkt        : PUNKT;

Funktionen:
   Ausgeben();     /* der Daten auf einen
                     Drucker */
   Darstellen(); /* auf dem Bildschirm */
}
```

Eine Instanz der Klasse **LINIE** enthält also zwei Instanzen der Klasse **PUNKT**. Damit steht die Klasse **LINIE** zur Klasse **PUNKT** in der Has-A-Relation. Die Relation ist also für die Klassen definiert, bezieht sich aber auf deren Instanzen.

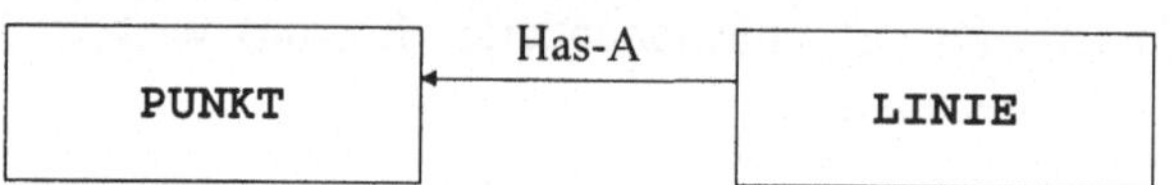

Die Part-Of-Relation bezeichnet die inverse Relation zur Has-A-Relation. Somit kann die Skizze von oben um diese Relation ergänzt werden.

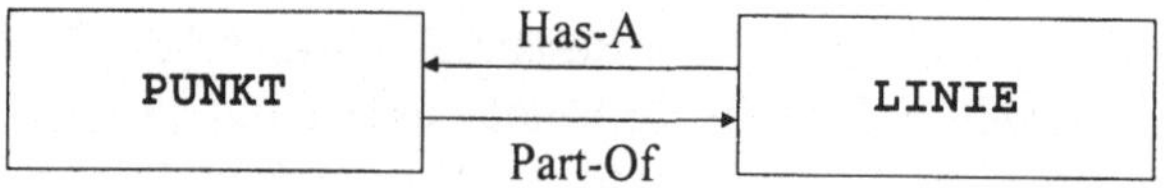

3.7.3 Assoziation

Die allgemeinste Beziehung zwischen Klassen ist die Assoziation. Sie entsteht immer dann, wenn Objekte mit einer generellen, eventuell zusätzlich attributierten Relation verbunden werden. Sie ist damit mit der Relation eines Entity-Relationship-Modells vergleichbar.

Definition 3.17 (Assoziation) *Eine Assoziation setzt zwei oder mehr Klassen miteinander in eine (attributierte) Beziehung.*

Soll beispielsweise in einer Verkehrssimulation ein Modell eines Autos, das mit einer bestimmten Geschwindigkeit auf einer Straße fährt, gebildet werden, könnte dies wie folgt geschehen.

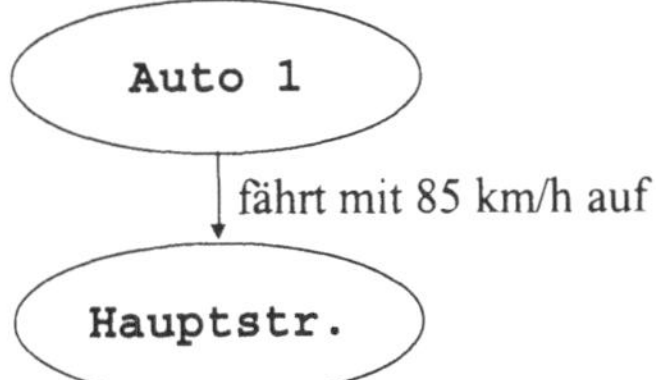

Im Gegensatz zur Aggregation handelt es sich bei der Assoziation um einen viel unabhängigeren Zusammenhang, der wieder lösbar ist. Die Geschwindigkeit attributiert in diesem Beispiel die Relation „fährt auf".

Zusätzlich hierzu hat die Assoziation noch eine *Stelligkeit.* Auf einer Straße können mehrere Autos fahren, ein Auto gleichzeitig hingegen immer nur auf einer Straße.

Die Assoziation ist Grundlage der Entwicklung relationaler Datenbanken und kann daher in einer Fülle von Literatur genau nachgelesen werden, z.B. in [Ste96].

3.8 Zugriffsrechte

Eng verbunden mit dem Problem der Vererbung ist die Frage von Zugriffsrechten auf bestimmte Attribute einer Klasse. Eines der Hauptprinzipien bei der Erstellung von Klassen als Implementierungen abstrakter Datentypen ist ja gerade die Kapselung von internen Daten gewesen. Der wesentliche Grundsatz in den meisten objektorientierten Programmiersprachen ist daher:

Alle Attribute, die nicht explizit zugreifbar gemacht sind, sind vor externem Zugriff geschützt.

Im allgemeinen werden Daten geschützt und Methoden größtenteils zugreifbar sein, denn letztere stellen die Schnittstelle des Objektes dar.

Zugriffe können in zwei Kategorien unterteilt werden. Es gibt die Zugriffe von außen, d.h. von beliebigen anderen Objekten oder Programmteilen. Eine zweite Kategorie ist die Zugreifbarkeit von Kindklassen auf Komponenten einer Elternklasse.

Die folgende Beschreibung ist der Versuch einer Aufstellung von allen möglichen Zugriffsrechten, die es geben kann. Wie bei vielen der oben genannten Konzepte gilt aber auch hier, daß es extrem sprachabhängig ist, welche dieser Konzepte im einzelnen realisiert sind.

1. Zugriffe von außen auf Daten einer Klasse
   (a) *geschützt:* Daten sind weder lesbar noch änderbar. Ein Objekt dieser Klasse würde einen Zugriff auf ein geschütztes Datum ablehnen.
   (b) *lesbar:* Daten sind nur lesbar, nicht aber änderbar.
   (c) *änderbar:* Daten sind veränderbar und damit auch implizit lesbar.
2. Zugriffe von außen auf Methoden einer Klasse
   (a) *nicht zugreifbar:* Methoden eines Objektes der Klasse können nicht aufgerufen werden und sind somit nur lokal in einer Klasse von Objekten verfügbar. Eine dem Objekt gesandte Botschaft würde nicht „verstanden".
   (b) *zugreifbar:* Methoden eines Objektes sind global aufrufbar. Das Objekt wird die ihm gesendete Botschaft verstehen und die entsprechende Methode ausführen.
3. Zugriffe von Kindklassen auf Daten und Methoden einer Elternklasse
   (a) *geschützt:* Attribute werden nicht vererbt bzw. sind von Kindklassen nicht zugreifbar. Obwohl dies dem Konzept der Vererbung völlig widerspricht, ist in manchen Programmiersprachen diese Form der Einschränkung gestattet. Sollten sich die Fälle von vor der Vererbung geschützten Daten häufen, liegt der Verdacht nah, daß dieser Mechanismus für die Strukturierung falsch angewendet wird.
   (b) *vererbbar:* Alle Kindklassen erben ein bestimmtes Attribut.

Zusätzlich zu diesen Klassifikationen von Daten und Methoden einzelner Klassen gibt es weitere Zugriffsmodifikationen. C++ erlaubt beispielsweise, daß einzelne Klassen sich gegenseitig Zugriff auf ihre Attribute gestatten, anderen Klassen jedoch nicht. Diese Konstruktionen können die Bearbeitungszeit eines Programms verringern. Auf der anderen Seite durchbrechen sie aber ganz klar das Prinzip des Programms als Sammlung abstrakter Datentypen.

In der Gestaltung der Zugriffsrechte sollte daher im Vordergrund das oben angegebene Prinzip stehen. Als praktikabel hat sich erwiesen, in einem ersten Schritt keine Zugriffsrechte auf Daten zu vergeben, sondern dies über Methoden zu realisieren. Ist ein Stadium der Programmentwicklung erreicht, in dem die Zugriffe auf diese Daten festgelegt sind, kann dann aus Optimierungsgründen der direkte Zugriff mit Hilfe entsprechender programmiersprachlicher Konstrukte gestattet werden.

3.9 Statisches und dynamisches Binden

Statisches und dynamisches Binden sind zwei Möglichkeiten des Zugriffs von Objekten auf deren Typen bzw. Methoden. Sie beeinflussen die Effizienz und die Flexibilität des Zugriffs auf Attribute und sind in der Regel aber wie Zugriffsrechte von der jeweiligen Programmiersprache abhängig.

Zuerst müssen hierzu einige Begriffe geklärt werden. Wird eine Variable (z.B. in PASCAL, C oder Modula) angelegt, so hat diese Variable drei Attribute: Der *Typ* einer Variablen ist z.B. **`INTEGER`**, der *Name* der Variablen z.B. **`Zähler`** und der *Wert* der Variablen kann z.B. 3 sein. Der Typ einer Variablen kann generell mit dem Namen oder mit dem Wert der Variablen assoziiert sein.

Definition 3.18 (Bindung) *Bindung ist der Vorgang der Assoziation eines Ausdrucks mit einem Attribut, z.B. der Zuordnung einer Variablen und ihres Typs.*

Definition 3.19 (Statische Bindung) *Statische Bindung ist die Assoziation des Typs mit dem Namen einer Variablen durch Deklaration.*

So führt z.B. in Pascal bereits die Vereinbarung:

```
VAR r : REAL;
...
r := "x";
```

zu einer Fehlermeldung des Übersetzers, da **r**, der Name der Variablen, mit dem Typ **REAL** verknüpft ist. Einer an diesen Typ gebundenen Variable kann keine Zeichenkette zugewiesen werden.

Definition 3.20 (Dynamische Bindung) *Dynamische Bindung ist die Assoziation des Typs mit dem Inhalt einer Variablen.*

Die Sprache Smalltalk beispielsweise ist typenlos, d.h., die Variablennamen tragen keine Typinformation, sondern der Inhalt ist dafür bestimmend. In einer dynamisch gebundenen Programmiersprache ist der Programmtext

```
...
r := 570;
r := r + 1;
```

erlaubt, da in der zweiten Zeile **r** als ganze Zahl typisiert ist. Bezeichnet der Operator „+" auch die Konkatenation, also das Aneinanderhängen von Zeichenketten, so führt

```
...
r := 570;
r := r + "Ende.";
...
```

während der Laufzeit zu einer Fehlermeldung, solange eine Addition zwischen einer ganzen Zahl und einer Zeichenkette nicht definiert ist.

Die meisten Programmiersprachen sind statisch typgebunden. Diese Festlegung führt zu effizienteren Programmen. Die Überprüfung der Bedeutung von Konstrukten wird einfacher und damit sicherer. Eine dynamische Typbindung hingegen ist flexibler in der Anwendung.

Das Problem der Methodenbindung und Methodenverwaltung in objektorientierten Programmiersprachen ist analog zu verstehen. Dazu sei das folgende (fiktive) Beispiel betrachtet:

```
Klasse SAEUGETIER ...;
Klasse HUND = Erbin von SAEUGETIER ...;
...
SAEUGETIER dieses;
HUND jener;
...
dieses := jener;
dieses.Eine_Methode_von_Hund;
...
```

In diesem Beispiel wird eine Klasse **HUND** als Kindklasse von **SAEUGETIER** deklariert. Alle Objekte der Klasse **HUND** (also auch **jener**) haben Zugriff auf alle Methoden von **SAEUGETIER**. Die Zuweisung soll symbolisieren, daß dem Namen **dieses** jetzt ein Objekt der Klasse **HUND** zugeordnet ist.

Eine statisch typgebundene prozedurale Sprache wird diese Anweisung bereits beim Übersetzen zurückweisen. In objektorientierten Programmiersprachen ist dies nicht der Fall, da aufgrund der Is-A-Relation zwischen **dieses** und **jener** eine solche Zuweisung zulässig sein kann.

Dynamisch typgebundene Sprachen berücksichtigen in der folgenden Anweisung, daß in **dieses** nun ein Objekt der Klasse **HUND** steckt. Jede Methode von **HUND**, sei sie von **SAEUGETIER** geerbt oder nicht, wird bei der entsprechenden Botschaft ausgeführt.

Um die Verwirrung zu vervollständigen: Es gibt Programmiersprachen, die prinzipiell zwar statisch typgebunden sind, eine dynamische Bindung aber explizit ermöglichen. C++ ist beispielsweise eine solche Sprache. Methoden, die dynamisch gebunden werden sollen, müssen bereits in Elternklassen als „virtuell" deklariert werden. Sie können von Kindklassen umdefiniert und dynamisch eingesetzt werden.

3.10 Polymorphismus

Wörtlich bedeutet Polymorphismus „viele Erscheinungsformen". Er ist somit eine Art Chamäleon-Eigenschaft. Hinter dieser Eigenschaft verbergen sich allerdings verschiedene Interpretationen, die in diesem Abschnitt vorgestellt werden.

Definition 3.21 (Polymorphismus (1)) *Polymorphismus ist die Eigenschaft von Variablen, verschiedene Typen annehmen zu können.*

Diese Form des Polymorphismus ist identisch mit dem Verständnis von dynamisch typgebundenen Programmiersprachen. Beispiele dazu haben Sie bereits oben gesehen.

Definition 3.22 (Polymorphismus (2)) *Die Eigenschaft einer Funktion für verschiedene Parametersätze mit gleichem Namen definiert zu sein.*

Diese Eigenschaft wird auch als *Überladen von Funktionen* bezeichnet. Es bedeutet, daß z.B. folgende Definitionen zugelassen sind:

```
Print(int   ganzeZahl);
Print(float ersteReelleZahl;
      float zweiteReelleZahl);
Print(char* einenString);
```

In allen drei Fällen wird eine Funktion **`Print`** deklariert, die das bzw. die Argumente ausdruckt. Es kann hier entweder eine Festpunktzahl, zwei Gleitkommazahlen oder eine Zeichenkette sein. Sowohl die Anzahl als auch der Typ der Parameter variieren.

Die Vorteile des Konzeptes liegen auf der Hand: Die anzuwendende Funktion wird anhand des Parameters bestimmt und dient somit wieder dem Prinzip der Abstraktion.

Definition 3.23 (Polymorphismus (3)) *Polymorphismus ist die Eigenschaft eines Operators, sich auf Instanzen verschiedener Klassen während der Laufzeit zu beziehen.*

Auch umgekehrt ausgedrückt ist diese Definition sinnvoll: Polymorphismus ist die Fähigkeit mehrerer Klassen von Objekten, auf die gleiche Botschaft in unterschiedlicher Art und Weise zu reagieren.

Betrachten wir das Prinzip an einem Beispiel. **`ASCIITEXT`**, **`TEXTEXT`** und **`GRAFIK`** seien Klassen, mit deren Hilfe Texte beschrieben und bearbeitet werden können. Alle drei besitzen eine Methode **`Print`**. Sie gibt den entsprechenden Text auf einem Drukker aus. Dann ist der folgende Programmtext denkbar.

```
...
ASCIITEXT text1;
TEXTEXT   text2;
GRAFIK    text3;
...
```

```
text1.Print;
text2.Print;
text3.Print;
...
```

Es ist klar, daß alle drei Objekte der verschiedenen Klassen auf einen Drucker in unterschiedlicher Art und Weise ausgegeben werden sollen.

Im Zusammenhang mit der Vererbung und einer dynamischen Typbindung sind noch interessantere Konstruktionen möglich. **TEXT** sei eine Elternklasse der drei Textklassen mit der dynamisch gebundenen Methode **Print**. Sie wird von den Kindklassen überschrieben, so daß das Objekt die korrekte Methode auswählt.

```
TEXT texte[1..3];
ASCIITEXT text1;
TEXTEXT text2;
GRAFIK text3;
...
texte[1] := text1;
texte[2] := text2;
texte[3] := text3;
...
FOR i:=1 TO 3 DO
   texte[i].Print;
...
```

Durch das Vererbungsprinzip können alle drei Textarten in einem Feld gespeichert werden. Dies erleichtert wesentlich den Umgang mit den verschiedenartig formatierten Texten. Die dynamische Methodenbindung bewirkt, daß für jeden der Texte auch die richtige **PRINT**-Methode aktiviert ist.

Sie sehen, daß die Kombination verschiedener objektorientierter Konzepte mächtige Abstraktionshilfsmittel zur Verfügung stellt.

3.11 Virtuelle Methodentabellen

Virtuelle Methodentabellen (VMT) sind eine Möglichkeit, Zugriffe auf die Methoden einer Klasse auch bei mehrfacher Instantiierung zu verwalten. Sie erlauben sowohl die Behandlung statischer als auch dynamischer Methoden.

Probleme und Anforderungen des Methodenzugriffs sind:

- Eine Botschaft muß abhängig von einer Klasse interpretiert werden.
- Methoden sollen effizient zugreifbar sein.
- Mehrere Objekte müssen auf die Methoden einer Klasse zugreifen können.
- Objekte, die zueinander in der Is-A-Relation stehen, müssen auf gleiche, teilweise aber auch verschiedene Methoden zugreifen können.
- Der Methodenzugriff soll unabhängig von statischer oder dynamischer Bindung sein.

Eine erste Möglichkeit der Organisation ist sicher der *direkte Zugriff* auf die Methoden. Das bedeutet, daß für jedes Objekt jede Methode angelegt wird. An zwei Instanzen der Klasse **PUNKT** von oben wird dies betrachtet (Abbildung 3.1).

Abbildung 3.1 *Direkter Zugriff der Objekte auf Methoden einer Klasse*

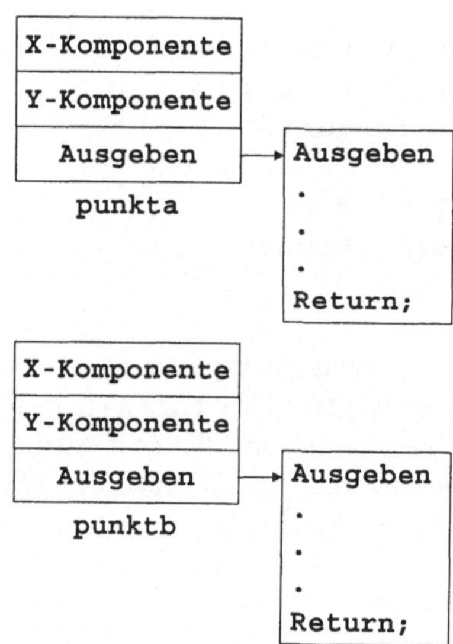

Das Objekt **punkta** besteht aus den beiden Speicherplätzen für **X-** und **Y-Komponente**. Zusätzlich enthält es einen Zeiger auf die ausführbare Methode **Ausgeben**. Empfängt das Objekt die entsprechende Botschaft, so wird die Methode ausgeführt. **punktb** enthält eine komplette Kopie der Daten und des Programmstücks.

Es ist offensichtlich, daß dieses Verfahren eine extrem schnelle Zugriffsmöglichkeit auf die Methoden der Klasse darstellt, daß sie aber auf der anderen Seite auch extrem speicherplatzintensiv ist. Sie widerspricht auch unserer Festlegung von Klassen als Implementierungen abstrakter Datentypen. Deren Charakteristikum ist es gerade, nur Kopien eines Datenbereiches, nicht aber Kopien der Methoden anzulegen.

Eine Reduktion des benötigten Speicherplatzes wird dann erreicht, wenn die Methoden einer Klasse an einer Stelle angelegt werden und die Instanzen der Klasse entsprechende Verweise auf diese Stelle enthalten. Diese Zeiger werden in einer *virtuellen Methodentabelle für die Instanzen einer Klasse* gespeichert. Am Beispiel der beiden **PUNKT**-Objekte sei dies nochmals demonstriert (Abbildung 3.2).

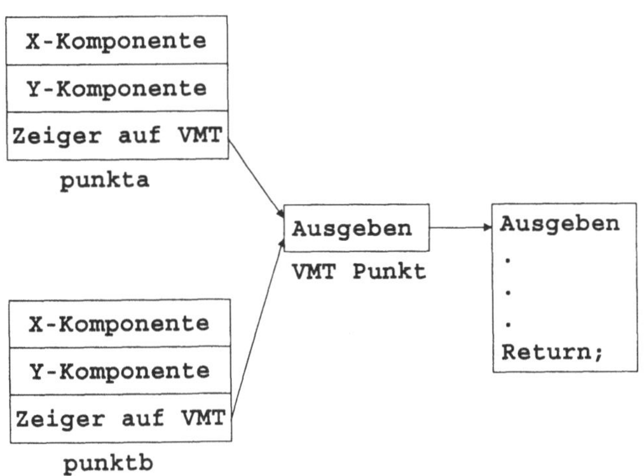

Abbildung 3.2
Virtuelle Methodentabellen für die Instanzen einer Klasse

Hier besteht die virtuelle Methodentabelle nur aus einem Eintrag für die Methode **Ausgeben**. In einem normalen Anwendungsfall wird sie entsprechend mehr Einträge aufweisen.

Mit dieser mehrfachen Verweisstruktur ist eine indirekte Adressierung der Methode notwendig geworden. Die Verwaltung der Methoden einer Klasse in einer virtuellen Methodentabelle reduziert den Speicheraufwand von einer Größenordnung O(Anzahl der Objekte) auf O(Anzahl der Klassen). Die Zahl der Klassen ist im allgemeinen kleiner oder gleich der Anzahl der Objekte. Meist wird die Anzahl um Potenzen kleiner sein.

Noch immer entsteht aber unnötiger Speicherplatzaufwand durch das Anlegen der Methoden. Durch die Vererbung von Daten und Methoden sind diese mehrfach angelegt, obwohl sie bereits für eine andere Klasse gespeichert wurden. Eine weitere Verknüpfung kann mit einer *Methodentabelle zweier Klassen, die zueinander in der Vererbungsrelation stehen*, hergestellt werden. Das folgende Beispiel zeigt dies anhand der Klassen **PUNKT** und **PIXEL**. Hier sind im Unterschied zu oben keine Instanzen mehr dargestellt (Abbildung 3.3).

Abbildung 3.3
Virtuelle Methodentabellen für die Verwaltung vererbter Methoden

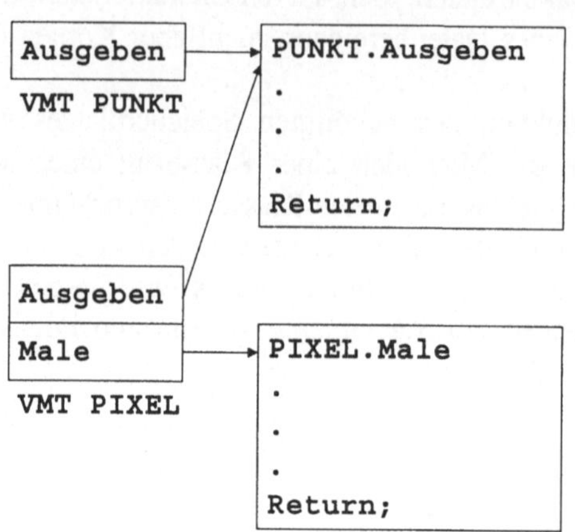

Die Methode **Ausgeben**, die **PIXEL** von **PUNKT** erbt, wird nicht noch ein zweites Mal angelegt. Statt dessen verweist ein Zeiger auf die Methode der Klasse **PUNKT**.

Diese zuletzt dargestellte Art der Methodentabellen wird beispielsweise auch von C++ zur Verwaltung der oben angesprochenen „virtuellen“ Methoden genutzt. In der Methodentabelle muß dann zur Laufzeit nach der „richtigen“ Methode in der Vererbungshierarchie gesucht werden.

3.12 Persistenz

Weiter oben ist festgehalten, daß Klassen statische Beschreibungen einer Menge von Objekten sind. Die Sammlung von Klassen beschreibt ein objektorientiertes Programm. Das Programm selbst besteht aus den Objekten, die durch ihren Botschaftenaustausch untereinander das Programm zum Ablauf bringen.

Aus verschiedenen Gründen ist es notwendig und wünschenswert, ein Programm an einer bestimmten Stelle zu unterbrechen und es an dieser Stelle wieder aufsetzen zu lassen. Dazu müssen die während des Programmlaufs berechnet Daten geeignet gespeichert werden. Dies betrifft bei der objektorientierten Programmierung hauptsächlich die Objekte mit all den zwischen ihnen bestehenden Verknüpfungen.

Definition 3.24 (Persistenz) *Persistenz ist die Eigenschaft von Objekten, über die Laufzeit des Programms hinaus in ihrer Identität, ihrem Zustand und ihrer Beschreibung zu existieren.*

Am einfachsten wäre es natürlich, wenn jedes Objekt weiß, wie es sich selbst abspeichert und wieder identifiziert. Tatsächlich wird dies dadurch erreicht, daß es in den meisten Programmiersprachen allgemein verfügbare Elternklassen gibt, die eben diese Funktionalitäten zur Verfügung stellen.

Zum Problem wird Persistenz von Objekten dann, wenn sich Klassenbeschreibungen ändern, die gleichen gespeicherten Daten aber weiter verwendet werden sollen. Mit diesem Problemkreis beschäftigen sich vor allem objektorientierte Datenbanken [Gra91].

Ein interessantes Problem ist in diesem Zusammenhang die in der Industrie häufig gestellte Forderung nach dem Einsatz relationaler Datenbankmanagementsysteme in Verbindung mit der objektorientierten Struktur eines Systems. Dies führt in der Regel zu einer weiteren Schicht in der Architektur eines Systems, welche Objekte in Relationen umsetzt und umgekehrt [Het94].

3.13 Nebenläufigkeit

Objektorientierte Programme bestehen aus Objekten, die durch den Austausch von Botschaften dessen Ablauf steuern. Dabei ist die Reihenfolge des Botschaftenaustauschs im allgemeinen durch die Ordnung im Programmtext vorgegeben. Etliche Botschaften, die nacheinander versendet und empfangen werden, sind aber unabhängig voneinander bzw. in der Reihenfolge vertauschbar. Objektorientierte Programme sind also auch auf parallelen Rechnerarchitekturen einsetzbar.

Programme, deren Teile unabhängig voneinander auf parallelen Prozessoren laufen, werden als nebenläufig bezeichnet.

Auf diesen – sehr interessanten – Aspekt der objektorientierten Programmierung kann ich Sie hier allerdings nur aufmerksam machen. Es handelt sich um ein aktuelles Forschungsgebiet, das aber in diesem Buch keine weitere Rolle spielen wird.

3.14 Übungen

1. Verkehrssimulation

Eine objektorientierte Verkehrssimulation soll aus verschiedenen Kategorien von Objekten bestehen, u.a. den Verkehrsteilnehmern und deren Verhalten, unbeweglichen Objekten wie Verkehrszeichen und den verschiedenen Autotypen. Diese müssen aufgrund der auf verschiedenen Straßenkategorien geltenden Verkehrsregeln ausreichend differenziert beschrieben werden.

- Stellen Sie potentielle Kategorien von Verkehrsobjekten auf.
- Welche dieser Kategorien können Klassen der Verkehrssimulation werden und welche nicht? Beachten Sie hierbei, was eine Klasse gegenüber einem Attribut auszeichnet!
- Welche Beziehungen gibt es zwischen denen von Ihnen beschriebenen Klassen (Is-A, Has-A, Part-Of, Vererbung, ...)?
- Treten Mehrfachvererbungen auf?

2. Mensch-ärgere-Dich-nicht

Ein Mensch-ärgere-Dich-nicht-Spiel, das von vier Personen gespielt wird, soll objektorientiert modelliert werden.

a) Welche Objekte benötigen Sie für diese Simulation?

b) Instanzen welcher Klassen sind diese Objekte?

c) Wie modellieren Sie die folgenden Vorgänge durch das Versenden von Botschaften?

   - Das Würfeln und anschließende Ziehen eines Spielsteins
   - Den Rausschmiß eines fremden Spielsteins
   - Das Prüfen der Begehbarkeit eines bestimmten Feldes
   - Die Beendigung des Spiels

3. Verwandtschaft und Bekanntschaft

a) Stellen Sie ein Objektmodell Ihrer näheren Verwandtschaft und Bekanntschaft auf, das mindestens 25–30 Personen enthält. Welche Strukturen sind darin erkennbar?

b) Stellen Sie nun auf der Basis dieser erkannten Strukturen ein Klassenmodell hierfür auf.

   - Welches der beiden Modelle ist mit denen anderer Personen, welche die gleiche Aufgabe bearbeiten würden, ähnlich oder identisch?
   - Gibt es in diesen Modellen Vererbung als Relation?

4 Eine (endgültige) Definition von objektorientiertem Programmieren

Im letzten Kapitel wurden verschiedene Konzepte objektorientierter Programmiersprachen diskutiert. Hier werden nun verschiedene Ansichten zur Objektorientierung einander gegenübergestellt.

Aus der Tatsache, daß innerhalb der betrachteten Literatur die Meinungen darüber, was „objektorientiert" ist und was nicht, teilweise sehr unterschiedlich sind, läßt sich schließen, daß eine endgültige Festlegung zumindest schwierig sein wird. Den kleinsten gemeinsamen Nenner stellt jedoch die folgende Definition dar.

Definition 4.1 *Objektorientierung beinhaltet*

1. *Objektbasierung, d.h. die Kapselung von Attributen,*
2. *Klassenbasierung durch Mengenabstraktion, d.h. die gemeinsame Modellierung gleichartiger Objekte in Form einer Klasse, und*
3. *Vererbung, also die Weitergabe von Attributen zwischen Klassen.*

Bertrand Meyer [Mey90] bezieht den Begriff auf den Entwurf eines Systems. Von ihm stammt folgende Definition:

Definition 4.2 *Objektorientierter Entwurf ist diejenige Methode, die zu Softwarearchitekturen führt, die auf den von jedem System oder Teilsystem bearbeiteten Objekten beruhen (und nicht auf der Funktion, die das System realisiert).*

Er stellt also nochmals die Unterscheidung zwischen den beiden „Sichten" auf ein Programm heraus: Die prozedurale und die objektorientierte Sicht. Konkretisiert lautet sein Ansatz in bezug auf die Verwendung abstrakter Datentypen für einen objektorientierten Systementwurf:

Definition 4.3 *Objektorientierter Entwurf ist die Entwicklung von Softwaresystemen als strukturierte Sammlung von Implementierungen abstrakter Datentypen.*

Es läßt sich festhalten, daß objektorientierte Strukturierung sicher auf einer anderen Sichtweise beim Entwurf von Programmen beruht und durch eine Sammlung abstrakter Datentypen realisierbar ist. Die Struktur von Programmen basiert auf deren Daten.

Präzisere Beschreibungen von objektorientierten Programmen, Systemen oder Programmiersprachen beruhen auf den im letzten Kapitel vorgestellten Konzepten, z.B. dem Vorhandensein einzelner der genannten Punkte, die Objektorientierung ausmachen. Die am wenigsten konkrete Formulierung gibt hier Timothy Budd [Bud91].

Definition 4.4 *Ein objektorientiertes Programm ist die Sammlung autonom agierender Agenten, genannt Objekte. Die Berechnung schreitet durch die Interaktion der Objekte fort.*

Er sieht als die Hauptkomponenten des objektorientierten Programms Objekte und deren Kommunikation untereinander, also Botschaften, an. Vererbung spielt für ihn nur eine untergeordnete Rolle.

Ian Graham geht in seiner Beschreibung schon weiter [Gra91].

Definition 4.5 *Objektorientierte Systeme sind objektbasiert, klassenbasiert, unterstützen Vererbung zwischen Klassen und Elternklassen und erlauben Objekten das Versenden von Botschaften untereinander.*

Für ihn ist also ein weiterer wichtiger Bestandteil die Vererbung und die Abstraktion von Objekten durch Klassen. Insbesondere im Punkt „Vererbung" erscheint die Definition von Budd daher zu schwach.

Die konkreteste Definition kommt von Bertrand Meyer. Er leitet daraus direkt Anforderungen an den Entwurf einer objektorientierten Programmiersprache, in seinem Fall Eiffel, ab.

Definition 4.6 *Eine objektorientierte Programmiersprache unterstützt:*

1. *eine objektbasierte, modulare Struktur,*
2. *Datenabstraktion,*
3. *automatische Speicherplatzverwaltung,*
4. *Klassen (als Typen),*

5. *Vererbung,*
6. *Polymorphismus und dynamisches Binden sowie*
7. *mehrfaches und wiederholtes Erben.*

Dieser Definition genügt aber fast keine Programmiersprache – außer Eiffel natürlich –, die heute als objektorientiert bezeichnet wird. Sie ist daher als eher „stark“ einzuordnen.

Welcher Definition Sie sich anschließen, hängt sicher vom Gewicht ab, das Sie den einzelnen Konzepten geben. Der allgemein übliche gemeinsame Nenner besteht jedoch aus den von Wegner zu Anfang dieses Kapitels festgelegten Punkten Objektbasierung, Klassenbasierung und der Vererbungsmechanismus.

5 Objektorientierte Programmiersprachen

In diesem Abschnitt sollen einige, als objektorientiert bezeichnete Programmiersprachen vorgestellt werden. Die Aufzählung kann keinesfalls den Anspruch auf Vollständigkeit erheben, da bereits 1991 etwa 100 Programmiersprachen als objektorientiert angesehen wurden [Gra91]. In wieweit diese jeweils den im letzten Kapitel aufgestellten Kriterien genügen, sei dabei offen gelassen. Anhand verschiedener Beispiele wird gezeigt, wie unterschiedlich die entsprechenden Sprachen sind.

Allgemein werden zwei Kategorien objektorientierter Programmiersprachen unterschieden. Die erste Klasse sind die „rein" objektorientierten Sprachen. In diese Klasse werden unter anderem Eiffel, Smalltalk und Simula eingeordnet. Eine weitere Kategorie stellen die objektorientierten Erweiterungen herkömmlicher, meist prozeduraler Sprachen dar, beispielsweise C++, Objective C, Object PASCAL oder Modula 3. Inzwischen sind auch objektorientierte Erweiterungen für Sprachen wie COBOL definiert.

Im Prinzip unabhängig von Programmiersprachen sind Klassenbibliotheken anzusehen. Diese Bibliotheken enthalten teilweise mehrere hundert Klassen unterschiedlichster Kategorien und eignen sich sehr gut für die schnelle Erstellung von Testimplementierungen, z.B. für Studien im Vorfeld größerer Projekte. Die Erstellung von Applikationen wird auf der Basis von Klassenbibliotheken in der Regel von der Entwicklungsumgebung unterstützt.

In die Gruppe von Klassenbibliotheken fallen unter anderem CommonView, die MFC („Microsoft foundation classes") von Microsoft als sicher verbreitetste Klassensammlung zur Erstellung von Windows-Applikationen, die STL („standard template library"), die inzwischen in die C++-Norm Eingang gefunden hat, oder die Klassenbibliothek von Java.

Als eines der Hauptprobleme bei der Benutzung von Bibliotheken hat sich herausgestellt, daß ein Mensch etwa einen Tag benötigt, um überhaupt mit der Funktionalität einer Klasse in vollem Umfang vertraut zu werden. Auch die Evaluierung bei der Wahl einer Klassenbibliothek ist ein entsprechend „kniffliges" und interessantes Thema. Beide würden jedoch den hier gesetzten Rahmen sprengen.

In den folgenden Abschnitten möchte ich sechs Sprachen genauer vorstellen: Simula, Smalltalk und Eiffel als Vertreterinnen der Kategorie objektorientierter Sprachen, Objective C und C++ als weit verbreitete Beispiele der objektorientiert erweiterten Programmiersprache C sowie Java als *die* Programmiersprache, mit der Internet-Applikationen geschrieben werden.

5.1 Simula

Unter dem Namen Simula wird die Sprache Simula 67 verstanden. Sie wurde 1967 formuliert und basiert auf der früheren Version Simula 1. Vorläuferinnen dieser Sprache wurden bereits 1949 benutzt [Gra91]. Simula gehört zu den von ALGOL beeinflußten Sprachen und ist unter anderem blockstrukturiert.

Simula 1 war ursprünglich eine diskret ereignisgesteuerte Programmiersprache. Davon ist in Simula, die eine allgemein verwendbare Sprache darstellt, noch eine Klassenbibliothek für diese Simulationen geblieben. Diskret ereignisgesteuerte Simulationen erlauben beispielsweise Simulationen des Verkehrsgeschehens. Verkehrsteilnehmer werden ins Leben gerufen, verschiedenen Situationen ausgesetzt, wie einer schaltenden Ampel, und auch wieder aus einer Simulation entfernt.

Sie erkennen, daß solche Formen von Simulationen viel mit einem objektorientierten Programm gemeinsam haben: Verkehrsteilnehmer und Ampeln sind Objekte, deren Verhalten einander beeinflussen und dadurch den Verkehrsfluß am Laufen halten. Vererbung erlaubt die Modellierung gemeinsamer Eigenschaften von Teilnehmern am Verkehr, aber auch die Differenzierung, z.B. des unterschiedlichen Verhaltens eines PKW und eines LKW. Simulationen sind daher – neben der Gestaltung von Benutzungsoberflächen – ein Hauptanwendungsbereich von objektorientiertem Programmieren.

Nach diesem kleinen Exkurs, der die Nähe zwischen Simulation und objektorientierter Programmierung deutlich macht, nun noch ein Überblick über die Konzepte, die Simula zur Verfügung stellt. Grundkonzepte, die Bildung von Klassen und Objekten als deren Instanzen, sind vorhanden. Vererbung von Daten und Methoden ist möglich, nicht jedoch Mehrfachvererbung. Methoden einer Klasse können sowohl vor einem Zugriff von außen als auch vor einem Zugriff durch Kindklassen geschützt werden.

Generische Klassen können nicht beschrieben werden. Ebenso ist die permanente Speicherung von Objekten (Persistenz) nicht vorgesehen. Das Überladen von Methoden und Funktionen als abgeschwächte Form des Polymorphismus und eine virtuelle Methodenbindung durch Deklaration sind dynamische Komponenten in dieser ansonsten statisch typ- und methodengebundenen Programmiersprache. Nebenläufige Programme werden durch sogenannte Koroutinen unterstützt.

Simula ist also eine relativ alte Sprache, die konzeptionell aber durchaus noch modern ist.

5.2 Smalltalk

Smalltalk gilt als die „klassische" objektorientierte Sprache. Sie wurde seit den 70er Jahren am Xerox PARC (Palo Alto Research Center) entwickelt [GR83, Gol84]. Zusätzlich zu den Eigenschaften anderer Sprachen beinhaltet Smalltalk auch eine Entwicklungsumgebung. Innerhalb dieser Umgebung, die Vorläuferin für alle heute bekannten grafischen Benutzungsoberflächen ist, stehen Grundklassen, ein symbolischer Debugger und der volle Zugriff auf alle vorhandenen Klassen zur Verfügung.

Die Entwicklung von Smalltalk hatte über die Existenz der Sprache hinaus wesentliche Auswirkungen auf die heute üblichen WIMP-Schnittstellen (WIMP: „window, icon, mouse, pointer"). Darauf beruht auch die Tatsache, daß ein Hauptanwendungsgebiet objektorientierter Programmierung neben der Simulation heute die Gestaltung grafischer Benutzungsoberflächen ist.

In Smalltalk werden alle Konstrukte als Objekte und ihre Typen als Klasse interpretiert, beispielsweise auch Klassen selbst! Alle Daten innerhalb von Klassen sind geschützt, d.h., es können nur Methoden exportiert werden. Attribute werden nur in neueren Versionen mehrfach vererbt.

Smalltalk zeichnet sich durch eine dynamische Typ- und Methodenbindung aus und kann sowohl interpretiert als auch compiliert werden. Generische Klassen sind nicht notwendig, da die Sprache typenlos ist. Sie erlaubt polymorphe Zugriffe und eine automatische Speicherbereinigung. Nebenläufigkeit wird nicht unterstützt. Die persistente Speicherung von Objekten ist angekündigt.

Die Stärke von Smalltalk ist die Entwicklungsumgebung, die extrem gut für schnelle Prototypentwicklung geeignet ist. Als Nachteil wird gesehen, daß diese Umgebung relativ „geschlossen" ist. Eine

Anbindung bestehender Programme aus anderen Programmiersprachen ist nur schwer zu erreichen.

5.3 Eiffel

Die Programmiersprache Eiffel gehört ebenfalls zu den „rein" objektorientierten Sprachen [Mey90]. Sie wurde mit den Zielen der Robustheit, Korrektheit, Portierbarkeit und Effizienz entworfen und 1988 vorgestellt. Aus Effizienzgründen dient als Zwischensprache bei der Übersetzung die Sprache C.

Im Gegensatz zu Smalltalk werden Klassen und Objekte unterschieden. Klassen entsprechen, wie oben definiert, der Implementierung abstrakter Datentypen. Durch die Unterscheidung zwischen der Klasse als Typ und einem Objekt als Laufzeitelement wird eine statische Typ- und Methodenbindung eingeführt. Sie erlaubt weniger Laufzeitfehler und eine größere Effizienz der Programme. Methoden und Daten der Klassen werden explizit zugänglich gemacht.

Herausragende Eigenschaften von Eiffel sind generische Klassen und die Zusicherungen über Objekte in Form von Vor- und Nachbedingungen sowie Invarianten. Diese Zusicherungen dienen dem Nachweis der Korrektheit von Programmen und werden auch an Kindklassen vererbt. Mehrfache Vererbungen sind gestattet. Konflikte in mehrfach geerbten Attributen werden durch Umbenennung gelöst.

Weiterhin erlaubt die Sprache polymorphe Zugriffe und stellt eine automatische Speicherverwaltung zur Verfügung. Nebenläufigkeit ist nicht möglich. Die Persistenz von Objekten wird nur über eine Bibliotheksfunktion realisiert und ist daher noch nicht zufriedenstellend gelöst.

Trotz der vermeintlich großen Vorteile durch die Zusicherung von Bedingungen und der effizienten Umsetzung durch die Zwischensprache C wird Eiffel für den Einsatz in kommerziellen Anwendungen eher schlecht beurteilt. Für Ausbildungszwecke wird sie inzwischen erfolgreich eingesetzt [FB97].

5.4 Objective C

Objective C ist eine Erweiterung von C mit Smalltalk-Konzepten [Cox86]. Die Sprache ist eine echte Obermenge von C, die mit einem Präprozessor als Zwischensprache auch C-Code erzeugt. Neue Eigenschaften der Sprache gegenüber C sind ein Datentyp, um Objekte zu identifizieren, und eine Operation, die der Botschaft entspricht. Die objektorientierte Erweiterung basiert vollständig auf diesen beiden Neuheiten.

Ebenso wie in Smalltalk werden nur die Methoden von Klassen exportiert. Typen sind nicht vorgesehen. Die Sprache erlaubt polymorphe Zugriffe und wird dynamisch gebunden. Auch die mit der Sprache gelieferte Klassenbibliothek ist an Smalltalk orientiert.

Objective C ist neben C++ die am häufigsten genutzte objektorientierte Programmierspracheerweiterung, die von der starken Verbreitung von C profitiert. Mit dieser Sprache konnten bereits extrem umfangreiche Projekte erfolgreich durchgeführt werden.

5.5 C++

Obwohl C++ ab Kapitel 8 umfangreich dargestellt wird, soll es in diesem Vergleich nicht fehlen [Str91]. Es ist ebenso wie Objective C eine Erweiterung von C. Als Entwurfsziele standen die Portabilität und die Effizienz im Vordergrund. Das Ergebnis ist ein „Kompromiß zwischen dem objektorientierten Ideal und Pragmatismus“ [Gra91, Gut93].

Wesentliche Merkmale sind das Überladen von Operatoren, so daß mit Objekten beispielsweise wie mit ganzen Zahlen „gerechnet“ werden kann. Der Zugriff auf Attribute von Objekten kann gesteuert werden. Eine spezielle Deklaration kann Klassen gegenseitig oder anderen Funktionen zugänglich machen. Eine automatische Speicherplatzverwaltung ist nicht vorgesehen.

Einer der entscheidenden Vorteile von C++ ist die weite Verbreitung und die Flexibilität zwischen hardwarenahen Funktionen und den abstrakten, objektorientierten Konzepten. Der größte Nachteil besteht in der Nähe zu C. Untersuchungen von AT&T, die C++ ursprünglich erstellten, zeigten, daß nur etwa jedes zehnte Programm, das in C++ geschrieben wird, überhaupt auf Klassen und damit auf ein Grundkonstrukt der Objektorientierung in C++ zurückgreift.

In den letzten Jahren wurde neben der Sprache auch eine Klassenbibliothek normiert, welche die wichtigsten Anforderungen der objektorientierten Programmierung unterstützen soll. Diese Klassenbibliothek heißt STL („standard template library“) und ist inzwischen Bestandteil aller wichtigen Entwicklungsumgebungen. Sie wird in Kapitel 12 noch genauer in ihrem Umfang beschrieben.

5.6 Java

Obwohl ursprünglich zu einem anderen Zweck und mit einem anderen Namen bei der Firma Sun entwickelt, ist Java heute das Synonym für eine Programmiersprache „für das Internet“. Die Entwicklung erfolgte ab 1990 und führte 1993 zu einer ersten Veröffentlichung als Programmiersprache, die im Rahmen von HTML-Seiten interpretiert werden kann. Inzwischen ist Java ein De-facto-Standard für Anwendungen, die im Internet laufen [MSS96].

Die Hauptentwurfsziele der Programmiersprache Java waren die Plattformunabhängigkeit, Sicherheit und Robustheit. Dies sind drei verständliche Ziele, wenn an die Nutzung auf den unterschiedlichsten Maschinen im Internet gedacht ist.

Java ist einerseits *Programmiersprache* und stellt andererseits eine *Klassenbibliothek* zur Verfügung.

Als Programmiersprache lehnt sie sich stark an C++ an. Viele der Konstrukte dieser Sprache wurden jedoch aus Sicherheitsgründen modifiziert bzw. eliminiert. Hierzu gehört die Abschaffung von Verweisen („pointer“), die immer eine Quelle der Unsicherheit bei der Programmierung darstellen. Funktionen außerhalb von Klassen sind nicht erlaubt, so daß keine Verwirrung darüber entstehen kann, ob ein Aufruf sich auf eine Methode oder auf eine Funktion bezieht.

„Offene“ Klassen, also die in C++ vorhandenen Strukturen (struct, union), sind nicht Bestandteil der Sprache, ebenso wie automatische Typkonvertierungen. Mehrfachvererbung ist nicht möglich. Allen „faulen“ Programmierern dürfte dagegen die automatische Speicherplatzverwaltung von Java gefallen.

Die *Plattformunabhängigkeit* wird durch zwei Konstrukte erreicht. Alle Datentypen sind plattformunabhängig definiert, d.h. in Größe und Interpretation – z.B. bei Fließkommazahlen – vereinheitlicht. Zudem wird Java, vergleichbar zu Pascal, für eine *virtuelle Maschine* compiliert, für die auf modernen Rechnern relativ einfach ein Interpreter geschrieben werden kann. Der dabei erzeugte Zwischencode hat keine Nebenwirkungen auf das ausführende System und kann daher zudem als relativ sicher bzw. als prüfbar bezüglich seiner Auswirkungen gelten.

Die Klassenbibliothek von Java enthält Klassen für die Erstellung von Applikationen, also beispielsweise einfache Oberflächenelemente, Klassen für die Kommunikation, zur Ausnahmebehandlung sowie für die Grafik- und Netzwerkprogrammierung.

5.7 Zusammenfassung

Tabelle 5.1 beschreibt eine Zusammenfassung der oben vorgestellten Sprachen. Sie werden gemäß den in Kapitel 3 beschriebenen Forderungen an objektorientierte Programmiersprachen beurteilt.

Ein „+“ bedeutet das Erfülltsein der entsprechenden Eigenschaft, ein „–“ das Nichtvorhandensein und ein „+/–“ widersprüchliche Quellenangaben bzw. dialekt-abhängiges Vorhandensein. In der Zeile „Typbindung“ wird „s“ für eine statische Typbindung und „d“ für eine dynamische Typbindung verwendet.

Eigenschaft	Simula	Smalltalk	Eiffel	Objective C	C++	Java
Typbindung	s/d	d	s	s/d	s/d	s/d
Polymorphismus	+	+	+	+	+	+
Kapselung	+	+	+	+	+	+
Nebenläufigkeit	+	–	–	–	–	+
Vererbung	+	+	+	+	+	+
Mehrfachvererbung	–	+/–	+	+	+	–
automatische Speicherplatzverwaltung	+	+	+	–	–	+
Persistenz	–	–	+	–	–	–
Generizität	–	–	+	–	–	–

Tabelle 5.1 *Zusammenfassender Vergleich der besprochenen Programmiersprachen*

6 Software Engineering

Das Software Engineering, auf deutsch im allgemeinen als Softwaretechnik bezeichnet, steht in mehrfachem Zusammenhang zum objektorientierten Programmieren. Zum einen entstand die Idee der objektorientierten Programmierung aus der Erkenntnis, daß dadurch die Qualität der Software erhöht werden kann. Auf der anderen Seite müssen auch für die Methode des objektorientierten Programmierens Techniken dafür entwickelt werden, wie ein Problem in ein – nun also objektorientiertes – Programm umgesetzt werden kann.

Bislang haben Sie die Konzepte des objektorientierten Programmierens kennengelernt. Sie haben gesehen, wie ein Abstraktionsmechanismus bei der Problemlösung hilfreich sein kann. Die Übersicht über wenige, als objektorientiert bezeichnete Programmiersprachen zeigte die Verschiedenheit dieser Sprachen untereinander.

Bevor wir im letzten Teil dieses Buches die erworbenen Kenntnisse in die Sprache C++ umsetzen, steht in diesem und in den nächsten beiden Kapiteln der Softwareentwurf im Mittelpunkt. Völlig unabhängig von den Realisierungsmöglichkeiten, die den Blickwinkel zu sehr einengen, befassen wir uns mit der Frage, wie sich die besprochenen Konzepte in einem Softwareentwurf niederschlagen und wie wir, ausgehend von einer Spezifikation, zu diesem Entwurf gelangen.

Zunächst wird ein kurzer Überblick über die Anforderungen und die Methoden des Software Engineering (kurz: SE) gegeben. Dies schließt auch einen historische Übersicht und einen Überblick zu objektorientierten Verfahren ein. Die in diesem Buch genauer beschriebene Methode wird eingeführt. Zur vertieften Behandlung des Gebiets sei das Buch *Software Engineering* von Ian Sommerville empfohlen [Som89].

6.1 Ziele und Begriffe des Software Engineering

Das Gebiet der Softwaretechnik befaßt sich mit der Planung, Entwicklung, Anwendung und Wartung von Software und daher mit Prinzipien, Methoden und Werkzeugen. Die Beschäftigung mit den an diesem Prozeß beteiligten und betroffenen Menschen gehört ebenfalls in diesen Bereich. Sie hat unter anderem die Disziplin der Softwareergonomie hervorgebracht.

Das Ziel der Softwaretechnik ist die Erstellung von Qualitätssoftware. Die Qualität einer Software basiert unter anderem auf der Funktionserfüllung, der Zuverlässigkeit, Benutzungsfreundlichkeit, Effizienz, Wartbarkeit und Wiederverwendbarkeit. Es steht nach wie vor die These im Raum, daß objektorientiertes Programmieren die Qualität von Software erhöht, unter anderem wegen der gestiegenen Möglichkeiten, Software wiederzuverwenden.

Wie in Kapitel 1 bereits vorweggenommen, werden innere und äußere Qualitätsmaßstäbe unterschieden. Innere Faktoren sind z.B. der modulare Aufbau eines Systems oder die Lesbarkeit des Quellcodes. Sie sind also dann wichtig, wenn es darum geht, Software in einem Team zu bearbeiten oder an neue Anforderungen anzupassen. Unter äußeren Faktoren versteht man diejenigen Faktoren, die von dem Personenkreis beobachtet werden, der mit dem Programm konfrontiert ist.

Zur Qualität von Software gehört [Man91]:

- *Korrektheit*: Die Fähigkeit von Softwareprodukten, ihre Aufgaben so zu erfüllen, wie sie durch Anforderungen und Spezifikationen definiert sind.
- *Robustheit*: Die Fähigkeit, auch unter außergewöhnlichen und nicht vorhergesehenen Bedingungen und Bedienungen zu funktionieren.
- *Erweiterbarkeit*: Die Leichtigkeit, mit der Softwareprodukte an Spezifikationsänderungen angepaßt werden können.
- *Wiederverwendbarkeit*: Die Eigenschaft, Software ganz oder teilweise für neue Anwendungen wieder einsetzen zu können.
- *Kompatibilität*: Ein Maß für die Leichtigkeit, mit der Softwareprodukte mit anderen verbunden werden können.
- *Effizienz*: Die ökonomische Nutzung von Hardware und Softwareressourcen wie Prozessoren, Speicherplatz, Kommunikationsgeräte etc.

- *Portabilität*: Ein Maß für die Übertragbarkeit eines Softwareprodukts auf verschiedene Hardware- und Softwareumgebungen.
- *Verifizierbarkeit*: Ein Maß für die Leichtigkeit, mit der Abnahmeprozeduren, Testdaten und Prozeduren zur Fehlererkennung und -verfolgung während der Validations- und Betriebsphase erzeugt werden können.
- *Integrität*: Die Fähigkeit eines Softwaresystems, seine verschiedenen Komponenten (Programme, Daten und Dokumente) gegen unberechtigte Zugriffe und Veränderungen zu schützen.
- *Benutzungsfreundlichkeit*: Die Leichtigkeit, mit der die Benutzung von Softwaresystemen, ihre Bedienung, das Bereitstellen von Eingabedaten, die Auswertung der Ergebnisse und das Wiederaufsetzen nach Benutzungsfehlern erlernt werden kann.

6.2 Entwicklung der Softwaretechnik

Dieser Abschnitt gibt einen kurzen Abriß über die Entwicklung, welche die Softwaretechnik selbst durchlaufen hat [Sch90].

Die erste Entwicklungsstufe (1968-74) ist geprägt von der Erkenntnis grundlegender Prinzipien, die im Softwareentwurf verfolgt werden sollten. Dies ist vor allem das Prinzip der *strukturierten Programmierung*, das auf der theoretischen Erkenntnis beruht, daß jedes Programm aus Sequenz, Entscheidung und Iteration zusammengesetzt werden kann [BJ66]. Eine Erweiterung auf parallele Prozesse ist allein durch die drei Bausteine Aufspaltung, Sammlung und Synchronisation möglich.

Die Schlußfolgerung aus dieser Erkenntnis ist, daß der Tätigkeit des Programmierens eine Entwurfsphase vorausgehen kann, die unabhängig von der verwendeten Programmiersprache ist. Der Entwurf oder die Dokumentation eines strukturierten Programms kann z.B. mit Struktogrammen, Ablaufplänen oder Bäumen unterstützt werden.

Zu den weiteren Erkenntnissen der ersten Entwicklungsstufe gehört ebenso das Prinzip der *schrittweisen Verfeinerung* und – entgegengesetzt – das der *Abstraktion und Datenabstraktion*, z.B. durch abstrakte Datentypen, wie in Kapitel 2 geschildert [Wir71, LZ77]. Sowohl die Verfeinerung als auch die Abstraktion ist auf Prozeduren wie auf Daten gleichermaßen anwendbar. Erkannt wurden ferner die Sinnhaftigkeit des *Geheimnisprinzips* und der Ablauf des *Software-Lebenszyklus* mit den Phasen Spezifikation, Entwurf, Implementierung, Test und Wartung (Abbildung 6.1).

Abbildung 6.1
Das Wasserfallmodell der Softwareentwicklung

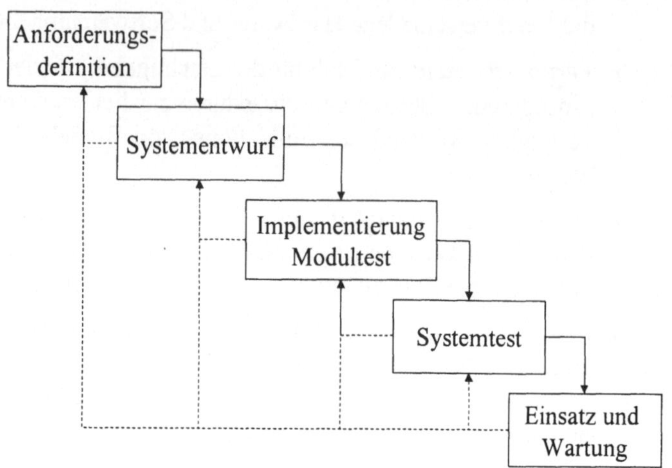

Das Geheimnisprinzip ist Teil der Modularisierung von Software. Die Unterteilung von Software in Module hilft, Wiederverwendbarkeit zu erreichen. Die Forderungen, die an eine Modularisierung gestellt werden, sind [Mey90]:

1. Module müssen zu syntaktischen Einheiten der Sprache passen (sprachliche Moduleinheiten).
2. Jedes Modul sollte mit möglichst wenig anderen kommunizieren (wenige Schnittstellen).
3. Wenn zwei Module miteinander kommunizieren, dann sollten sie so wenig Information wie möglich austauschen (schmale Schnittstellen).
4. Wenn zwei Module miteinander kommunizieren, dann muß das aus dem Text von mindestens einem der beiden Module hervorgehen (explizite Schnittstellen).
5. Jede Information über ein Modul sollte modulintern sein, sofern die Information nicht ausdrücklich als öffentlich erklärt wird (Geheimnisprinzip).

Es ist offensichtlich, daß diese Forderungen vom objektorientierten Ansatz erfüllt werden, aber beispielsweise auch durch Module, wie sie in Modula 2 definiert werden.

In der zweiten Entwicklungsstufe (1972-1975) wurden für die Phasen des Software-Lebenszyklus spezifische Methoden entwikkelt. Dazu gehören z.B. [Sch90]:

- SADT („structured analysis and design technique"), das die Spezifikations- und Entwurfsphase abdeckt,
- der strukturierte Entwurf (SD, structured design), der Entwurf von Modulen und ihren kommunikativen Beziehungen,
- die strukturierte Analyse (SA, structured analysis) mit Hilfe von Datenflußgraphen, eine Weiterentwicklung und ein Vorverarbeitungsschritt des strukturierten Entwurfs,
- Entscheidungstabellen und
- Petri-Netze.

Weitere Methoden befassen sich mit der Zielsetzung, Entwurf und Spezifikation zu vereinheitlichen.

Basierend auf diesen Methoden wurden zwischen 1975 und 1985 phasenspezifische Werkzeuge entwickelt, z.B. Programmgeneratoren und Dokumentationswerkzeuge.

Phasenübergreifende SE-Methoden, z.B. die automatische Umsetzung von Spezifikationen in Programme, werden seit 1980 entwickelt, ebenso die dazugehörigen Werkzeuge, die unter dem Schlagwort CASE („computer aided software engineering") hinreichend bekannt sind. CASE bedeutet:

- die Unterstützung und Automatisierung des Entwicklungsprozesses von der Spezifikation bis zur lauffähigen Entwicklung,
- die Unterstützung und Automatisierung der Dokumentation für Entwickelnde und Anwendende,
- Versionsverwaltung,
- Projektplanung, -verwaltung und -überwachung sowie
- Test- und Debugging-Werkzeuge.

In der Objektorientierung enthalten CASE-Werkzeuge zusätzlich Unterstützung bei der Erstellung, Modifikation, Dokumentation etc. von Klassenhierarchien.

Unabhängig von der Entwicklung und des Werkzeugs, das eingesetzt wird, haben sich zusätzlich weitere Begrifflichkeiten gebildet, mit deren Hilfe Programme beschrieben werden. Dazu gehören die Begriffe des Anwendungsmodells, des Daten-, Funktions- und Ablaufmodells [Hea94]. Auf diese wird im folgenden Bezug genommen.

Definition 6.1 (Anwendungsmodell) *Das Anwendungsmodell bezieht sich auf einen Weltausschnitt, der Gegenstandsbereich einer Software-Anwendung ist. Es setzt sich i.a. aus einem Datenmodell, einem Funktionsmodell und einem Ablaufmodell zusammen.*

Definition 6.2 (Datenmodell) *Das Datenmodell beschreibt die statische Struktur des Gegenstandsbereiches.*

Definition 6.3 (Funktionsmodell) *Das Funktionsmodell beschreibt die aktiven Elemente des Gegenstandsbereichs: die Funktionen, ihre Ein- und Ausgaben, Verarbeitungsvorschriften und die dabei bearbeiteten Masken und Listen.*

Definition 6.4 (Ablaufmodell) *Das Ablaufmodell ist Teil des Anwendungsmodells und enthält diejenigen Elemente des Gegenstandsbereiches, die den Zusammenhang zwischen aktiven und passiven Elementen und zwischen verschiedenen aktiven Elementen herstellen.*

6.3 Objektorientierte Systemgestaltung

Seit Ende der achtziger Jahre werden Methoden und Werkzeuge im Bereich der Objektorientierung entwickelt und propagiert. Die größte Hoffnung besteht bei diesen darin, Klassen bzw. Objekte *als durchgängiges Konzept* in allen Entwicklungsphasen nutzen zu können. Inzwischen gibt es etliche Methoden, um objektorientierte Software zu modellieren.

Die Kernfrage des objektorientierten Entwurfs ist die Frage nach dem Finden von Klassen bzw. Objekten, deren Attributen und Methoden sowie deren Beziehungen untereinander: der Vererbung bzw. Mehrfachvererbung, der Aggregationen und Assoziationen. Der Entwurf ist zunächst unabhängig von einer gewählten Programmiersprache.

Anhand der im dritten Kapitel vorgestellten Merkmale können Sie überlegen, welche in einem Softwareentwurf in Erscheinung treten werden und warum wir hier nur auf eine Teilmenge dieser Merkmale eingehen.

- *Generische Parameter* einer Klasse machen sich erst bei einer Umsetzung des Entwurfs in eine Programmiersprache bemerkbar. Wird ein solches Konstrukt als Metaklasse benötigt und beherrscht die verwendete Programmiersprache generische Typen nicht, so sind wir gezwungen, alle im einzelnen auftretenden Fälle getrennt zu implementieren.

- *Zugriffsrechte* regeln die externen Zugriffe bzw. die Zugreifbarkeit durch Kindklassen. In einem Entwurf werden normalerweise jedoch nur die von anderen Klassen benötigten Attribute überhaupt aufgeführt. Es wird jedoch nicht festgelegt, ob beispielsweise Daten direkt oder nur über Methoden zugreifbar sind. Die Entscheidung hierüber kann erst bei einer Implementierung fallen.
- Auch für die *Bindung von Attributen* an Objekte besteht keine Notwendigkeit, deren Typ bereits beim Entwurf festzulegen. Die Verwendung von statisch oder dynamisch gebundenen Attributen wird aber die Effizienz der Implementierung beeinflussen.
- *Polymorphe Erscheinungen*, treten sie als Überlagerung von Funktionen oder als die Fähigkeit verschiedener Klassen zur Beantwortung einer gleichen Botschaft auf, müssen nicht berücksichtigt werden. Bei einem Entwurf sollten Attribute konsistent benannt werden und gleichlautende Attribute sollten gleiches Verhalten assoziieren. Der Einsatz von Polymorphismus in der Implementierungsphase ist wiederum eine Frage der benutzten Programmiersprache und der Effizienz.
- *Virtuelle Methodentabellen* sind eine Möglichkeit, den Zugriff auf Attribute von Klassen zu verwalten. Sie sind Eigenschaft einer Programmierumgebung und gehen weder in den Entwurf noch in die Implementierung ein.
- *Persistenz* von Objekten erlaubt deren Abspeichern in und das Einlesen von Dateien oder Datenbanken. Dieser Aspekt hat großen Einfluß auf die Architektur eines Systems und damit auch auf den Systementwurf. Wird beispielsweise ein bestimmter Typ von Datenbanksystemen genutzt – seien es relationale, hierarchische oder objektorientierte – so bestimmt dies, ob z.B. Objekte in die Einheiten des Datenbankmanagementsystems „zerlegt" werden müssen oder nicht.
- Soll ein System auch für *parallel arbeitende Prozesse* einsetzbar sein, so muß dies prinzipiell im Entwurf berücksichtigt werden. Ein objektorientierter Entwurf kann die Identifikation unabhängig voneinander agierender Objekte erleichtern. Auch an dieser Stelle muß allerdings darauf verzichtet werden, diesen Aspekt näher zu beleuchten.

Im Gegensatz zu einer funktionalen Zerlegung wird ein Schema für den objektorientierten Entwurf eher mit einer Bottom-up- als mit der Top-down-Methode erstellt. Im ersten Fall fragen Sie nach der

Funktionalität des Gesamtsystems und der sich daraus ergebenden Teilfunktionalitäten. Diese Art der Problemunterteilung ist als *schrittweise Verfeinerung* bekannt.

Wollen Sie dagegen einen objektorientierten Entwurf erhalten, bietet sich das Denken in „operationalen Modellen“ an. Da ein Programm aus Objekten besteht, die Botschaften miteinander austauschen und das durch deren Austausch fortfährt, sollten auf der Basis der Vorgänge, die das System unterstützt, die Objekte und dann deren Attribute bestimmt werden.

Wie bei vielen anderen Techniken gilt auch für den Softwareentwurf, daß die Erfahrung mit diesen Entwurfsmethoden durch nichts zu ersetzen ist. Sie sollten also nicht gleich das Handtuch werfen, wenn Ihr erster Entwurf nicht gelingt.

6.3.1 Was bezeichnet eine Klasse?

Ein relativ einfacher Ansatz zum Finden von Objekten bzw. Klassen ist die Untersuchung der Spezifikation eines Programms auf Substantive [Boo83]. Verben bezeichnen in den meisten Sprachen das, was passiert, Substantive dagegen die Agenten.

Als Nachteil dieses Ansatzes wird angesehen, daß die Zahl der Substantive meistens viel größer ist als die Anzahl der dann tatsächlich implementierten Klassen. Dem ist entgegenzuhalten, daß sich mit zunehmender Erfahrung die Modellierung normalerweise auf Teilsysteme beschränken läßt. Zudem stellt die nachträgliche Prüfung der Substantive ein Möglichkeit dar, einen Entwurf auf Vollständigkeit zu testen.

Die wesentliche Unterscheidung liegt im eigenständigen Verhalten der bezeichneten Objekte. Substantive, die Objekte mit eigenständigem Verhalten beschreiben, sollten auch als Klassen übernommen werden. Ist das eigenständige Verhalten nicht gegeben, dann handelt es sich bei dem Bezeichner wahrscheinlich um das Attribut einer Klasse.

Andere Autoren finden potentielle Objekte bzw. Klassen in den Objekten der modellierten oder konkreten Wirklichkeit. In der modellierten Wirklichkeit einer Benutzungsoberfläche sind beispielsweise Fenster Objekte mit eigenständigem Verhalten. Sie können geöffnet, geschlossen oder verschoben werden und beinhalten z.B. Texte oder Grafiken.

Nach einer Faustregel sollte eine programmierte Klasse aus Gründen der Verständlichkeit nicht wesentlich mehr als 20 Attribute haben [Mey90]. Tritt dieser Fall dennoch auf, können Sie durch die

Gruppenbildung von Attributen oder Methoden und deren Vererbung eine überschaubarere Struktur erreichen.

6.3.2 Wann wird Vererbung eingesetzt?

Allgemein kann das Vererbungsprinzip dann sinnvoll eingesetzt werden, wenn eine Verallgemeinerung oder eine Spezialisierung von Eigenschaften vorliegt. Haben mehrere Objekte ein gemeinsames Verhalten in bestimmten Situationen, so liegt die Zusammenfassung dieses gemeinsamen Verhaltens in eine Elternklasse nah. Verallgemeinerung ist also der Bottom-up-Aspekt der Vererbung.

Von der Wurzel einer Vererbungshierarchie zu den Blättern ist dagegen eine Spezialisierung zu beobachten. In den Beispielen des dritten Kapitels ist ein Säugetier die Spezialform eines Tieres. Ein Wal ist wiederum Spezialform eines Säugetiers. Der Einsatz der Spezialisierung als Entwurfsmethode ist dann sinnvoll, wenn bereits Klassen und deren Attribute definiert sind und sich neu ermittelte Objekte als Spezialfälle dieser Klassen darstellen.

Genau diese Eigenschaft macht die Wiederverwendung von Software möglich. Die Spezialisierung kann bereits zum Zeitpunkt der Softwareentwicklung auftreten. Nach einer Änderung der Spezifikation können bereits erstellte Teile der Software beibehalten und gemäß der Änderungen modifiziert werden. Bei der Erstellung neuer Software können Sie auf solche Bibliotheken zurückgreifen.

Eine Entscheidung, bei der oftmals Mißverständnisse auftreten, ist die Frage, ob ein bestimmtes Attribut geerbt oder als Teil einer Klasse im Sinne einer Aggregation aufgenommen wird. Sind beispielsweise zwei Klassen **AUTO** und **RAD** definiert, so wird **RAD** dadurch Teil von **AUTO**, daß hier vier Instanzen von **RAD** benötigt werden.

Im Gegensatz dazu sind **PKW** und **LKW** typische Spezialisierungen, also Kindklassen, von **AUTO**. Sie weisen ein voneinander abweichendes Verhalten z.B. in der Reaktion auf Lenkbewegungen auf, ihnen ist aber das Verhalten des Fortbewegungsmittels **AUTO** gemein.

6.4 Übersicht zu gängigen Verfahren

Ansätze für objektorientierte Analyse- und Entwurfsverfahren gibt es seit 1983. Es hat sich gezeigt, daß die strenge Trennung zwischen der Analyse eines Problems und dem Entwurf der Architektur bei objektorientierten Ansätzen nicht durchzuhalten ist. Positiv formuliert bedeutet es, daß diese Unterscheidung mit objektorientierten Methoden überwunden wird.

Als *objektorientierte Analyse (OOA)* wird der Prozeß bezeichnet, der die Daten, Prozesse und die Steuerung eines objektorientierten Programms bestimmt. Die Daten entsprechen den Objekten bzw. Klassen und deren Struktur, Prozesse beschreiben das lokale Verhalten von Methoden und die Steuerung legt das globale Verhalten fest. Die Analyse ist unabhängig von einer bestimmten Programmiersprache.

Dagegen legt der *objektorientierte Entwurf (OOD = object oriented design)* die Objekte und deren Attribute fest. Er bestimmt weiterhin die Sichtbarkeit der Objekte untereinander und die Schnittstellen. Ein Teil der Autorinnen und Autoren rechnen auch noch die Implementierung mit zur Entwurfsphase, um Eigenschaften und Fähigkeiten der verwendeten Programmiersprache mit berücksichtigen zu können. Beide Prozesse werden unter dem Begriff *OOAD (object oriented analysis and design)* zusammengefaßt.

Da es eine Eigenheit menschlicher Wahrnehmung ist, sich vom Konkreten hin zum Abstrakten zu orientieren, sind objektorientierte Programmiersprachen älter als objektorientierte Entwurfsmethoden und diese wiederum älter als die entsprechenden Analysemethoden. Die ersten Entwurfsverfahren nach der oben bereits erwähnten „Substantivmethode“ werden seit 1986 publiziert.

Das in den folgenden Kapiteln dargestellte Verfahren gilt als durchgehende Methode bezüglich Analyse und Entwurf. Es basiert auf Ideen von Beck und Cunningham. Von Wirfs-Brock, Wiener und Wilkerson wird es umfassend dargestellt [WWW90]. In ihm wird die Idee der Untersuchung der Substantive wieder aufgegriffen. Strukturen werden anhand von Relationen zwischen den Objekten untersucht. Das Verfahren eignet sich auch deshalb gut für dieses Buch, da es relativ leicht erlernbar ist und die einzelnen Teilschritte gut voneinander trennbar sind.

Falls Sie sich einen detaillierten Überblick über die im folgenden kurz vorgestellten Verfahren verschaffen wollen, empfehle ich zunächst den Beitrag von Stein [Ste93]. Hierin sind zwar aktuellste Verfahren nicht mehr berücksichtigt, aber es wird eine Systematik zur Klassifikation und Bewertung objektorientierter Methoden eingeführt, die auf neuere Verfahren zur Einordnung gut übertragbar ist. Der Lehrstuhl von Prof. Balzert an der Universität Bochum, an dem Herr Stein arbeitete, systematisiert seit Jahren die aktuellsten Entwicklungen auf diesem Gebiet und ist eine weitere wertvolle Quelle.

Die Umsetzung unterschiedlicher Verfahren anhand des gleichen Beispiels, wie in [Het94] geschildert, gibt ebenfalls gute Auskunft bezüglich der Ausdrucksstärke einzelner Verfahren.

6.4.1 Klassifikation

Objektorientierte Analyse- und Entwurfsverfahren beinhalten im wesentlichen drei Elemente.

1. Sie nutzen eine *grafische Repräsentation* für Objekte, Klassen, Relationen und andere wesentliche Sachverhalte, z.B. ob es sich bei einer Klasse um eine abstrakte Klasse handelt oder nicht. Anfang der neunziger Jahre war die Ausdrucksstärke der Diagramme oftmals *das* Unterscheidungskriterium, um Verfahren anzunehmen oder abzulehnen.
2. Das Ergebnis der Methodik wird in Form von mehr oder weniger formalisierten *Dokumenten* niedergelegt, die im Idealfall Basis einer automatisierten Umsetzung in eine programmiersprachliche Form sind.
3. Getrieben wird die Methode von einer *Vorgehensweise*, daß heißt heuristischen „Regeln“, die mit mehr oder weniger Beispielen belegt bzw. durchgespielt sind.

Die Schwachstelle aller objektorientierten Analyse- und Entwurfsmethoden ist die letztgenannte Vorgehensweise. In ihr wird versucht, eine durch Erfahrungen geprägte, menschliche Leistung zu formalisieren – ein Ansatz, der prinzipiell scheitern *muß*. Dem hat man bei der Spezifikation der UML („unified modeling language“), dem letzten aktuellen Entwicklungsschritt, dadurch Rechnung getragen, daß die Verfahrensweise von den anderen beiden Elementen getrennt wurde.

6.4.2 Verfahren

Eines der ältesten Verfahren der Objektorientierung wurde von *Booch* vorgestellt [Boo83]. Er verwendet „wolkenartige“ grafische Darstellungen für Objekte und Klassen, die Auskunft über deren Relationen, nicht jedoch deren Attribute und Methoden beinhalten. Deren Darstellung wird in die Dokumentationsebene verlagert, in sogenannte Schablonen.

Als frühes Verfahren ist es noch sehr von der Modellierung relationaler Datenbanken geprägt, enthält allerdings auch Beschreibungsmöglichkeiten für nicht klassengebundene Funktionen, Zustandsübergänge zur Modellierung klasseninterner Zustände und Zeitdiagramme für die Modellierung von Systemübergängen.

Das zweite, lange Jahre bekannte Verfahren geht auf *Coad und Yourdon* zurück [CY94a, CY94b]. Die hier zitierten Quellen stellen schon eine Überarbeitung des ursprünglichen Verfahrens von 1990 dar. Eine der Hauptüberlegungen und damit auch Vorteile der grafischen Repräsentation und der Dokumente war die Zusammenführung in *einer* Repräsentationsform.

Dementsprechend stellt ein grafisches Modell nach diesem Prinzip Teilsysteme, hier als Subjekte bezeichnet, Klassen, Objekte und deren Strukturen, Attribute und den Nachrichtenfluß zwischen Objekten und Klassen dar. Die Modellierung von Objektlebenszyklen sowie der Kommunikation zwischen Teilsystemen ist unterentwikkelt.

Sowohl Booch als auch Coad/Yourdon stellten zu Anfang der Neunziger die gängigen Verfahren dar, die im industriellen Umfeld eingesetzt wurden und für die es entsprechende Toolunterstützung gab.

Daneben gab es eine Vielzahl weiterer Methoden, unter anderem das *„Responsibility Driven Design“*, die Methodik, die auch in diesem Buch vorgestellt wird. Dieses Verfahren ist nicht – wie die beiden vorher beschriebenen – relativ stark an den Daten und deren Strukturen orientiert, sondern evaluiert die Vorgänge in einem System und untersucht, welche Konsequenzen sich hieraus für die Daten ergeben. Insbesondere enthält es eine Systematik für den Aufbau von Klassenhierarchien, die meines Erachtens gerade für Anfänger eine große Unterstützung darstellt. Das Verfahren wird im nächsten Kapitel detailliert beschrieben.

Einen gewissen Schnitt in der Entwicklung stellt die *Objektmodellierung* (OMT = „object modelling technique“) von Rumbaugh und anderen dar [Rea93]. Seitens der grafischen Repräsentation und der verfügbaren Dokumente war dies 1993 das „reichhaltigste“ Verfahren. Es beinhaltet eine klare Aufteilung zwischen statischer Struktur, der internen Dynamik von Objekten sowie dem funktionalen Modell des Gesamtsystems.

Sein Hauptvorteil ist eine Vielzahl unterschiedlicher „Sichten“ auf ein System, die es ermöglichen, im jeweiligen Analysekontext auf viele Repräsentationsformen zurückgreifen zu können. Ein Hauptnachteil des Verfahrens war die fehlende Verknüpfung der Modelle untereinander. Diese Anforderung wird inzwischen durch UML abgedeckt.

6.4.3 Unified Modeling Language (UML)

Den letzten Stand der Entwicklung objektorientierter Analyse- und Entwurfsmethoden stellt die Unified Modeling Language (UML) dar [UML97a]. UML wurde von einem Konsortium von Firmen erarbeitet und ist ein Warenzeichen der Firma Rational. Unter anderem beteiligen sich so namhafte Firmen wie Hewlett Packard, IBM und Microsoft an deren Entwicklung.

UML wurde im September 1997 in einer Version 1.1 als Vorschlag an die Object Management Group (OMG) eingereicht und wird damit inzwischen von einer sehr großen Anzahl von Firmen unterstützt. Die OMG ist ein Zusammenschluß von derzeit rund 800 Firmen, die plattformunabhängig und firmenübergreifend Objekttechnologien vereinheitlicht.

Nachdem zu Beginn der 90er Jahre die Zahl der Modellierungstechniken rapide zugenommen hatte, stieg das Bedürfnis nach einer gewissen Vereinheitlichung. Mehrere Protagonisten namhafter Techniken, unter anderem Booch, Rumbaugh und Jacobson, arbeiten inzwischen zusammen und haben sich der Entwicklung der UML verschrieben. Sie sehen UML als die logische Weiterentwicklung ihrer jeweiligen Modelle.

1995 erschien ein erster Entwurf, der Anfang 1997 erstmals einer breiteren Öffentlichkeit vorgestellt wurde. Die Rückmeldungen hierauf und die Integration weiterer Partner sind dann in die nun vorliegende Version 1.1 eingeflossen.

Derzeit sind noch kaum Darstellungen – insbesondere von der Gruppe der Autoren von UML – veröffentlicht. Am sinnvollsten ist daher die Informationsbeschaffung über das Internet [UML].

6.4.3.1 *Ziele*

UML ist eine Sprache zur Spezifikation, Visualisierung, Konstruktion und Dokumentation von Software- und sonstigen formalen Systemen. Ihr Ziel ist insbesondere die Unterstützung objektorientierter und komponentenbasierter Systeme. Weitere Ziele beim Entwurf waren:

1. eine ausdrucksstarke visuelle Notation von Modellen zu geben,
2. die Erweiterbarkeit und Spezialisierbarkeit der Sprache selbst zu erreichen,
3. die Unabhängigkeit von Programmiersprachen,
4. eine formale Basis für die Modellierung zu schaffen,

5. Chancen für eine Vergrößerung des Marktes für Werkzeuge in der objektorientierten Analyse und dem Entwurf,
6. die Unterstützung von Frameworks (Anwendungs-„Rahmen"), Mustern und Komponenten sowie
7. die Integration von industriell eingeübten „best practices".

Dabei will UML die Notation und deren Semantik beschreiben, nicht jedoch bestimmen, mit Hilfe welches Prozesses dieses Ziel erreicht wird. Als Erweiterungen von UML sind daher bislang zwei Arten von Prozessen vorgeschlagen worden:

- der „Objectory Process" für Softwaretechnik, der sich im wesentlichen an den von Jacobson beschriebenen Prozeß anlehnt [Jea92], und
- die Geschäftsprozeßmodellierung als Beispiel für einen Fall, wo die Technik der UML nicht unbedingt zu einer softwaretechnischen Realisierung führen muß.

Laut den Autoren ist ein Prozeß dann sinnvoll, wenn er durch Anwendungsfälle („use cases") getrieben ist, architektonische Grundprinzipien verfolgt, sowie iterativ und inkrementell arbeitet. Alle diese Voraussetzungen werden von der Methode, die im folgenden beschrieben ist, ebenfalls erfüllt.

Neben den Prozessen deckt UML Programmiersprachen und Werkzeuge ausdrücklich *nicht* ab. Da es sich um einen Formalismus handelt, wird davon ausgegangen, daß Transformationen eines entsprechenden Modells in eine objektorientierte Programmiersprache möglich sind. Der Austausch von Modellen zwischen unterschiedlichen Tools ist ein weiteres Ziel der UML.

6.4.3.2 Bestandteile

UML ist in Schichten aufgebaut und in Pakete organisiert. Sie besteht aus drei Bestandteilen. Als Basis dient eine *abstrakte Syntax*, die in Form unterschiedlichster Diagramme ausgedrückt wird. Auf diese werden sogenannten *Regeln der „Wohlgeformtheit"*, die als Text oder in Form der (formalen) Sprache OCL („object constraint language") vorliegen, angewendet. Die *Semantik* wird durch Text beschrieben.

OCL beschreibt invariante Eigenschaften von Systemen, z.B. Vor- und Nachbedingungen, die ein Objekt bei Zustandsänderungen erfüllen muß. Diese Sprache dient damit dem Ziel, UML auf eine formale, teilweise auch prüfbare Basis zu stellen.

Die formale Syntax soll nun weiter betrachtet werden [UML97b]. Sie besteht aus verschiedenen Diagrammformen mit den im folgenden beschriebenen Inhalten:

- *Statische Strukturen*: Diese Diagrammform enthält Klassen, Objekte, deren Attribute und Relationen. Sie ist ähnlich organisiert wie die Diagramme der oben angeführten Autoren.
- *Anwendungsfälle („use cases")*: Hierin wird Funktionalität beschrieben, die auf der Interaktion der Anwender mit dem System basieren.
- *Sequenzen*: Sie repräsentieren Interaktionen zwischen Objekten auf der Basis der ausgetauschten Botschaften. Das Diagramm besteht aus einer Zeit- und einer Objektdimension.
- *Zusammenarbeit*: Diagramme, welche die generelle Zusammenarbeit zwischen Objekten bzw. Klassen visualisieren, ohne jedoch Bezug auf die zeitliche Abfolge zu nehmen.
- *Zustandsübergänge*: Ein Zustandsübergangsdiagramm stellt die Zustände *eines* Objektes im Lauf der Zeit dar. Es besteht aus den Zuständen und den Übergängen, die in der Regel durch den Aufruf einer Methode ausgelöst werden.
- *Aktivitäten*: Im Gegensatz zum Zustandsübergang visualisiert ein Diagramm der Aktivitäten die internen Abläufe bei der Erfüllung der Aufgabe eines Objektes.
- *Implementierung*: Diese Diagramme geben die Möglichkeit, die Struktur der Implementierung und des Laufzeitsystems, mithin der Architektur, zu beschreiben.

6.5 Bewertung und Ausblick

Die Softwaretechnik entwickelt sich seit rund dreißig Jahren in immer schnelleren Zyklen, orientiert sich aber zunehmend in Richtung einer Standardisierung. Die häufigste Frage, die allerdings in Projekten gestellt wird, lautet dabei: „Welche Methoden sollen wir denn jetzt einsetzen? Welche ist die beste?".

Die richtige Antwort hängt von vielen Faktoren ab, angefangen bei „technischen" Argumenten, daß Tools für eine bestimmte Methode verfügbar sind oder nicht und wenn, ob sie in die Entwicklungsumgebung des Unternehmens passen, bis hin zu „politischen" oder Kostenargumenten, die verhindern, daß Evaluierungen durchgeführt und konsequent umgesetzt werden können.

Entscheidend ist meines Erachtens, daß eine reichhaltige Methodik gelehrt wird, so daß die Betreffenden sich über die Notwendigkeiten und die Möglichkeiten der objektorientierten Analyse und des Entwurfs bewußt sind. In der Regel wird jedes Projekt eine definierte Methode modifizieren oder nur bestimmte, wichtige Aspekte nutzen. Erfahrung ist in dieser Hinsicht durch nichts zu ersetzen.

Die weitere Entwicklung von UML sollte beobachtet werden. Hier zeichnet sich ein Standard ab, der Softwareanalyse und Entwurfsprozesse nicht nur bezogen auf die Objektorientierung wesentlich vereinheitlichen wird. Vielleicht ist die Bereitstellung von Beschreibungen in UML als Standardausrüstung von Klassenbibliotheken auch endlich ein erster Schritt, um Klassenbibliotheken und deren Möglichkeiten und Anforderungen in den Entwurfsprozeß mit einbeziehen zu können. Das halte ich für eine entscheidende Herausforderung, für die es noch keine Lösung gibt.

7 Objektorientierter Systementwurf

Das nun vorgestellte Verfahren wird als „objektorientierter Systementwurf" bezeichnet, obwohl es als Entwurfs- und Analysemethode eingesetzt werden kann. Es ist ausführlicher bei Rebecca Wirfs-Brock, Brian Wilkerson und Lauren Wiener in „Designing Object-Oriented Software" nachzulesen [WWW90].

Für die Zwecke dieses Buchs wurde das ursprüngliche Verfahren allerdings an mehreren Stellen modifiziert, um bestimmte Klarstellungen zu erreichen und die Schwierigkeiten, die meine Schülerinnen und Schüler mit dem Verfahren hatten, zu berücksichtigen.

Nach einem kurzen Überblick über die Struktur und die Ziele folgt die Darstellung der einzelnen Schritte des Verfahrens anhand eines einfachen Beispiels. Die Bearbeitung des Beispiels ist bewußt eng am Verfahren gehalten worden, so daß Sie bei den einzelnen Schritten genau deren Wirkung beobachten können. Im letzten Abschnitt ist der Entwurf des Beispiels vollständig dokumentiert.

7.1 Überblick über das Verfahren

Das hier diskutierte Verfahren steht zwischen Anforderungsdefinition und Implementierung. Es erhält also als Eingabe eine Beschreibung dessen, was die Software leisten soll und was nicht, und liefert eine programmiersprachenunabhängige Systembeschreibung. Die Anforderungsdefinition wird im allgemeinen umgangssprachlich beschrieben sein. Dagegen sollte der Systementwurf so genau dargestellt und formalisiert sein, daß sich daraus eine Implementierung erstellen läßt.

Definition 7.1 (Systementwurf) *Ein objektorientierter Systementwurf soll aus einem System von Objekten bzw. Klassen, das den Anforderungen genügt, einer Beschreibung des Verhaltens der Objekte und den Kommunikationsstrukturen zwischen den Objekten bestehen.*

Das Verfahren unterteilt sich dazu in zwei Phasen und sechs übergreifende Teilprozesse, in deren Verlauf diese Systembeschreibung erarbeitet und erstellt wird.

1. Entdeckungsphase
   (a) Klassen
   (b) Attribute
   (c) Zusammenarbeit
2. Analysephase
   (a) Hierarchien
   (b) Teilsysteme
   (c) Protokolle

In der *Entdeckungsphase* („exploratory phase") wird im wesentlichen versucht, die Anforderungsdefinition so zu interpretieren und zu analysieren, daß ein grober Entwurf des Systems entsteht. Zuerst wird eine Liste potentieller Klassen erarbeitet, anschließend eine Beschreibung, welche Klasse welche Attribute, also Daten und Methoden, enthält und welche Klasse bei welcher Aufgabe mit welcher anderen Klasse kommuniziert. Dabei entsteht ein vorläufiger Systementwurf.

Dieser wird in der zweiten Phase, der *Analysephase*, überprüft und analysiert, um zum endgültigen Systementwurf zu kommen. Die in der ersten Phase erstellte Klassenhierarchie wird aufgrund bestimmter Kriterien untersucht, verfeinert, ergänzt und verbessert. Durch eine Untersuchung der Kommunikation zwischen den Klassen können Teilsysteme mit schmalen Schnittstellen identifiziert werden. Im letzten Teilprozeß, der *Protokollierungsphase*, werden alle Ergebnisse in einer übersichtlichen Form zusammengefaßt.

Bevor die Schritte nun im einzelnen beschrieben werden, seien noch zwei Bemerkungen vorangestellt.

1. Es handelt sich bei dem Resultat des Entwurfs nicht um das fertige Produkt. Die Entwurfsschritte müssen möglicherweise auch mehrfach durchlaufen werden, um alternative Entwürfe zu erstellen.
2. Dieser Entwurfsprozeß ist nur ein Vorschlag von vielen. Er ist in dieser Form nicht als „Allheilmittel" zu sehen. Falls Sie feststellen, daß er an einigen Stellen nicht zum erwarteten Ergebnis führt, dann ergänzen Sie ihn so, daß Sie damit arbeiten können.

Für die Praxis hat es sich als günstig erwiesen, folgendes zu beachten: Ein Verfahren sollte die *Basis* für Ihre Vorgehensweise darstellen. An den Stellen aber, wo zu viele Details erforderlich sind, die z.B. durch den Einsatz von Klassenbibliotheken abgedeckt sind, sollten Sie „kürzen". Details, die nicht vernachlässigt werden dürfen, in der Methodik aber nicht behandelt werden, können durch Ergänzung der Vorgehensweise um Elemente anderer Verfahren berücksichtigt werden.

Überdenken Sie Ihren Entwurf mehrmals. Es hat sich herausgestellt, daß beim objektorientierten Programmieren die Entwurfsphase tatsächlich länger dauern kann als bei „klassischen" Methoden. Dafür erwartet Sie im allgemeinen eine kürzere Implementierungs- und Testphase und die Aussicht auf Wiederverwendbarkeit der Module.

7.2 Entdeckungsphase

Die sogenannte Entdeckungsphase unterteilt sich in drei Abschnitte. Zuvor sind als gesonderte Schritte zwei Einsichten festgehalten, die Sie während des Prozesses immer „im Auge behalten" sollten. Anschließend erlernen Sie das Erstellen von potentiellen Klassen sowie die Untersuchung ihrer Attribute und ihrer Kommunikationsstruktur.

Schritt 1 *Lese und verstehe die Anforderungsdefinition.*

Dieser Teilschritt ist eine Selbstverständlichkeit, die während des Entwurfsprozesses aber Entscheidungen erleichtern kann. Ist die Anforderungsdefinition genau genug ausgeführt? Sind inkonsistente Forderungen darin gestellt? Ist der geschilderte Ablauf realistisch?

Halten Sie sich vor Augen, daß die Anforderung an eine Software eine transiente Erscheinung ist, sich also mit der Zeit ändern wird.

Schritt 2 *Verfolge die untenstehenden Schritte mehrfach mit verschiedenen Szenarien, um die Möglichkeiten des Entwurfs auszuloten. Beschreibe deren Ergebnisse.*

Durch die mehrfache Anwendung des Entwurfsprozesses, auch durch verschiedene Personen oder Gruppen, werden unklare Punkte und Entwurfsentscheidungen deutlich. Diese Erkenntnisse können dann helfen, das geplante System noch besser zu verstehen bzw. den Entwurf robuster zu gestalten.

7.2.1 Diskussion eines Beispiels: Die Semesterdatenverwaltung

Damit die in diesem Kapitel besprochenen Punkte nicht zu abstrakt eingeführt werden, soll der Prozeß parallel an einem Beispiel durchgespielt werden. Es wird entgegen der letzten Forderung allerdings nur ein Mal bearbeitet. Sie sollten aber die Methode durch ein oder zwei größere Beispiele vertiefen. Im letzten Abschnitt dieses Kapitels sind hierzu Vorschläge für eine Analyse aufgeführt.

Die folgende Spezifikation hatte sich als Anforderung im Laufe eines Semesters an der Universität ergeben.

Beschreibung einer Semesterdatenverwaltung

Das Programm zur Semesterdatenverwaltung (SDV) dient der Auftraggeberin dazu, die mit dem Scheinerwerb in einer Vorlesung auftretenden Daten zu verwalten. Es nimmt eine unbestimmte Zahl an Studentinnen und Studenten an der Vorlesung teil.

Für den Scheinerwerb ist die Anzahl der testierten Übungsaufgaben das entscheidende Kriterium. Pro Semester werden eine bestimmte Anzahl von Aufgaben gestellt. Diese müssen zu einem bestimmten Zeitpunkt abgegeben werden und können eine der Bewertungen „testiert" oder „nicht testiert" erhalten. Studentinnen und Studenten können in Gruppen zu maximal vier Personen zusammenarbeiten.

Das System soll es ermöglichen, die in einer bestimmten Datei abgelegten Daten bezüglich der abgegebenen und testierten Übungen so zu verwalten, daß Datensätze eingefügt, geändert, gelöscht und ausgegeben werden können. Die Verwaltung erfolgt menügesteuert, die Ablage in der Datei soll lesbar und weiter auswertbar sein.

Anhand dieser Anforderungsspezifikation, die in vielen Punkten noch unvollständig ist, wird der weitere Entwurfsprozeß nachvollzogen. Auch wenn Sie den Eindruck haben, daß die Beschreibung so weit klar ist, sind z.B. folgende Punkte noch ungeklärt:

- Wie soll die Oberfläche des Systems aussehen? Hierzu gibt es lediglich die sehr allgemein gehaltene Anforderung „menügesteuert".
- Auf welchem Betriebssystem soll die Software laufen?
- Sollten die anfallenden Daten nicht besser in einer Datenbank statt in einer Datei gespeichert werden?

Neben diesen, eher auf die Architektur des Systems gerichteten Fragen, sind auch noch fachliche Fragen offen.

- Kann die Gruppe, in der Studierende zusammenarbeiten, im Lauf des Semesters wechseln?
- Woraus wird ersichtlich, wann Studierende ihre Mitarbeit aufkündigen?
- Geht es um ein System, das die Daten einer bestimmten Vorlesung eines Semesters aufnimmt oder sollte das System nicht generell für alle Vorlesungen genutzt werden?
- usw.

Sie sehen schon hieraus, welche Entwurfsentscheidungen im Laufe dieses Kapitels noch zu erwarten sind. Wichtig ist, daß solche Entscheidungen in ein Protokoll einfließen, um die Einschränkungen des Systems besser zu verstehen und nachvollziehen zu können.

7.2.2 Bestimmung der Klassen

Auf der Suche nach Klassen wird die „Substantivmethode" angewendet, die oben vorgestellt wurde. Substantive bezeichnen in den uns bekannten Sprachen die Agenten des Geschehens. Sie sind daher potentielle Kandidaten für Objekte bzw. Klassen als Zusammenfassungen von Gruppen von Objekten.

Schritt 3 *Extrahiere Substantive aus der Spezifikation und fasse sie in einer Liste zusammen.*

Die Liste, die wir nach diesem Schritt erhalten, stellt eine Liste potentieller Klassen dar. Sie kann aus mehreren Gründen aber noch nicht endgültig sein.

- Substantive verschiedener Namen bezeichnen teilweise gleiche Objekte bzw. Klassen.
- Eigenschaften der Sprache lassen Agenten nicht als Substantive auftauchen, sondern beispielsweise versteckt in Adjektiven.
- Klassen weisen ein eigenständiges Verhalten auf. Substantive können aber auch auf Attribute hinweisen, die keine eigene Klasse darstellen.

Aufgabe der nächsten Teilschritte wird es daher sein, diese Liste potentieller Klassen um die Namen zu verringern, die keine Klasse darstellen und um die Namen zu verlängern, die sprachlich versteckt sind.

Beispiel: Die Liste der Substantive aus dem Text des Beispiels ist in Tabelle 7.1 dargestellt. Die Substantive sind teilweise gemeinsam mit ihren Adjektiven und Bezügen aufgeführt. Es sind sowohl konkrete Objekte als auch abstrakte Konzepte, wie beispielsweise „Kriterium", darin enthalten. Aufgeführte Namen sind potentielle Hinweise auf Klassen.

Tabelle 7.1 *Die Liste von Substantiven, die im Beispiel nach Ausführen des 3. Teilschrittes entsteht*

Programm	Semesterdatenverwaltung
Auftraggeberin	Scheinerwerb
Vorlesung	Ablage (in der Datei)
(unbestimmte) Zahl (von Studierenden)	Studentin
Student	Anzahl (der Übungsaufgaben)
(testierte) Übungsaufgabe	Kriterium
Semester	Anzahl (von Aufgaben)
Aufgabe	Zeitpunkt
Bewertung	Gruppe
Person	System
Datei	Name (der Datei)
(abgelegte) Daten	(abgegebene, testierte) Übung
Datensatz	Verwaltung

Schritt 4 *Identifiziere „versteckte" Substantive (z.B. durch passive Formen angedeutet) und füge sie der Liste hinzu.*

Dieser Teilschritt bei der Bestimmung der Klassen dient dem Hinzufügen weiterer potentieller Klassen, die sprachlich verborgen sind.

Beispiel: Durch das Wort „menügesteuert" in der Anforderungsdefinition wird angedeutet, daß ein Bildschirmmenü benötigt wird. „auswertbar" deutet eine Auswertung der gespeicherten Daten an. Daher werden zwei weitere Kandidaten in die Liste potentieller Klassen aufgenommen: Menü und Auswertung.

Schritt 5 *Erstelle aus dieser Liste potentielle Klassen mit Hilfe der folgenden Anhaltspunkte:*

- *Modelliere physikalische Objekte*
- *Modelliere konzeptionelle Einheiten*
- *Fasse Konzepte unter einem Begriff zusammen*
- *Interpretiere die Benutzung von Adjektiven*
- *Modelliere Kategorien von Objekten*
- *Modelliere externe Schnittstellen*
- *Modelliere Werte von Attributen*

Dies ist der zweite Schritt zur Bereinigung der Liste potentieller Klassen. An dieser Stelle werden nur noch diejenigen Substantive in der Liste behalten, die auch tatsächlich später als Klassen auftauchen sollen. Unsinnige Substantive können Sie spätestens jetzt aus der Liste entfernen. Klassen sollten schon zu diesem Zeitpunkt konsistent bezeichnet werden. Die einzelnen Anhaltspunkte helfen Ihnen bei der Suche nach den Klassen.

Physikalische Objekte sind die Agenten in unserer Umwelt. Daher werden sie oft auf Klassen abgebildet. Konzeptionelle Einheiten sind z.B. Dateien. Sie bestehen aus einer Kapselung von Daten und Zugriffsmethoden, eignen sich also als Objekte. Aus Gründen der Übersichtlichkeit und Eindeutigkeit werden ab jetzt für gleiche Klassen oder Objekte auch gleiche Namen verwendet. Diese Namen binden alle am Projekt Beteiligten und dienen der konzeptionellen Klarheit, wenn sie sinnvoll gewählt sind.

Adjektive können entweder auf den Zustand eines Objektes oder auf verschiedene Objekte mit eigenständigem Verhalten hinweisen. Sie müssen daher entsprechend gründlich betrachtet werden. Eine „rote Ampel“ und eine „grüne Ampel“ bezeichnen z.B. Zustände des Objektes Ampel. Der Zustand der Ampel hat zwar Auswirkungen auf andere Objekte, nicht aber auf das Verhalten der Ampel.

Die Werte von Attributen geben Hinweise auf weitere Klassen. Wenn sie im eben genannten Beispiel die Farbe der Ampel als Attribut aufnehmen, ist dies eine neue Kategorie. Sie kann nur bestimmte Werte annehmen, und die Abfolge der Farben zeigt das „ampeltypische“ Verhalten.

Kategorien von Objekten können bereits jetzt Hinweise auf Strukturierungen mit Hilfe der Vererbungen geben. Sie werden als einzelne Klassen in die Liste mit aufgenommen. Den Beziehungen zwischen Klassen wenden wir uns später zu.

Beispiel: Im Beispiel untersuchen wir also nun die in Tabelle 7.1 dargestellten Begriffe und die beiden im letzten Schritt hinzugefügten: Menü und Auswertung.

Zuerst werden alle Substantive noch einmal kritisch darauf überprüft, ob sie auch Kategorien des Programms sein werden. Dabei fallen die folgenden Begriffe weg:

- Auftraggeberin. Diese spielt für die Bearbeitung der Semesterdatenverwaltung keine Rolle und kann daher unberücksichtigt bleiben.

  Bedenken Sie aber, daß das auftraggebende Unternehmen z.B. bei der Erstellung betriebswirtschaftlicher Software sehr wohl eine maßgebliche Rolle spielen kann, wenn es beispielsweise um die Modellierung betriebstypischer Geschäftsprozesse geht.

- Anzahl (der Übungsaufgaben) bzw. Zahl (von Studierenden). Sie werden zwar im Programm benötigt, aber es ist davon kein eigenständiges Verhalten zu erwarten.

  Das bedeutet, daß diese beiden Elemente als Attribute anderer Klassen wieder auftauchen müssen. Dies sollte hier bereits vorgemerkt werden. Zunächst können wir der Einfachheit halber annehmen, daß es Attribute des Gesamtsystems sind.

  Zu einem späteren Zeitpunkt müssen wir aber diejenige Klasse ausfindig machen, welche die Menge aller Übungsaufgaben bzw. die Menge aller Stammdaten verwaltet.

- Name (der Datei). Es handelt sich hierbei um ein Attribut der Datei, das nicht gesondert als Klasse aufgefaßt wird. Hier gilt vergleichbares wie im letzten Punkt.

Vorlesung, Semester, Bewertung, Kriterium, Scheinerwerb und Zeitpunkt sind ideelle Konzepte ohne eigenständiges Verhalten oder Eigenschaften. Sie werden deshalb nicht weiter als Klassen geführt. Sie sind aber – ebenso wie die vorgenannten Punkte – eventuell als Attribute weiterzuführen.

- Je nachdem, ob die Semesterdatenverwaltung für eine oder mehrere Vorlesungen genutzt werden soll, ist die Vorlesung als Klasse zu modellieren oder nicht. Auch hier soll vereinfachend angenommen werden, daß es um die Verwaltung nur einer Vorlesung geht. Ihre Bezeichnung sollte daher als Attribut im System auftreten.

- Übertragbares gilt für das Semester, in dem die Vorlesung stattfindet. In einem System, in dem mehrere Vorlesungen über mehrere Semester hinweg verwaltet werden sollen, müßte z.B. die Aufteilung des Semesters auf die Monate des Jahres und die Bezeichnung eingebbar sein. Damit könnte die Semesterdatenverwaltung dann an Universitäten und Fachhochschulen, die ja oftmals auch Trimester haben, eingesetzt werden. Letztlich ist dann auch ein Einsatz im schulischen Bereich denkbar.

- Die Bewertung ist ein Attribut der Übungsaufgabe. Für sie stellt sich die Frage, ob eine eigene Klasse eingerichtet werden sollte. Da mit den beiden Zuständen „testiert" und „nicht testiert" gearbeitet wird, ist die Abbildung auf ein Attribut booleschen Datentyps sicher ausreichend.
- Das Bewertungskriterium, anhand dessen ein Testat erteilt wird, ist hier schon mit „Anzahl der testierten Übungsaufgaben" angegeben. Es wird als Attribut ebenfalls vorgemerkt.
- Der Erwerb eines Scheines ist das Ziel eines Studenten oder einer Studentin, die an der Vorlesung teilnimmt. Einerseits muß es hierzu die Funktionalität geben, festzustellen, ob die Kriterien erfüllt sind. Zum anderen ergibt sich hieraus ein boolesches Attribut der Person.
- Der Zeitpunkt der Abgabe ist ein Attribut einer Übungsaufgabe. Da es in fast jeder Klassenbibliothek eine Klasse zur Datumsverwaltung gibt – in der MFC heißt sie beispielsweise **`CTime`** – wird dieser einfache Datentyp hier als gegeben vorausgesetzt.

Einige der Substantive bezeichnen das gleiche Konzept und sollen als eine Klasse aufgenommen werden. Im einzelnen ergibt die Untersuchung die folgenden Vereinfachungen.

- Programm ≡ Semesterdatenverwaltung ≡ System ≡ Verwaltung. All diese Substantive werden unter dem Klassennamen SEMESTERDATENVERWALTUNG (SDV) weitergeführt.
- (testierte) Übungsaufgabe ≡ Aufgabe ≡ (abgegebene, testierte) Übungen. Wird als Klasse ÜBUNGSAUFGABE eingerichtet.
- Datei ≡ Ablage (in der Datei). Wird als Klasse DATEI geführt.
- (abgelegte) Daten ≡ Datensatz. Werden unter dem Klassennamen DATENSATZ eingerichtet.

Nach diesem Schritt bleiben noch die in Tabelle 7.2 dargestellten Begriffe übrig. Um deutlich zu machen, daß es sich nun nicht mehr um die Substantive des Textes handelt, sondern um potentielle Klassen, werden sie von nun an groß geschrieben. Die potentiellen Klassen werden jetzt Schritt für Schritt nochmals den oben dargestellten Prüfungen unterzogen.

Tabelle 7.2 Die potentiellen Klassen, die nach erstem Aussortieren im 5. Schritt noch übrig bleiben

STUDENT	SEMESTERDATENVERWALTUNG
ÜBUNGSAUFGABE	STUDENTIN
PERSON	GRUPPE
DATEI	AUSWERTUNG
DATENSATZ	MENÜ

Physikalische Objekte der Tabelle 7.2 sind STUDENT, STUDENTIN und PERSON. Es stellt sich an dieser Stelle die Frage, ob alle drei als Klassen aufgenommen werden sollen. Klar ist, daß PERSON in der Anforderungsbeschreibung einen Oberbegriff für STUDENTIN und STUDENT darstellt. Aufgrund des bezüglich der Aufgabenstellung wahrscheinlich nicht unterscheidbaren Verhaltens von Studentinnen und Studenten wird nur PERSON in die Klassenliste aufgenommen. Das Geschlecht wird als Attribut umgesetzt.

Konzeptionelle Einheiten der Liste sind die SEMESTERDATENVERWALTUNG, DATEI, DATENSATZ, ÜBUNGSAUFGABE und GRUPPE. Da sie alle Einheiten beschreiben, deren Verhalten innerhalb des Systems bekannt ist und benötigt wird, werden sie ebenfalls in die Liste der Klassen aufgenommen.

Die angegebenen Adjektive weisen nicht auf ein eigenständigen Verhalten bestimmter Klassen hin. Dies gilt zum Beispiel für die Angabe „testiert" und „abgegeben" für die Klasse ÜBUNGSAUFGABE. Die erwähnten Attribute „testiert" und „abgegeben" benötigen nicht die Einrichtung einer eigenen Klasse.

Hieraus wird vielmehr ersichtlich, daß Übungsaufgaben bestimmte Statuswechsel durchlaufen: eine Übungsaufgabe wird gestellt, und dabei mit einem Abgabezeitpunkt versehen. Zu einem späteren Zeitpunkt wird sie abgegeben und eventuell testiert. Solche Statuswechsel könnten beispielsweise auch mit den in Kapitel 6 benannten Zustandsübergangsdiagrammen modelliert werden.

Kategorien von Klassen sind nicht vorhanden. Schnittstellen des Programms sind DATEI und MENÜ.

Zu diesem Zeitpunkt umfaßt die Liste von potentiellen Klassen sieben Namen: PERSON, SEMESTERDATENVERWALTUNG, GRUPPE, DATEI, DATENSATZ, MENÜ und ÜBUNGSAUFGABE. Eine Untersuchung des Substantivs Auswertung steht noch aus.

Die Auswertung fällt in keine der oben genannten Kategorien. Sehen wir uns den Anforderungstext noch einmal genauer an: „... *Die Verwaltung erfolgt menügesteuert, die Ablage in der Datei soll lesbar und weiter auswertbar sein....*" Es könnte sich bei der Auswertung tatsächlich um ein weiteres Programm handeln, das unabhängig von der Semesterdatenverwaltung arbeitet. Der Einfachheit halber wird daher die Auswertung von den weiteren Betrachtungen ausgeschlossen.

Die Liste potentieller Klassen enthält zu diesem Zeitpunkt also die oben genannten Klassen (Tabelle 7.3).

PERSON
SEMESTERDATENVERWALTUNG
GRUPPE
DATEI
DATENSATZ
ÜBUNGSAUFGABE
MENÜ

Tabelle 7.3 *Die Liste potentieller Klassen nach der Zusammenstellung in Schritt 5*

Schritt *6 Beschreibe jede Klasse, ihre bekannten Daten und ihren Zweck.*

Dieser Schritt weicht etwas vom ursprünglichen Verfahren von Wirfs-Brock u.a. ab, hat sich aber für die nächsten Schritte als nützlich erwiesen. Die potentiellen Klassen sollten zu diesem Zeitpunkt kurz beschrieben werden. Als Beschreibungshilfsmittel haben sich sogenannte Klassenkarten eingebürgert. Sie sind wie in Abbildung 7.1 dargestellt aufgebaut.

Klasse:	**(abstrakt/konkret)**	
Elternklasse(n):		
Kindklasse(n):		
Daten:		
Methoden:	**Zusammenarbeit:**	
	mit Klasse	**Methode**

Abbildung 7.1 *Die vorläufige Dokumentation der Klassen erfolgt mit dieser Form von Klassenkarten*

Auf der Vorderseite ist der Klassenname, die Eltern- und die Kindklassen vermerkt. Dazu kommen die Attribute der Klasse, also ihre Daten und Methoden, sowie ein Hinweis, ob es sich um eine abstrakte oder um eine konkrete Klasse handelt. Diese Unterscheidung macht deutlich, ob von einer Klasse Objekte generiert werden sollen, oder ob sie nur der Strukturierung dient. Auf der Rückseite oder darunter kann eine Kurzbeschreibung der Klasse stehen.

Klassenkarten sind insofern ein gutes Hilfsmittel zur Analyse, als sie maschinenunabhängig, sprachunabhängig und einfach und billig in der Produktion sind. Ein Entwurf, der nicht gefällt oder mit dem man sich in eine „Sackgasse" begeben hat, wird einfach in den Papierkorb „entsorgt".

In die Karten werden zu diesem Zeitpunkt nur die Namen der Klassen und ihre Kurzbeschreibung eingetragen. Ist von den Klassen außerdem bekannt, welche Daten sie haben, dann können auch diese schon eingetragen werden. Diese Daten sind Voraussetzung für das Finden abstrakter Elternklassen.

In der ursprünglichen Version des Entwurfsverfahrens kommt die Untersuchung der Daten in einer Klasse zu kurz, da es sich nur im wesentlichen am Verhalten der Objekte und Klassen orientiert. Die Informationen über gekapselte Daten sagt aber auch etwas über die Funktionalität einer Klasse aus. Sie werden weiterhin für die Strukturierung im Analyseschritt benötigt. Wir haben in den letzten Schritten die Unterscheidung zwischen den Kategorien Attribut und Klasse ständig benötigt, um Klassen identifizieren zu können.

Beispiel: Im folgenden sind die bislang gewonnenen Ergebnisse der Klassensuche für die Semesterdatenverwaltung in Form der beschriebenen Klassenkarten dargestellt. Als „Merkposten" aus Schritt 5 hatten wir dazu bereits die in Tabelle 7.4 aufgeführten Attribute notiert:

Tabelle 7.4 *Vorgemerkte Attribute für die erste Aufstellung der Klassen*

Attribut	Klasse
Anzahl der Übungsaufgaben	SDV
Anzahl der Personen	SDV
Name der Datei	DATEI
Name der Vorlesung	SDV
Bezeichnung des Semesters	SDV
Bewertung	ÜBUNGSAUFGABE
Kriterium	ÜBUNGSAUFGABE
Schein (Bool)	PERSON
Abgabedatum (Datum)	ÜBUNGSAUFGABE
Geschlecht	PERSON

Sie werden nun auch schon direkt in die Klassenkarten eingefügt. Der Übersichtlichkeit wegen ist bei den folgenden Karten der Abschnitt Methoden und deren Zusammenarbeit jeweils weggelassen. Hierzu liegt noch keine Information vor.

Klasse: DATEI
Sammlung der Datensätze, die ein- und ausgelesen werden können
Elternklasse(n): —
Kindklasse(n): —
Daten:
Name der Datei
Datensätze

Klasse: DATENSATZ
Einzelner Datensatz mit Informationen zu den abgegebenen und testierten Übungsaufgaben einer Vorlesung
Elternklasse(n): —
Kindklasse(n): —
Daten:
Übungsaufgaben

Klasse: GRUPPE
Zusammenschluß mehrerer Personen zum Zwecke der gemeinsamen Erarbeitung von Übungsaufgaben
Elternklasse(n): —
Kindklasse(n): —
Daten:
Personen

Klasse: MENÜ
Steuert die Eingabe und die Auswahl der getätigten Aktionen
Elternklasse(n): —
Kindklasse(n): —
Daten:

Klasse: PERSON
Zusammenfassung der Eigenschaften einer Person, die an einer Vorlesung teilnimmt
Elternklasse(n):
Kindklasse(n):
Daten:
Name
Gruppe
Schein (Bool)
Geschlecht

Klasse: SEMESTERDATENVERWALTUNG
Das zu erstellende System zur Verwaltung der Daten zu einer Vorlesung
Elternklasse(n): —
Kindklasse(n): —
Daten:
Zahl der Übungsaufgaben
Anzahl von Personen
Name der Vorlesung
Name des Semesters
Kriterium (Anzahl testierter Aufgaben)

Klasse: ÜBUNGSAUFGABE
Zu bearbeitende Übungsaufgabe
Elternklasse(n): —
Kindklasse(n): —
Daten:
Bewertung (Bool)
Abgabedatum (Bool)

Schritt 7 *Identifiziere abstrakte Elternklassen durch Gruppierung von Klassen mit ähnlichen Attributen.*

Mit diesem Schritt wird bereits die Erstellung der Vererbungshierarchie eingeleitet. Er kann auf der sprachlichen Ebene durch Untersuchung der Substantivliste oder auf den Beschreibungen mit Klassenkarten durchgeführt werden. Dazu werden die Attribute, die bereits auf den Karten eingetragen sind, betrachtet. Haben zwei potentielle Klassen umfangreiche Gemeinsamkeiten, kann eine gemeinsame Elternklasse diese zusammenfassen. Ein systematischer

Zugang zum Aufbau der Klassenhierarchie folgt in der Analysephase.

Beispiel: Bei unserer Semesterdatenverwaltung treten bislang keine Elternklassen auf. Es ist aufgrund der bisher festgelegten Klassen nicht möglich, Attribute zusammenzufassen.

Schritt 8 *Beschreibe die abstrakten Elternklassen.*

Falls neue Klassen mittels der letzten Betrachtung gefunden werden, sollten sie ebenfalls auf Klassenkarten dokumentiert werden. Die alten Karten sind dann entsprechend zu ergänzen.

Beispiel: Da in der Semesterdatenverwaltung keine Elternklassen auftreten, ist keine zusätzliche Dokumentation notwendig.

Schritt 9 *Versuche fehlende Klassen zu finden. Dokumentiere sie ebenfalls mit Klassenkarten.*

Ein relativ intuitiver Schritt beendet die Klassensuche. Bis zu diesem Zeitpunkt verlief das Entwurfsverfahren ziemlich methodisch. Beim wiederholten Lesen der Anforderungsdefinition können aber tatsächlich neue Klassen dadurch auftreten, daß die Wichtigkeit bestimmter Teile mehr oder weniger betont wird. Ungenauigkeiten in der Anforderungsbeschreibung oder das Ignorieren bestimmter Sachverhalte tragen dazu bei, potentielle Klassen zu übersehen.

Das Einfügen dieses Schrittes macht „bewußt“, daß dieser Effekt auftreten kann. Lesen Sie also nochmals genau nach, überprüfen Sie die Klassen, die Sie bisher gesammelt haben und versuchen Sie, sich den Ablauf des Programms vorzustellen.

Beispiel: Auch für diesen Schritt ist das Beispiel schlecht gewählt. Auch nach intensiver Suche ist keine zusätzliche Klasse benennbar.

7.2.3 Bestimmung der Attribute

Attribute einer Klasse sind Daten und Methoden. Die Daten der Klassen sind bereits teilweise bestimmt worden, allerdings in einem zusätzlichen Schritt zu dem zitierten Verfahren. Im Originalverfahren werden im folgenden Abschnitt „Verantwortlichkeiten“ bestimmt. Sie entsprechen den Methoden, so wie sie hier definiert sind.

Das Bestimmen der Attribute ist wiederum in drei Teilschritte gegliedert. Zuerst wird wieder die Anforderungsdefinition untersucht, diesmal nach Verben, die auf Methoden, und Adjektiven, die auf

Daten hinweisen. Anschließend wird die erhaltene Liste modifiziert und den Klassen zugeordnet. Zuletzt wird nochmals verborgenen Attributen nachgespürt.

Schritt 10 *Finde Attribute durch*

- *den definierten Zweck der Klasse und*
- *die Anforderungsdefinition. Informationen und Aktionen werden durch Adjektive und Verben ausgedrückt.*

Nachdem oben von den Klassen bereits eine kurze Beschreibung gegeben wurde, können wir diese nutzen, um Methoden und Daten zu identifizieren. Neben dieser Analyse werden weitere potentielle Attribute aus den Verben und Adjektiven der Anforderungsbeschreibung entnommen. Daraus wird wieder eine bzw. zwei Listen erstellt.

Eine weitere Möglichkeit, Methoden zu identifizieren, bietet das „Durchspielen" des Programms. Was passiert wann? Welches Objekt aktiviert welches andere im Laufe der Ausführung? Was bewirkt das Aktivieren eines Objektes einer bestimmten Klasse? Eventuell finden Sie sogar bei diesem Durchdenken des Systems wieder neue Klassen.

Beispiel: Nach der erneuten Inspektion der Anforderungsbeschreibung ist das Ergebnis eine Liste von Verben und eine Liste von Adjektiven. Diese Listen sind in Tabelle 7.5 dargestellt. Da die Klassen durch eine sprachliche Überarbeitung und Vereinheitlichung entstanden sind, müssen beim nächsten Schritt diese Anpassungen auch für die Attribute durchgeführt werden.

Attribute aus Verben	Attribute aus Adjektiven
Daten verwalten	unbestimmte (Zahl von Personen)
an der Vorlesung teilnehmen	testierte (Übungsaufgabe)
Aufgaben stellen	bestimmte (Zahl von Übungsaufgaben)
Aufgaben abgeben	bestimmter (Abgabezeitpunkt)
Bewertung erhalten	nicht testierte (Übungsaufgabe)
zusammenarbeiten	abgelegte (Daten)
Daten ablegen	abgegebene (Übungsaufgabe)
Daten einfügen	lesbare (Datei)
Daten ändern	auswertbare (Datei)
Daten löschen	
Daten ausgeben	
Daten auswerten	
Daten sammeln	
Aufgaben bearbeiten	
Aktionen steuern	

Tabelle 7.5 *Nach der Untersuchung der Anforderungsbeschreibung auf Verben und Adjektive entstehen diese Listen*

Sie erkennen, daß ein Teil dieser Attribute bereits in der letzten Darstellung der Klassenkarten enthalten war.

Schritt 11 *Ordne den Klassen Attribute nach den folgenden Prinzipien zu:*

- *Verteile die Systeminformation gleichmäßig.*
- *Beschreibe Methoden so generell wie möglich.*
- *Halte Daten und zugehörige Methoden zusammen.*
- *Zusammengehörige Daten sollten auch zusammen abgelegt sein.*
- *Verteile komplexe Attribute.*

Die dem System innewohnende Information gleichmäßig zu verteilen bedeutet, die Zuständigkeiten der Objekte gleichmäßig zu verteilen. Dadurch werden „monolithisch" agierende Objekte, die einen Großteil der Funktionalität beinhalten, vermieden. Sollte Ihr Entwurf auf einer Ungleichverteilung der Attribute basieren, dann könnte das auch an einer funktional orientierten Herangehensweise an das Problem liegen.

Methoden sollten ebenso wie Daten so abstrakt wie möglich beschrieben werden. Oft sind dies Funktionalitäten von abstrakten Klassen und Elternklassen. Haben Sie beispielsweise Klassen grafischer Objekte definiert und bezeichnen die Darstellungsfunktionen als „stelle einen Kreis dar, stelle eine Linie dar, ...“, so drückt dies die Verschiedenheit der Darstellung auf das Objekt bezogen aus. Es ist nicht ersichtlich, daß die Abstraktion dieser Klassen ein grafisches Objekt ist, das dargestellt werden kann.

Daten und Methoden, die auf den Daten operieren, gehören zusammen. Im allgemeinen sind sie in einer Klasse gekapselt. Treten während dieses Verfahrensschrittes Daten und Methoden für diese Daten auf, die in verschiedenen Klassen stehen, dann sollten Sie deren Aufteilung überdenken. Genau so sollten verschiedene Daten behandelt werden, die konzeptionell zusammengehören.

Zusammengesetzte Methoden dagegen werden aufgeteilt. Die Darstellung einer aus grafischen Objekten zusammengesetzten Szene ist beispielsweise auf die Darstellung einzelner Teile zurückführbar. Sind diese Teile bislang nicht als Klassen beschrieben, könnte die Einführung neuer Klassen die Konsequenz aus der Teilung der komplexen Methode sein.

Beispiel: Die *Zuordnung der Daten* aufgrund der Adjektivliste ist dort schon angedeutet worden. Die Adjektive „bestimmt“ und „unbestimmt“ verweisen lediglich darauf, daß es ein entsprechendes Datum geben muß. Die Zahl der Personen und Übungsaufgaben sind bereits als Attribute der Klasse SEMESTERDATENVERWALTUNG zugeordnet. Der Abgabezeitpunkt trat als Abgabedatum in Erscheinung.

Bei den Übungsaufgaben muß an dieser Stelle inhaltlich etwas weiter ausgeholt werden. Es stellt sich bei den geschilderten Zuständen nämlich die Frage, welchen Charakter diese Klasse eigentlich haben soll. Handelt es sich bei der Klasse um die Repräsentation eines Prototyps der Übungsaufgabe im Sinne dessen, was im Prinzip bearbeitet werden soll oder um die von einer Person oder einer Gruppe konkret abgegebene Übungsaufgabe?

Im ersten Fall ist ein Attribut Abgabedatum sinnvoll, im zweiten das Attribut Bewertung. Das Abgabedatum wäre dann in dieser Klasse an der falschen Stelle, denn es würde mit jeder Instanz kopiert und wäre viel zu häufig vorhanden.

Solche Betrachtungen sind auch der Grund, warum in vielen objektorientierten Analysemethoden Klassen *und* Objekte betrachtet werden. Angenommen, die Vorlesung würde von 50 Studierenden besucht und es gäbe vier zu lösende Übungsaufgaben, dann lägen im einen Fall vier Objekte der Klasse ÜBUNGSAUFGABE vor, im anderen Fall rund 4*50=200 – wenn alle alleine arbeiteten und jeweils alle Aufgaben abgeben würden.

Sie sehen, daß eine solche Entwurfsentscheidung auch Auswirkungen auf den Speicherplatzbedarf und die Performanz des Systems hat.

Für die konkrete Aufgabe scheint es sinnvoll, die Übungsaufgaben als Prototypen zu verstehen. Daß heißt, daß das Testat an anderer Stelle gespeichert werden muß, sinnvollerweise bei den Personen. Diese erhalten ein Feld mit Verweisen auf die Übungsaufgaben, die mit einer Bewertung in der zweiten Dimension versehen werden. Als Erweiterung wird noch angegeben, ob die Übungsaufgabe überhaupt abgegeben wurde.

Daten sollen abgelegt sein können. Dieser Aussage wird durch das Aufnehmen der Datensätze in eine Datei Rechnung getragen. Eine lesbare und auswertbare Datei wird bei der Implementierung erzeugt. Dies sind also keine Attribute im objektorientierten Sinn, die der Klasse DATEI mitgegeben werden müssen. Eine lesbare Datei nach dem üblichen Verständnis ist eine Textdatei im ASCII-Format. Diese Aussage hat also Auswirkungen auf die konkrete Ausführung des Schreibens.

Aus Tabelle 7.5 gehen weiterhin die Aktionen des Systems hervor. Sie werden den vorhandenen *Klassen als Methoden zugeordnet*. Die nächste Tabelle zeigt das Ergebnis dieser Zuordnung (Tabelle 7.6).

Attribut	Klasse
Daten verwalten	SEMESTERDATENVERWALTUNG
an der Vorlesung teilnehmen	PERSON
Aufgaben stellen	?
Aufgaben abgeben	GRUPPE
Bewertung erhalten	GRUPPE
zusammenarbeiten	PERSON
Daten ablegen	DATEI
Daten einfügen	SEMESTERDATENVERWALTUNG
Daten ändern	SEMESTERDATENVERWALTUNG
Daten löschen	SEMESTERDATENVERWALTUNG
Daten ausgeben	SEMESTERDATENVERWALTUNG
Daten auswerten	?
Daten sammeln	Datei
Aufgaben bearbeiten	GRUPPE
Aktionen steuern	MENÜ

Tabelle 7.6 *Die Zuordnung der aus dem Text gewonnenen Verben zu den oben beschriebenen Klassen*

An zwei Stellen mußten Fragezeichen eingefügt werden, da die im Text erwähnten Agenten bereits als Klassen abgelehnt sind. Bei genauer Betrachtung können sie teilweise entfernt werden. Die Auswertung der Daten gehören aufgrund einer früheren Entwurfsentscheidung nicht zur Funktionalität des Systems, das beschrieben wird.

Übungsaufgaben stellen gehört zu den Aufgaben des Systems. Es bedeutet nichts anderes, als ein neues Objekt vom Typ ÜBUNGSAUFGABE anzulegen, es mit einem Abgabedatum zu versehen und dies allen Personen bekanntzugeben, damit dort Platz für eine Bewertung geschaffen wird.

Eine Übungsaufgabe zu stellen ist der Spezialfall der sehr allgemeinen Formulierung „Daten einfügen" der Semesterdatenverwaltung. Sie zieht die zusätzlichen Methoden der Konstruktion einer Übungsaufgabe, des Setzens des Abgabedatums einer Übungsaufgabe und des Einrichtens einer Übungsaufgabe bei Personen nach sich. Die Methode „...Daten einfügen, ändern, löschen und ausgeben..." muß konkretisiert werden.

Im folgenden soll diese Zuordnung für jede Klasse kurz diskutiert und vervollständigt werden.

Eine *Datei* ist immer eine Sammlung von Datensätzen. Diese Tatsache muß daher nicht gesondert betont werden. Vielmehr ist im Fall der Semesterdatenverwaltung wichtig, daß Daten in einen permanenten Speicher abgelegt und wieder eingelesen werden können, so daß Objekte persistent sind. Daten sammeln wird daher als Attribut entfernt und statt dessen eine zusätzliche Methode – Datensätze einlesen – hinzugefügt. Die Klassenkarte hat daher in diesem Stadium die folgende Beschriftung.

<table>
<tr><td colspan="3">Klasse: DATEI</td></tr>
<tr><td colspan="3">Sammlung der Datensätze, die ein- und ausgelesen werden können. Die externe Datei hat ein lesbares (ASCII-) Format</td></tr>
<tr><td colspan="3">Elternklasse(n): —</td></tr>
<tr><td colspan="3">Kindklasse(n): —</td></tr>
<tr><td colspan="3">Daten:</td></tr>
<tr><td colspan="3">Name der Datei</td></tr>
<tr><td colspan="3">Datensätze</td></tr>
<tr><td>Methoden:</td><td colspan="2">Zusammenarbeit:</td></tr>
<tr><td></td><td>mit Klasse</td><td>Methode</td></tr>
<tr><td>Datensätze ablegen</td><td></td><td></td></tr>
<tr><td>Datensätze einlesen</td><td></td><td></td></tr>
</table>

Der in DATEI extern abzuspeichernde *Datensatz* setzt sich aus verschiedenen Informationen zusammen, hat aber in der letzten Betrachtung keine zusätzlichen Attribute zugewiesen bekommen.

Klasse: DATENSATZ		
Einzelner Datensatz mit Informationen zu den abgegebenen und testierten Übungsaufgaben einer Vorlesung		
Elternklasse(n): —		
Kindklasse(n): —		
Daten:		
Übungsaufgaben		
Methoden:	**Zusammenarbeit:**	
	mit Klasse	**Methode**

Eine *Gruppe* setzt sich aus mehreren Personen zusammen, die gemeinsam Übungsaufgaben bearbeiten und abgeben. Da Übungsaufgaben für das System nicht existieren, wenn sie zwar bearbeitet, nicht aber abgegeben werden, kann „Aufgaben bearbeiten" ignoriert werden. GRUPPE wird nun durch die folgende Klassenkarte beschrieben.

Klasse: GRUPPE		
Zusammenschluß mehrerer Personen zum Zwecke der gemeinsamen Erarbeitung von Übungsaufgaben		
Elternklasse(n): —		
Kindklasse(n): —		
Daten:		
Personen		
Methoden:	**Zusammenarbeit:**	
	mit Klasse	**Methode**
Übungsaufgabe abgeben		
Bewertung erhalten		

Gemäß der oben angeführten Überlegungen werden Verweise auf die Übungsaufgaben in der Klasse PERSON gehalten, damit diese unterschiedliche Übungsaufgaben in unterschiedlichen Gruppen absolvieren kann. Die Gruppe dient hier also nur als „Verteiler" der entsprechenden Information auf die Personen.

Das *Menü* steuert die Aktionen, versendet also die Botschaften an die Objekte. Wir gehen davon aus, daß ein Menü auch dargestellt werden kann und daß es externe Daten zur Steuerung nutzt. Daher werden dieser Klasse zwei weitere Attribute hinzugefügt.

Klasse: MENÜ		
Steuert die Eingabe und die Auswahl der getätigten Aktionen		
Elternklasse(n): —		
Kindklasse(n): —		
Daten:		
Methoden:	**Zusammenarbeit:**	
	mit Klasse	**Methode**
Aktionen steuern		
Darstellen des Menüs		
Interpretation der Eingabe		

Aus der Attributsliste entnehmen wir, daß eine *Person* an der Vorlesung teilnimmt. Diese Information ist allerdings redundant, denn es sollen sowieso nur Personen in die Semesterdatenverwaltung aufgenommen werden, die während der Vorlesung überhaupt in Erscheinung getreten sind. Daher wird dieses Attribut nicht in die Klasse aufgenommen.

Das Anlegen von Personen sollte in der Klasse SEMESTERDATENVERWALTUNG aber als Funktion aufgenommen werden. Hinzu kommen die für die Gruppe abgelehnten Daten Übungsaufgaben einschließlich einer Bewertung und dem Status „Abgegeben". Diese könnten z.B. in einem mehrdimensionalen Feld gespeichert werden. Für die Abgabe einer Übungsaufgabe und das Einrichten werden entsprechende Methoden benötigt.

Klasse: PERSON		
Zusammenfassung der Eigenschaften einer Person, die an einer Vorlesung teilnimmt		
Elternklasse(n):		
Kindklasse(n):		
Daten:		
Name		
Gruppe		
Schein (Bool)		
Geschlecht		
Übungsaufgaben		
Bewertungen der Übungsaufgaben (Bool)		
Übungsaufgaben abgegeben? (Bool)		
Methoden:	**Zusammenarbeit:**	
	mit Klasse	**Methode**
Übungsaufgabe abgeben		
Übungsaufgabe stellen		

Mit dem letzten Untersuchungsschritt hat die *Semesterdatenverwaltung* umfangreiche Funktionalitäten erhalten. Nur das Attribut „Daten verwalten" ist redundant, so daß die Klassenkarte sich zusehends füllt.

Klasse: SEMESTERDATENVERWALTUNG		
Das zu erstellende System zur Verwaltung der Daten zu einer Vorlesung		
Elternklasse(n): —		
Kindklasse(n):		
Daten:		
Zahl der Übungsaufgaben		
Anzahl von Personen		
Name der Vorlesung		
Name des Semesters		
Kriterium (Anzahl testierter Aufgaben)		
Methoden:	**Zusammenarbeit:**	
	mit Klasse	**Methode**
Daten einfügen		
Daten ändern		
Daten löschen		
Daten ausgeben		

Es ist festzustellen, daß die Bezeichnung „Daten einfügen, ändern, löschen und ausgeben“ nicht sehr aussagekräftig ist. Letztlich stellen doch die Methoden der Klasse SEMESTERDATENVERWALTUNG die Funktionalität des gewünschten Systems dar. Oben war beispielsweise „Übungsaufgabe stellen“ als ein konkreter Vorgang benannt worden. Insofern muß man nun schon genauer betrachten, was das System leisten soll.

- Bei der Konstruktion (dem Aufruf aus dem Betriebssystem heraus) der SDV müssen gewisse Basisinformationen über die Vorlesung mitgegeben werden. Dies sollte ein entsprechender Konstruktor erledigen.
- Übungsaufgaben, Gruppen und Personen sollen jederzeit dynamisch angelegt werden können. Das heißt, es gibt Vorgänge „Übungsaufgabe stellen“, „Person aufnehmen“, „Gruppe aufnehmen“ und „Person einer Gruppe zuordnen“.
- Werden dann Übungsaufgaben von einer Gruppe oder einer Person abgegeben, so ist diese Information im System zu verteilen. Also gibt es eine weitere Methode „Übungsaufgabe abgeben“.

Sie erkennen an diesen Betrachtungen auch zwei unterschiedliche Philosophien bezüglich des Abstraktionsgrads des Gesamtsystems. Statt „Person aufnehmen“ und „Gruppe aufnehmen“ könnte dort auch „Objekt aufnehmen“ stehen, wobei über generische Parameter gesteuert wird, welcher Typ eines Objektes gemeint ist.

Die erste Variante ist sehr anwendungsbezogen, die zweite läßt die Möglichkeiten einfacher Erweiterung, entspricht also eher einem Werkzeug, das auch für andere Zwecke eingesetzt werden könnte. Überlegen Sie sich bei Ihrem Entwurf gut, welche Variante Sie wählen wollen.

Hier werden exemplarisch beide Ansätze gezeigt. Daher wird die Klasse SEMESTERDATENVERWALTUNG um die folgenden Methoden ergänzt.

Klasse: SEMESTERDATENVERWALTUNG		
Das zu erstellende System zur Verwaltung der Daten zu einer Vorlesung		
Elternklasse(n): —		
Kindklasse(n): —		
Daten:		
Zahl der Übungsaufgaben		
Anzahl von Personen		
Name der Vorlesung		
Name des Semesters		
Kriterium (Anzahl testierter Aufgaben)		
Methoden:	**Zusammenarbeit:**	
	mit Klasse	**Methode**
Konstruktor		
Daten einfügen		
- Übungsaufgabe stellen		
- Übungsaufgabe abgeben		
- Person aufnehmen		
- Gruppe aufnehmen		
- Person einer Gruppe zuordnen		
Daten ändern		
Daten löschen		
Daten ausgeben		

Sie erkennen, daß sich hierbei gewissen Gruppierungen der Methoden ergeben, auf die wir zu einem späteren Zeitpunkt zurückkommen werden.

An der letzten Klasse, *Übungsaufgabe*, wurde zwischenzeitlich das Attribut Bewertung entfernt. Sie enthält nun also noch die folgenden Elemente.

Klasse: ÜBUNGSAUFGABE		
Zu bearbeitende Übungsaufgabe		
Elternklasse(n): —		
Kindklasse(n): —		
Daten:		
Abgabedatum (Bool)		
Methoden:	**Zusammenarbeit:**	
	mit Klasse	**Methode**
Konstruktor		
Abgabedatum setzen		

Schritt 12 *Finde weitere Attribute durch Beziehungen zwischen Klassen.*

- *„Is-A" (Spezialisierung und Generalisierung) für Kind- und Elternklassen*
- *„Ist-Analog-Zu" für Kind- und Elternklassen*
- *„Part-Of" (Aggregation) für weitere Klassen*

In diesem Schritt werden die zwischen den Klassen explizit oder implizit beschriebenen Relationen betrachtet. Es ist eine Untersuchung, um die im letzten Schritt dargestellten Eigenschaften zu klären. Gleichmäßige Verteilung der Information, Kapselung der Daten mit den zugehörigen Methoden und die Teilung zusammengesetzter Attribute sind die Ziele dieser Betrachtungen.

Die Is-A-Relation kann Hinweise erbringen, wo Elternklassen von ihren Kindklassen gemeinsame Attribute erhalten. Umgekehrt erhält jede Kindklasse normalerweise die Attribute der Elternklasse. Die Betrachtung von Analogien zwischen Eltern- und Kindklassen führt eventuell zu neuen Attributen beider Klassen. Die Part-Of-Relation schließlich ermöglicht das Teilen komplexer Attribute bzw. das Zusammenfassen einzelner Attribute zu einem abstrakteren Ganzen.

Ein Auto zu montieren bedeutet beispielsweise, alle seine Einzelteile zu montieren und diese Einzelteile anschließend zu einem Auto zusammenzubauen. Jedes der Einzelteile kann je nach Abstraktionsniveau des Begriffes „Teil" auch wieder montierbar sein etc.

Beispiel: Nach dem letzten Analyseschritt stellen sich die Aggregations- und Assoziationsbeziehungen der Semesterdatenverwaltung wie in Abbildung 7.2 dar. Die Beziehung zwischen der Klasse ÜBUNGSAUFGABE und DATENSATZ bzw. mit PERSON entspricht einer Assoziation.

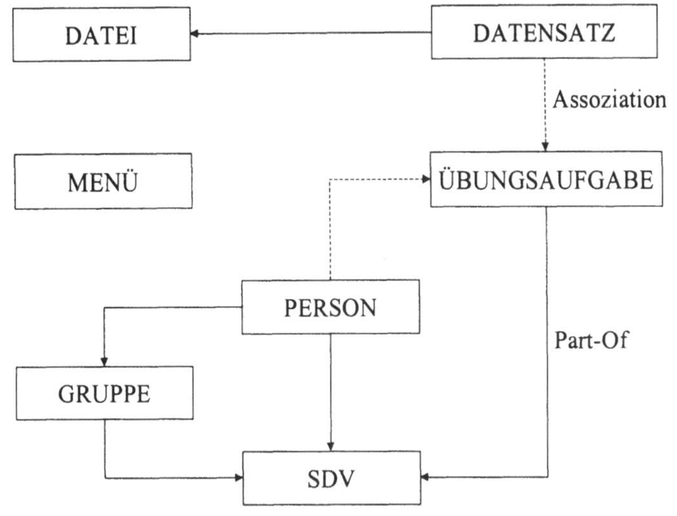

Abbildung 7.2 *Die Beziehungen der SDV nach Analyseschritt 11 (Part-Of und Assoziation)*

Die Analyse fördert folgende Attribute zutage:

- Eine Datei besteht aus Datensätzen, die abgelegt und wieder eingelesen werden können. Daher muß neben DATEI auch die Klasse DATENSATZ die Methoden „einlesen“ und „ablegen“ bekommen. Dies ist der typische Fall einer komplexen Methode, die mit Hilfe der Part-Of-Relation hier eingefügt wird.
- Gibt eine Gruppe eine Übungsaufgabe ab, dann geben indirekt alle an dieser Gruppe beteiligten Personen ihre Übungsaufgabe ab. Diese Methode ist bereits vorhanden.
- Das Objekt MENÜ ist relativ unabhängig vom Rest der Klassen. Seine Untersuchung führt zu keinen weiteren Ergänzungen.

Das Ergebnis dieser Überlegungen ist also die erweiterte Klasse DATENSATZ.

Klasse: DATENSATZ		
Einzelner Datensatz mit Informationen zu den abgegebenen und testierten Übungsaufgaben einer Vorlesung		
Elternklasse(n): —		
Kindklasse(n): —		
Daten:		
Übungsaufgaben		
Methoden:	**Zusammenarbeit:**	
	mit Klasse	**Methode**
Ablegen		
Einlesen		

7.2.4
Bestimmung der Zusammenarbeit

Ein Objekt und somit die Klassen eines Programms existieren nicht getrennt voneinander, sondern das Programm schreitet durch die Interaktion der Objekte fort. Der nächste Schritt in diesem Verfahren untersucht nun die Zusammenarbeit zwischen den Objekten bzw. Klassen. Dazu werden die einzelnen Attribute der Klassen daraufhin untersucht, welche Funktionalität anderer Klassen zu deren Erfüllung notwendig ist. Am Ende dieser Betrachtungen können wir die Klassen entfernen, die in unserem Entwurf mit keiner anderen Klasse kommunizieren.

Schritt 13 *Stelle eine Liste der Zusammenarbeit zwischen Klassen durch Untersuchung ihrer Attribute auf.*

- *Mit welcher Klasse muß eine Klasse zusammenarbeiten, um eine bestimmte Methode ausführen zu können?*
- *Welche Klasse benutzt ein bestimmtes Attribut einer anderen Klasse?*

Die Zusammenarbeit zwischen zwei Klassen beschreibt, welche Klasse eine Methode anbietet und welche Klasse eine Methode nutzt. Sie manifestiert sich in der später als Kontrakt bezeichneten Beziehung zwischen Klassen. Diese Beziehung ist auch als Client/Server-Modell bekannt geworden. Die Klasse, die eine Methode anbietet, wird als *Server* bezeichnet und die Klasse, die eine Methode nutzt, als *Client*.

Die Analyse dieser Beziehung hilft, die Attribute der Klassen zu überprüfen. Wenn Sie beispielsweise feststellen, daß es eine Zusammenarbeit ohne das entsprechende Attribut gibt, dann müssen Sie auf der Seite der bedienenden Klasse dieses Attribut ergänzen.

Von den Klassenkarten wird jetzt auch der zweite Teil genutzt. Unter der Rubrik Zusammenarbeit beschreiben Sie für jede Methode, mit welcher Klasse und welcher Methode dieser Klasse eine Kooperation, sprich: ein Aufruf, stattfindet. Am einfachsten machen Sie sich die Zusammenarbeit klar, indem Sie überlegen, wie die jeweilige Methode programmiert werden müßte.

Beispiel: Die Semesterdatenverwaltung wird Klasse für Klasse auf die Zusammenarbeit hin untersucht.

Das Ablegen und Einlesen von Datensätzen in der Klasse DATEI kann nur in Zusammenarbeit mit der Klasse DATENSATZ und einer externen Datei ausgeführt werden. Die ergänzte Klassenkarte sieht dann so aus:

Klasse: DATEI		
Sammlung der Datensätze, die ein- und ausgelesen werden können. Die externe Datei hat ein lesbares (ASCII-) Format		
Elternklasse(n): —		
Kindklasse(n): —		
Daten:		
Name der Datei		
Datensätze		
Methoden:	**Zusammenarbeit:**	
	mit Klasse	**Methode**
Datensätze ablegen	DATENSATZ	Ablegen
	Datei	Schreiben
Datensätze einlesen	DATENSATZ	Einlesen
	Datei	Lesen

Die Klasse DATENSATZ muß ebenfalls mit einer externen Datei zusammenarbeiten. An dieser Stelle stellt sich die Frage, ob diese physikalische Datei ebenfalls als Klasse modelliert werden sollte. Dafür spricht, daß sie in den genannten beiden Klassen als „Objekt“ auftritt; dagegen, daß mit DATEI ja bereits eine repräsentierende Klasse existiert. Eines Attribute ist ja gerade der Name dieser Datei.

Klasse: DATENSATZ		
Einzelner Datensatz mit Informationen zu den abgegebenen und testierten Übungsaufgaben einer Vorlesung		
Elternklasse(n): —		
Kindklasse(n): —		
Daten:		
Übungsaufgaben		
Methoden:	**Zusammenarbeit:**	
	mit Klasse	**Methode**
Ablegen	Datei	Schreiben
Einlesen	Datei	Lesen

Entgegen der Annahme, daß bei der Abgabe einer Übungsaufgabe eine Gruppe mit der Klasse Übungsaufgabe zusammenarbeitet, wird diese Aufgabe an die in der Gruppe versammelten Personen delegiert, da dort die Information hierzu gespeichert ist. Daher wird die Karte wie folgt ergänzt.

Klasse: GRUPPE		
Zusammenschluß mehrerer Personen zum Zwecke der gemeinsamen Erarbeitung von Übungsaufgaben		
Elternklasse(n): —		
Kindklasse(n): —		
Daten:		
Personen		
Methoden:	**Zusammenarbeit:**	
	mit Klasse	**Methode**
Übungsaufgabe abgeben	PERSON	Übungsaufgabe abgeben
Bewertung erhalten	PERSON	Bewertung erhalten

Ein Objekt der Klasse MENÜ arbeitet mit einem Ausgabemedium und einem Eingabemedium sowie der SEMESTERDATEN-VERWALTUNG zusammen, die es steuert. Vergleichbar zum Verhältnis zwischen DATEI und einer konkreten Datei, in die geschrieben wird, sollen der Bildschirm und die Tastatur als reale Objekt begriffen werden, mit denen nur innerhalb der Klasse MENÜ operiert wird.

Die Zusammenarbeit zwischen MENÜ und SDV wird konkretisiert. Bis auf den Konstruktor sind alle Aktionen der Semesterdatenverwaltung „menügesteuert", d.h. sie werden jetzt auf der rechten Seite der Zusammenarbeit notiert.

Klasse: MENÜ		
Steuert die Eingabe und die Auswahl der getätigten Aktionen		
Elternklasse(n): —		
Kindklasse(n): —		
Daten:		
Methoden:	**Zusammenarbeit:**	
	mit Klasse	**Methode**
Darstellen des Menüs	Bildschirm	
Interpretation der Eingabe	Tastatur	
Aktionen steuern	SDV	Daten einfügen
		- …
		Daten ändern
		Daten löschen
		Daten ausgeben

Ein Objekt der Klasse PERSON arbeitet bei der Bearbeitung seiner Methoden mit keiner anderen Klasse zusammen, da die Daten dort gespeichert werden.

Klasse: PERSON		
Zusammenfassung der Eigenschaften einer Person, die an einer Vorlesung teilnimmt		
Elternklasse(n):		
Kindklasse(n):		
Daten:		
Name		
Gruppe		
Schein (Bool)		
Geschlecht		
Übungsaufgaben		
Bewertungen der Übungsaufgaben (Bool)		
Übungsaufgaben abgegeben? (Bool)		
Methoden:	**Zusammenarbeit:**	
	mit Klasse	**Methode**
Übungsaufgabe abgeben		
Übungsaufgabe stellen		
Bewertung erhalten		

Bei der Semesterdatenverwaltung müssen wir wieder etwas ausholen, da diese Klasse zunächst alle Funktionalität zugewiesen bekommt, um sie dann zu delegieren.

Der Konstruktor benötigt im Regelfall keine weitere Zusammenarbeit. Da davon ausgegangen wird, Personen, Gruppen und Übungsaufgaben dynamisch anzulegen, bleiben hierfür die rechten Spalten leer.

Für „Daten einfügen" wurden bereits konkrete Anwendungen genannt. Das Stellen einer Übungsaufgabe bedeutet, daß zunächst eine Übungsaufgabe angelegt und mit den notwendigen Parametern, z.B. dem Abgabedatum, versehen wird. Der Konstruktor hierfür ist bereits vorhanden. Anschließend unterrichtet die SDV alle Personen hiervon, damit dort für die neue Übungsaufgabe der Speicherplatz für die Zustände eingerichtet werden kann. Eine analoge Vorgehensweise ergibt sich beim Abgeben von Übungsaufgaben, wobei dies indirekt über die Gruppen an die Personen delegiert wird.

Das Aufnehmen neuer Personen oder Gruppen in die Semesterdatenverwaltung erfordert den Aufruf jeweiliger Konstruktoren. Für Gruppen sollte dabei die Möglichkeit bestehen, Personen gleich mit anzugeben oder dies erst später mit der gesonderten Methode zu tun. Hier sehen Sie also erstmals die Forderung nach überladbaren Konstruktoren am Anwendungsfall.

Das Ändern und Löschen von Daten soll hier nicht weiter vertieft werden. Diese Vorgänge sind ganz analog zu den vorhergehenden weiterzuentwickeln.

Interessant ist aber noch der Vorgang „Daten ausgeben". Für diese Anwendung sollen Daten in Form von Datensätzen in eine Datei geschrieben werden. Das bedeutet, daß für die Aufgabe zunächst ein Objekt der Klasse DATEI konstruiert werden muß. Anschließend müssen auf der Basis der in den Personen gespeicherten Informationen Datensätze konstruiert und an die Datei übergeben werden. Sind alle Datensätze gesammelt, kann die Datei ausgegeben werden. Das bedeutet aber auch, daß ein Datensatz keine Information mehr zu den Übungsaufgaben benötigt.

Natürlich kann der Ablauf auch anders realisiert werden, indem z.B. alle Personen an DATEI übergeben und dort ausgegeben werden.

Es fällt auch auf, daß die SDV eigentlich eine weitere Methode „Daten einlesen" benötigte. Vereinfachend soll dies im Konstruktor geschehen, so daß das System während der Laufzeit des Programms immer up-to-date ist. Der aktuelle Stand der Klassenkarte ist also wie folgt.

Klasse: SEMESTERDATENVERWALTUNG		
Das zu erstellende System zur Verwaltung der Daten zu einer Vorlesung		
Elternklasse(n): —		
Kindklasse(n): —		
Daten:		
Zahl der Übungsaufgaben		
Anzahl von Personen		
Name der Vorlesung		
Name des Semesters		
Kriterium (Anzahl testierter Aufgaben)		
Methoden:	**Zusammenarbeit:**	
	mit Klasse	**Methode**
Konstruktor	DATEI	Datensätze einlesen
Daten einfügen		
- Übungsaufgabe stellen	ÜBUNGSA.	Konstruktor
	PERSON	Übungsaufgabe stellen

Methoden:	Zusammenarbeit:	
	mit Klasse	**Methode**
- Übungsaufgabe abgeben	GRUPPE	Übungsaufgabe abgeben
- Person aufnehmen	PERSON	Konstruktor
- Gruppe aufnehmen	GRUPPE	Konstruktor ohne Personen
	GRUPPE	Konstruktor mit Personen
- Person einer Gruppe zuordnen	GRUPPE	Person zuordnen
Daten ändern	...	
Daten löschen	...	
Daten ausgeben	DATEI	Konstruktor
	PERSON	Hole Datensatz
	DATEI	Setze Datensatz
	DATEI	Datensätze ablegen

Als letzte Klasse wird ÜBUNGSAUFGABE betrachtet. Sie benötigt – wie PERSON – keine weitere Zusammenarbeit.

Klasse: ÜBUNGSAUFGABE		
Zu bearbeitende Übungsaufgabe		
Elternklasse(n): —		
Kindklasse(n): —		
Daten:		
Abgabedatum (Bool)		
Methoden:	**Zusammenarbeit:**	
	mit Klasse	**Methode**
Konstruktor		
Abgabedatum setzen		

Die zuletzt diskutierten Schritte erscheinen Ihnen vielleicht recht willkürlich. Leider sind die Darstellungsmöglichkeiten in einem Buch beschränkt, so daß der Prozeß, der hier stattgefunden hat, nur schwer zu vermitteln ist. Führen Sie sich bei jedem der Schritte vor Augen, worum es geht: die Identifikation von Objekten in einem Programm, der Bestimmung der Methoden, die diese ausführen, und die Darstellung der Kommunikationsstruktur zwischen den Objekten.

Sie erkennen auch, daß das Feststellen der Zusammenarbeit jetzt wieder von vorne beginnen und so lange wiederholt werden muß, bis für alle Methoden alles vollständig beschrieben ist. Wir werden dies mit den nächsten beiden Schritten verbinden.

Schritt 14 *Finde weitere Zusammenarbeiten über die Beziehungen:*

- *„Part-Of" (Aggregation)*
- *„Hat-Wissen-Über" (Assoziation)*
- *„Hängt-Ab-Von" (Assoziation)*

Die im letzten Schritt noch relativ mechanisch vorgenommene Untersuchung der Zusammenarbeit soll in diesem Schritt nochmals überdacht werden. Bislang hatten wir gefragt: „Welche Klasse muß mit welcher zusammenarbeiten, d.h. Botschaften an diese schicken, um ihre eigene Aufgabe erfüllen zu können?" Mit Hilfe der drei nun angegebenen Beziehungen zwischen Klassen kann die Zusammenarbeit von Klassen überprüft werden. Klassen müssen beispielsweise zur Erfüllung ihrer Attribute auf die Attribute ihrer Teile zurückgreifen. Dadurch entsteht eine Zusammenarbeit zwischen den betroffenen Klassen.

Die zusätzlich angegebenen Beziehungen zwischen Klassen sind nicht formaler Art. Sie sollen Hinweise darauf geben, welche Relationen zwischen Klassen noch bestehen können, die weder Kindklassen noch Teilklassen sind. Auf der sprachlichen Ebene können Sie diese Beziehungen in Ausdrücken wie „... ändert sich mit ..." oder „... bekommt es von ..." finden.

Beispiel: Ein Punkt, den wir bei der Diskussion des letzten Schrittes elegant umgangen haben, soll hier wieder aufgegriffen werden. Woher kommt eigentlich das Menü? Wird ein Objekt dieser Klasse vom Betriebssystem erzeugt, ist also identisch mit dem Programm oder ist dies ein Objekt der Klasse SEMESTERDATENVERWALTUNG?

Bislang waren wir davon ausgegangen, daß ein Objekt der letztgenannten Klasse das Programm darstellt. Daher muß dieses z.B. im Rahmen seines Konstruktors dann auch für die Konstruktion des Menüs sorgen. Anschließend übergibt es die Steuerung an das Menü, das – je nach Ereignis – dann wieder Methoden des Objektes der Klasse SDV aufruft.

Auf diese Art und Weise verläuft typischerweise das „Hochfahren" eines Programms in ereignisgesteuerten Betriebssystemen wie z.B. unter Windows.

Konkret wird an dieser Stelle die Klasse SDV um die Zusammenarbeit mit der Klasse MENÜ ergänzt.

Methoden:	**Zusammenarbeit:**	
	mit Klasse	**Methode**
Konstruktor	DATEI	Datensätze einlesen
	MENÜ	Konstruktor
	MENÜ	Aktionen steuern

Schritt 15 *Beschreibe die Attribute und Zusammenarbeit auf den Karten. Entferne Klassen, die mit keiner anderen Klasse zusammenarbeiten.*

Am Ende dieses Abschnittes und damit am Ende der Entdeckungsphase steht die Dokumentation der letzten Schritte. Gleichzeitig können Klassen, die offensichtlich ohne Zusammenarbeit mit anderen existieren, aus der Sammlung entfernt werden. Sie tragen zwar Funktionalität und Wissen bei, aber es wird von keiner anderen Klasse genutzt.

Bevor Sie eine Karte aber tatsächlich entfernen, überprüfen Sie nochmals, warum Sie die Klasse in die Sammlung aufgenommen haben. Untersuchen Sie erneut die Zusammenarbeit zwischen Klassen, bis Sie als Ergebnis die vorläufige Sammlung von Klassen erhalten, die im nächsten Teil des Verfahrens dann analysiert und strukturiert wird.

Beispiel: Nach Vervollständigung und Berücksichtigung der Weiterverfolgung neuer Methoden werden die folgenden Klassen nochmals modifiziert:

- DATEI erhält einen Konstruktor und die Methode „Setze Datensatz", die keine weitere Zusammenarbeit erfordern.
- GRUPPE stellt die beiden zusätzlichen Konstruktoren mit und ohne Angabe der zugehörigen Personen zur Verfügung. Der Konstruktor mit Personen greift wiederum auf eine neue Methode „Setze Gruppe" der Klasse PERSON zu.
- MENÜ und DATENSATZ erhalten jeweils einen Konstruktor.
- PERSON hat drei neue Methoden bekommen: einen Konstruktor, „Hole Datensatz", der auf der Basis der vorhandenen Daten einen Datensatz zum Schreiben in die Datei generiert und „Setze Gruppe", die den internen Verweis auf die Gruppe setzt.

Die vollständigen Karten werden nach der Diskussion des nächsten größeren Schrittes wieder dargestellt.

7.3
Analysephase

In der Entdeckungsphase wird versucht, die Systemanforderungen zu verstehen und in Kategorien zu fassen, mit denen im objektorientierten Programmieren gearbeitet wird. In der nun folgenden zweiten Phase geht es darum, die bislang erhaltenen Klassen genauer zu analysieren und zu optimieren, um dann zum Systementwurf zu kommen.

Die Analysephase besteht aus drei Teilphasen. In der ersten wird die Vererbungshierarchie zwischen den Klassen mit mehreren Hilfsmitteln untersucht und neu erstellt. Eine zweite Phase zur Bestimmung von Teilsystemen schließt sich an. Der abschließende dritte Schritt besteht aus der Dokumentation und der Erstellung des Entwurfs.

7.3.1
Bestimmung der Vererbungshierarchie

Die endgültige Vererbungshierarchie wird aufgrund einer eingehenden Analyse der erhaltenen Klassen erstellt. Dazu werden drei wesentliche Konzepte benutzt: Hierarchiegraphen zeigen die bestehende Struktur der Klassen, mit Venn-Diagrammen können neue Klassen „faktorisiert" werden, und Kontrakte bieten Zusammenfassungen von Methoden an, um ebenfalls Gemeinsamkeiten zu erkennen.

Schritt 16 *Stelle den Hierarchiegraphen der Vererbungshierarchie auf.*

Mit Hilfe der in Kapitel 3 dargestellten Graphen wird eine Klassenhierarchie skizziert. Dieser Schritt dient der Vorbereitung der nächsten Analyseschritte.

Beispiel: Im Beispiel der Semesterdatenverwaltung treten keine Hierarchien auf, so daß der Vererbungsgraph der Klassen relativ „einfallslos" aussieht (Abbildung 7.3).

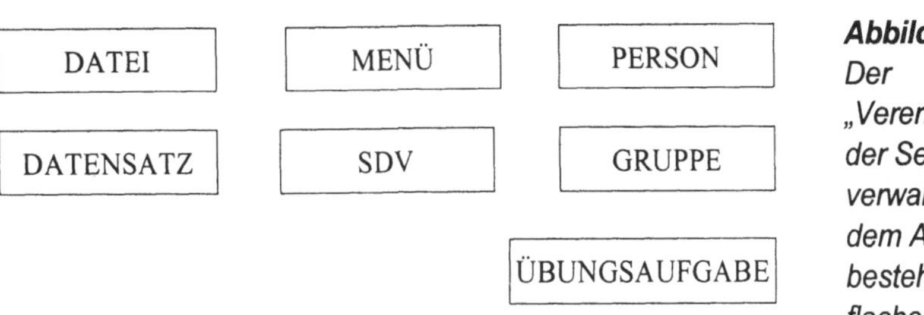

Abbildung 7.3 *Der „Vererbungsgraph" der Semesterdatenverwaltung nach dem Analyseschritt besteht aus einer flachen Hierarchie*

Schritt 17 *Identifiziere abstrakte und konkrete Klassen und markiere abstrakte Klassen im Vererbungsgraphen.*

Die Unterscheidung in abstrakte und konkrete Klassen ist ebenfalls Grundlage für die nächsten Untersuchungen. Abstrakte Klassen beschreiben Gemeinsamkeiten zweier oder mehrerer Kindklassen, ohne daß von ihnen Objekte instantiiert werden. Mit Hilfe der Venn-Diagramme werden wir im nächsten Schritt abstrakte Elternklassen konstruieren.

Die Markierung abstrakter Klassen soll mit Hilfe eines abgeteilten Dreiecks an der oberen linken Ecke einer Klasse erfolgen. Sie ist in Abbildung 7.4 dargestellt.

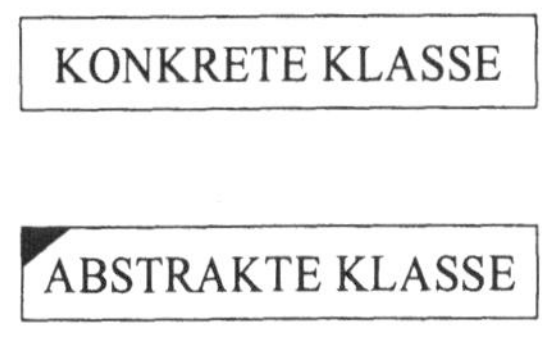

Abbildung 7.4 *Abstrakte Klassen werden mit einem abgeteilten Dreieck markiert*

Beispiel: Alle Klassen der Semesterdatenverwaltung sind konkret. Von ihnen allen sollen Instanzen erzeugt werden, die den Ablauf des Programms bestimmen. Markierungen werden daher in den Vererbungsgraph in Abbildung 7.3 nicht eingetragen.

Schritt 18 *Erstelle Venn-Diagramme, die gemeinsame Attribute versinnbildlichen.*

Venn-Diagramme sind Ihnen wahrscheinlich aus der Mengenlehre vertraut. Mit ihrer Hilfe werden in diesem Schritt die Attribute der Klassen genauer auf Gemeinsamkeiten untersucht. Jede Klasse entspricht einer Menge von Attributen, die durch einen Umriß oder Kreis dargestellt wird. Besitzen zwei Klassen gleiche Attribute, so schneiden sich deren Gebiete entsprechend.

Die folgenden Abbildungen zeigen, was ein Venn-Diagramm über die Vererbung aussagt.

Abbildung 7.5
Umsetzung einer Mehrfachvererbung

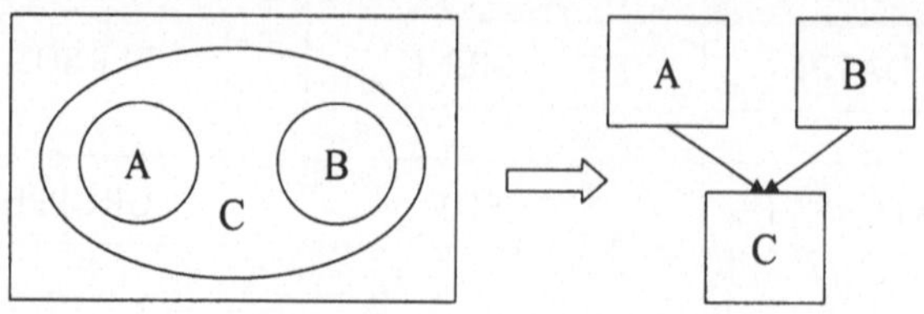

In diesem Beispiel („Spiegelei mit zwei Dottern“) handelt es sich um den typischen Fall einer Mehrfachvererbung. C enthält die Vereinigung aller Eigenschaften von A und von B und weitere Elemente.

Abbildung 7.6
Umsetzung von Vererbung

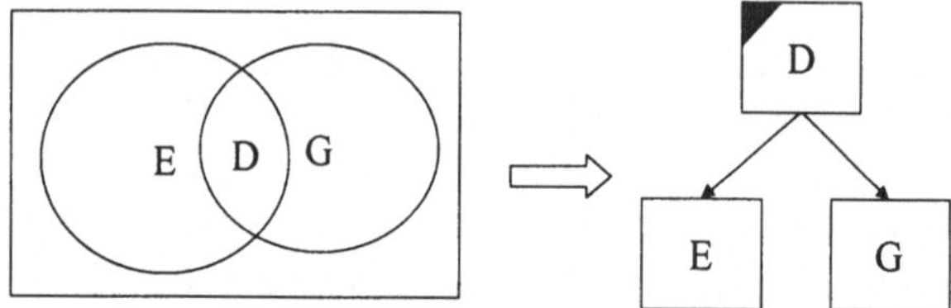

Dieses Venn-Diagramm zeigt dagegen den klassischen Fall der Vererbungsrelation. E enthält alle Eigenschaften, die D enthält, ebenso wie G. Aus dem Vorhandensein einer solchen Konstellation kann also eine abstrakte Klasse D gebildet werden, die genau diejenigen Eigenschaften enthält, die E und G gemeinsam haben.

Bei der Erstellung der Diagramme können Sie auf verschiedene Art und Weise vorgehen. Ursprünglich eigentlich für das Finden von Hierarchien bezüglich der Methoden gedacht [WWW90], kann das Venn-Diagramm natürlich auch für das Finden gemeinsamer Daten bzw. Datenstrukturen genutzt werden. Sie können also nur Daten, nur Methoden oder beides betrachten. Da Daten und Operationen auf diesen Daten immer zusammengehören, wird das Ergebnis dann in der Regel auch das Gleiche sein.

Ein weiterer Hinweis sei vorweggenommen: Nur, weil objektorientiert analysiert wird, heißt das nicht, daß eine Vererbungshierarchie entstehen *muß*. Zwingen Sie also keine Vererbung herbei, wo keine ist!

Beispiel: Das Venn-Diagramm der Semesterdatenverwaltung soll exemplarisch an zwei Stellen analysiert werden. Zunächst ist anhand der Klassenkarten feststellbar, daß keine zwei Klassen jeweils gleiche Daten – bis auf einen Namen oder eine Bezeichnung – enthalten. Das ist an sich ein positives Zeichen. Das heißt, wir können uns bei der folgenden Betrachtung auf die Methoden konzentrieren.

Alle Klassen haben *eine Gemeinsamkeit*, nämlich einen Konstruktor. Daher überschneiden sich die Mengenkreise der sieben Klassen in diesem Punkt. Andererseits ist ein Konstruktor eine Art Basismethode, die in jeder Klasse per definitionem enthalten ist.

Eine gängige Methode, damit umzugehen, ist die Einführung einer abstrakten Elternklasse, z.B. OBJEKT, die diesen Konstruktor zur Verfügung stellt und alle Klassen von ihr abzuleiten. Dies soll auch hier der Fall sein.

Weitere, wesentliche Überschneidungen sind jeweils zwischen DATEI und DATENSATZ sowie zwischen GRUPPE und PERSON festzustellen. Ohne Betrachtung des Konstruktors stellt sich das Venn-Diagramm für diese Klassen wie in Abbildung 7.7 dar. Weitere Überschneidungen gibt es zwischen GRUPPE, PERSON und SDV.

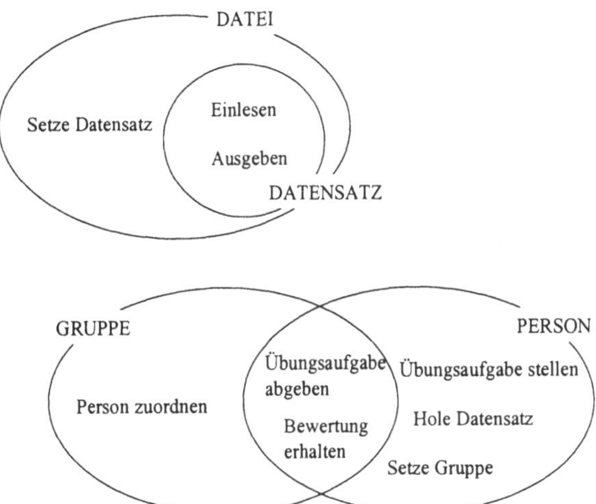

Abbildung 7.7 *Ein Teil des Venn-Diagramms der Semesterdatenverwaltung*

Laut der Theorie der Umsetzung liegt also eine ganz klare Ableitung der DATEI von DATENSATZ vor. GRUPPE und PERSON erhalten eine gemeinsame, abstrakte Elternklasse. Der Aufbau und die Bewertung erfolgt nun im nächsten Analyseschritt.

Schritt 19 *Konstruiere die Klassenhierarchie nach den folgenden Regeln:*

- *Modelliere die A-Kind-Of-Relation.*
- *Faktorisiere gemeinsame Attribute in der Hierarchie „nach oben“, d.h. hin zu den Elternklassen.*
- *Abstrakte Klassen erben nicht von konkreten Klassen.*
- *Eliminiere Klassen, die keine zusätzliche Funktionalität hinzufügen.*

In diesem Analyseschritt wird aufgrund der vorher dargestellten Diagramme die Klassenhierarchie erstellt. Sie können und sollten an dieser Stelle neue Klassen für die Strukturierung der Hierarchie einfügen und dabei die angegebenen Regeln beachten. Die A-Kind-Of-Relation stellt dabei sicher, daß Kindklassen spezialisierte Formen ihrer Elternklasse sind. In den Venn-Diagrammen können Sie Kindklassen daran erkennen, daß sie eine Obermenge der Attribute ihrer Elternklasse haben. Die Elternklasse ist also *echte Teilmenge* der Kindklasse in dieser Darstellungsform.

Gemeinsame Attribute drücken sich in Schnittmengen zweier Klassen aus. Sind diese Schnittmengen groß genug, dann bilden die Attribute dieser Schnittmenge eine eigenständige, abstrakte Elternklasse der beiden Klassen. Gemeinsame Attribute werden auf diese Weise in der Vererbungshierarchie nach oben verlagert.

Der Unterschied zwischen diesem Schritt und Schritt 7 der Entdeckungsphase ist die systematische Herangehensweise in der Analysephase. Während dort generell von einer „Gruppierung von Klassen" die Rede war, sind hier mit Hilfe der diagrammartigen Darstellungen die Erkenntnisse bezüglich einer sinnvollen Klassenhierarchie gewachsen. Insbesondere Attribute, die nach Schritt 7 eingeführt wurden, werden in die systematische Untersuchung mit einbezogen.

Beispiel: Aufgrund der vorangehenden Diskussion wird eine neue abstrakte Klasse OBJEKT als Elternklasse aller anderen Klassen eingeführt. PERSON und GRUPPE erhalten ebenfalls eine abstrakte Elternklasse, die als SDV-OBJEKT bezeichnet wird.

Bezüglich der Klassen DATEI und DATENSATZ allerdings stellt sich die Frage, ob es sich wirklich um eine Spezialisierung handelt. Ein Datensatz ist Bestandteil einer Datei, eine Datei aber keine Spezialform eines Datensatzes. Insofern soll auch hier eine abstrakte Elternklasse EIN/AUSGABE eingeführt werden, von der beide die Methoden „Einlesen" und „Ausgeben" erben können. An sich erwarten wir unterschiedliches Verhalten von den beiden Klassen.

Die sich jetzt ergebende Klassenhierarchie ist Abbildung 7.8 zu entnehmen.

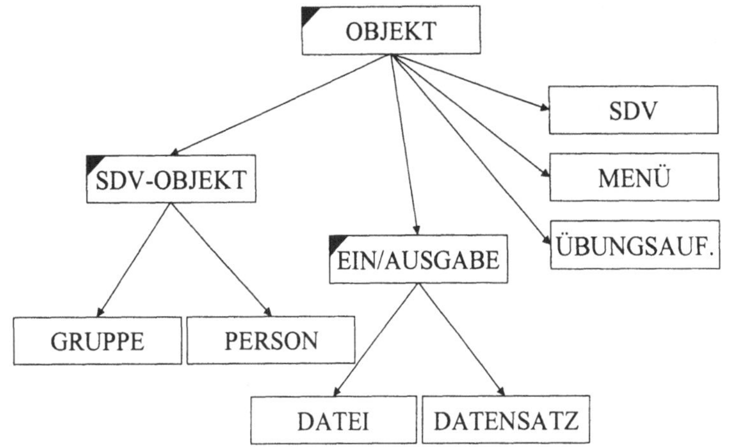

Abbildung 7.8 *Die Vererbungshierarchie der Semesterdatenverwaltung nach dem ersten Analyseschritt*

Insgesamt besteht der Entwurf nun aus zehn Klassen. Auf den folgenden Klassenkarten sind deren Eigenschaften festgehalten.

Die Klasse DATEI erbt nun den Konstruktor sowie die Methoden Einlesen und Ausgeben von ihren Elternklassen. Da sich die Ausführung in der abgeleiteten Klasse jedoch unterscheiden kann, bleiben diese Methoden in der Darstellung weiter erhalten.

Klasse: DATEI (konkret)		
Sammlung der Datensätze, die ein- und ausgelesen werden können. Die externe Datei hat ein lesbares (ASCII-) Format		
Elternklasse(n): EIN/AUSGABE		
Kindklasse(n): —		
Daten:		
Name der Datei		
Datensätze		
Methoden:	**Zusammenarbeit:**	
	mit Klasse	**Methode**
Konstruktor		
Ablegen	DATENSATZ	Ablegen
	Datei	Schreiben
Einlesen	DATENSATZ	Einlesen
	Datei	Lesen
Setze Datensatz		

Für DATENSATZ gilt Übertragbares wie für die Klasse DATEI. Beide werden übrigens auch noch als konkrete Klassen gekennzeichnet.

Klasse: DATENSATZ (konkret)		
Einzelner Datensatz mit Informationen zu den abgegebenen und testierten Übungsaufgaben einer Vorlesung		
Elternklasse(n): EIN/AUSGABE		
Kindklasse(n): —		
Daten:		
Methoden:	**Zusammenarbeit:**	
	mit Klasse	**Methode**
Konstruktor		
Ablegen	Datei	Schreiben
Einlesen	Datei	Lesen

Deren gemeinsame Elternklasse EIN/AUSGABE enthält hier die beiden Methoden Einlesen und Ausgeben.

Klasse: EIN/AUSGABE (abstrakt)		
Abstrakte Elternklasse für Klassen, die Eingaben oder Ausgaben auf Dateien beinhalten.		
Elternklasse(n): OBJEKT		
Kindklasse(n): DATEI, DATENSATZ		
Daten:		
Methoden:	**Zusammenarbeit:**	
	mit Klasse	**Methode**
Einlesen		
Ablegen		

Auch GRUPPE und MENÜ haben nun jeweils eine Elternklasse.

Klasse: GRUPPE (konkret)		
Zusammenschluß mehrerer Personen zum Zwecke der gemeinsamen Erarbeitung von Übungsaufgaben		
Elternklasse(n): SDV-OBJEKT		
Kindklasse(n): —		
Daten:		
Personen		
Methoden:	**Zusammenarbeit:**	
	mit Klasse	**Methode**
Konstruktor ohne Personen		
Konstruktor mit Personen	PERSON	Setze Gruppe
Übungsaufgabe abgeben	PERSON	Übungsaufgabe abgeben
Bewertung erhalten	PERSON	Bewertung erhalten
Person zuordnen	PERSON	Setze Gruppe

Klasse: MENÜ (konkret)		
Steuert die Eingabe und die Auswahl der getätigten Aktionen		
Elternklasse(n): OBJEKT		
Kindklasse(n): —		
Daten:		
Methoden:	**Zusammenarbeit:**	
	mit Klasse	**Methode**
Konstruktor		
Darstellen des Menüs	Bildschirm	
Interpretation der Eingabe	Tastatur	
Aktionen steuern	SDV	Daten einfügen
		- ...
		Daten ändern
		Daten löschen
		Daten ausgeben

Die neue Klasse OBJEKT enthält die Methode Konstruktor, die nun alle anderen Klassen von ihr erben.

Klasse: OBJEKT (abstrakt)		
Abstrakte Elternklasse aller Klassen der Semesterdatenverwaltung		
Elternklasse(n): —		
Kindklasse(n): EIN/AUSGABE, MENÜ, SDV, SDV-OBJEKT, ÜBUNGSAUFGABE		
Daten:		
Methoden:	**Zusammenarbeit:**	
	mit Klasse	**Methode**
Konstruktor		

PERSON erbt von der abstrakten Klasse SDV-OBJEKT, die als gemeinsame Elternklasse mit GRUPPE eingerichtet worden war.

Klasse: PERSON (konkret)		
Zusammenfassung der Eigenschaften einer Person, die an einer Vorlesung teilnimmt		
Elternklasse(n): SDV-OBJEKT		
Kindklasse(n): —		
Daten:		
Name		
Gruppe		
Schein (Bool)		
Geschlecht		
Übungsaufgaben		
Bewertungen der Übungsaufgaben (Bool)		
Übungsaufgaben abgegeben? (Bool)		
Methoden:	**Zusammenarbeit:**	
	mit Klasse	**Methode**
Konstruktor		
Übungsaufgabe abgeben		
Übungsaufgabe stellen		
Bewertung erhalten		
Hole Datensatz	DATENSATZ	Konstruktor
Setze Gruppe		

SDV-OBJEKT war als abstrakte Elternklasse zu PERSON und GRUPPE eingerichtet worden und enthält zwei Methoden.

Klasse: SDV-OBJEKT (abstrakt)		
Abstrakte Elternklasse zu Klassen von Objekten, die in der Semesterdatenverwaltung angelegt werden können		
Elternklasse(n): OBJEKT		
Kindklasse(n): GRUPPE, PERSON		
Daten:		
Methoden:	**Zusammenarbeit:**	
	mit Klasse	**Methode**
Übungsaufgabe abgeben		
Bewertung erhalten		

Es bleiben die SEMESTERDATENVERWALTUNG und die ÜBUNGSAUFGABE, die mit einer neuen Elternklasse versehen wurden.

Klasse: SEMESTERDATENVERWALTUNG (konkret)		
Das zu erstellende System zur Verwaltung der Daten zu einer Vorlesung		
Elternklasse(n): OBJEKT		
Kindklasse(n): —		
Daten:		
Zahl der Übungsaufgaben		
Anzahl von Personen		
Name der Vorlesung		
Name des Semesters		
Kriterium (Anzahl testierter Aufgaben)		
Methoden:	**Zusammenarbeit:**	
	mit Klasse	**Methode**
Konstruktor	DATEI	Einlesen
	MENÜ	Konstruktor
	MENÜ	Aktionen steuern
Daten einfügen		
- Übungsaufgabe stellen	ÜBUNGSA.	Konstruktor
	PERSON	Übungsaufgabe stellen
- Übungsaufgabe abgeben	GRUPPE	Übungsaufgabe abgeben
- Person aufnehmen	PERSON	Konstruktor
- Gruppe aufnehmen	GRUPPE	Konstruktor ohne Personen

Methoden:	Zusammenarbeit:	
	mit Klasse	Methode
	GRUPPE	Konstruktor mit Personen
- Person einer Gruppe zuordnen	GRUPPE	Person zuordnen
Daten ändern	...	
Daten löschen	...	
Daten ausgeben	DATEI	Konstruktor
	PERSON	Hole Datensatz
	DATEI	Setze Datensatz
	DATEI	Ablegen

Klasse: ÜBUNGSAUFGABE (konkret)		
Zu bearbeitende Übungsaufgabe		
Elternklasse(n): OBJEKT		
Kindklasse(n): —		
Daten:		
Abgabedatum (Bool)		
Methoden:	**Zusammenarbeit:**	
	mit Klasse	**Methode**
Konstruktor		
Abgabedatum setzen		

Damit ist die Erstellung der Klassenhierarchie vorläufig beendet, wird später aber nochmals aufgegriffen.

Schritt 20 *Konstruiere „Kontrakte" (Zusammenfassungen von Funktionen) jeder Klasse durch:*

- *Gruppierung der Attribute, die von anderen Klassen benutzt werden.*
- *Maximiere Zusammenhänge zwischen Kontrakten.*
- *Minimiere die Zahl der Kontrakte pro Klasse.*

Kontrakte sind Zusammenfassungen von Methoden. Sie stellen ein weiteres Abstraktionshilfsmittel dar. Mittels Kontrakten wird die Zusammenarbeit zwischen Klassen „geregelt". Beispielsweise stellen Klassen zur Bearbeitung von Zahlen im allgemeinen mehrere Operatoren zur Arithmetik zur Verfügung. Sie können in einem Kontrakt zusammengefaßt werden. Wird eine neue Klasse eingeführt, die nur einen Teil des Kontraktes erfüllt, z.B. nur die Addition des neues Zahlentyps, so kann sie nicht als Kindklasse in die Hierarchie eingefügt werden.

Hintergrund des Arbeitens mit Kontrakten ist der Wunsch, die Schnittstellen des Systems so zu gestalten, daß sie schmal und überschaubar sind.

Stellt eine Klasse mehrere Kontrakte zur Verfügung, so ist es sinnvoll, daß diese wieder einen gewissen Zusammenhang haben. Falls sie diese Forderung nicht erfüllen wollen, so könnten Sie einen Teil der Kontrakte in eine Eltern- oder in eine Kindklasse auslagern. Eine geringe Zahl von Kontrakten macht die Funktionalität einer Klasse überschaubar, daher ist es sinnvoll, sie so klein wie möglich zu halten.

Beispiel: In den Klassenkarten werden die Kontrakte durch Nummern gekennzeichnet. Im ersten Durchgang werden alle Methoden, die innerhalb einer Klasse mit einer gleichen anderen Klasse zusammenarbeiten, in einem Kontrakt zusammengefaßt. Im einzelnen ergeben sich hierbei die folgenden Erkenntnisse.

Die Klasse DATEI greift auf die Methoden „Ablegen" und „Einlesen" von DATENSATZ zu. Diese beiden Methoden werden unter der Nummer 1 als Kontrakt in DATENSATZ eingeführt. In der Darstellung der Klassen sieht dies nun – nur unter Angabe der Methoden – wie folgt aus.

Klasse: DATEI (konkret)		
Sammlung der Datensätze, die ein- und ausgelesen werden können. Die externe Datei hat ein lesbares (ASCII-) Format		
Methoden:	**Zusammenarbeit:**	
	mit Klasse	**Methode**
Konstruktor		
Ablegen	DATENSATZ	Ablegen (1)
	Datei	Schreiben
Einlesen	DATENSATZ	Einlesen (1)
	Datei	Lesen
Setze Datensatz		

Klasse: DATENSATZ (konkret)		
Einzelner Datensatz mit Informationen zu den abgegebenen und testierten Übungsaufgaben einer Vorlesung		
Methoden:	**Zusammenarbeit:**	
	mit Klasse	**Methode**
Konstruktor		
1: Ablegen	Datei	Schreiben
1: Einlesen	Datei	Lesen

Auf der nutzenden Seite (dem Client) werden die Kontrakte also mit Hilfe der Angabe unter der Rubrik Methode gekennzeichnet, auf der anderen Seite (dem Server) durch Kennzeichnung mit der gleichen Nummer.

Mit der gleichen Systematik werden die weiteren Methoden auf den Klassenkarten untersucht. In den beiden Klassen DATEI und DATENSATZ gibt es nun keine weiteren Kontrakte mehr.

Vergleichbar zu diesen beiden Klassen greift GRUPPE auf die Methoden „Setze Gruppe“, „Übungsaufgabe abgeben“ und „Bewertung erhalten“ der Klasse PERSON zu. Diese Methoden werden als zweiter Kontrakt registriert. Die Klasse MENÜ greift auf alle Methoden der SDV außer dem Konstruktor zu. Diese werden als Kontrakt Nummer 3 festgehalten.

Die abstrakten Klassen EIN/AUSGABE, OBJEKT, SDV-OBJEKT sowie die konkrete Klasse ÜBUNGSAUFGABE ergeben keine Kontrakte. Eine Vielzahl entsteht jedoch durch die Semesterdatenverwaltung.

Kontrakt Nummer 4 beinhaltet alle Methoden der DATEI, Nummer 5 die beiden wesentlichen von MENÜ sowie der sechste die Methoden der ÜBUNGSAUFGABE. Im letzten Fall können die beiden Methoden unter einem Kontrakt zusammengefaßt werden, da beim Stellen der Übungsaufgabe auch immer das Abgabedatum gesetzt werden sollte. Hier war also bislang eine Lücke, die nun erkannt worden ist.

Den siebten Kontrakt bildet PERSON mit den Methoden „Konstruktor“, „Übungsaufgabe stellen“ und „Hole Datensatz“ bezüglich der SDV, den achten stellen die wesentlichen Methoden der Gruppe. Der letzte Kontrakt entsteht durch die Nutzung des Konstruktors von DATENSATZ in der Klasse PERSON.

Es folgen die Ergebnisse der Betrachtung im Überblick über alle (konkreten) Klassen.

Klasse: DATEI (konkret)		
Sammlung der Datensätze, die ein- und ausgelesen werden können. Die externe Datei hat ein lesbares (ASCII-) Format		
Methoden:	**Zusammenarbeit:**	
	mit Klasse	**Methode**
4: Konstruktor		
4: Ablegen	DATENSATZ	Ablegen (1)
	Datei	Schreiben
4: Einlesen	DATENSATZ	Einlesen (1)
	Datei	Lesen
4: Setze Datensatz		

Klasse: DATENSATZ (konkret)		
Einzelner Datensatz mit Informationen zu den abgegebenen und testierten Übungsaufgaben einer Vorlesung		
Methoden:	**Zusammenarbeit:**	
	mit Klasse	**Methode**
9: Konstruktor		
1: Ablegen	Datei	Schreiben
1: Einlesen	Datei	Lesen

Bei der Analyse der folgenden Klasse GRUPPE fällt auf, daß die Methode „Bewertung erhalten“ von keiner anderen Klasse genutzt wird. Im Sinne des Ablaufs unserer Semesterdatenverwaltung müßte dies Funktionalität sein, die durch das Programm abgedeckt wird. Sie taucht in der Klasse SDV allerdings nicht auf. Da dies gewünschte Funktionalität ist, wird sie nunmehr ergänzt und die Methode dem gleichen Kontrakt zugeordnet.

Klasse: GRUPPE (konkret)		
Zusammenschluß mehrerer Personen zum Zwecke der gemeinsamen Erarbeitung von Übungsaufgaben		
Methoden:	**Zusammenarbeit:**	
	mit Klasse	**Methode**
8: Konstruktor ohne Pers.		
8: Konstruktor mit Pers.	PERSON	Setze Gruppe (2)
8: Übungsaufgabe abgeben	PERSON	Übungsaufgabe abgeben (2)
8: Bewertung erhalten	PERSON	Bewertung erhalten (2)
8: Person zuordnen	PERSON	Setze Gruppe (2)

Ähnliche Überlegungen mit einem unterschiedlichen Ergebnis können für die GRUPPE angewendet werden. Hier sind „Darstellen des Menüs“ und „Interpretation der Eingabe“ Methoden, die von keiner anderen Klasse genutzt werden. Sie werden daher an dieser Stelle entfernt und ihre Aufgaben fortan als interne Aufgaben dieser Klasse angesehen.

Klasse: MENÜ (konkret)		
Steuert die Eingabe und die Auswahl der getätigten Aktionen		
Methoden:	**Zusammenarbeit:**	
	mit Klasse	**Methode**
5: Konstruktor		
5: Aktionen steuern	SDV	Daten einfügen (3)
		- … (3)
		Daten ändern (3)
		Daten löschen (3)
		Daten ausgeben (3)

In der Klasse PERSON teilt sich die Nutzung der Methoden auf die beiden Kontrakte 2 und 8 auf.

Klasse: PERSON (konkret)		
Zusammenfassung der Eigenschaften einer Person, die an einer Vorlesung teilnimmt		
Methoden:	**Zusammenarbeit:**	
	mit Klasse	**Methode**
7: Konstruktor		
7: Übungsaufgabe stellen		
7: Hole Datensatz	DATENSATZ	Konstruktor (9)
2: Übungsaufgabe abgeben		
2: Bewertung erhalten		
2: Setze Gruppe		

SEMESTERDATENVERWALTUNG schließlich wurde um eine Methode, Bewertung erhalten, ergänzt und auf der nutzenden Seite um die Nutzung des Abgabedatums der ÜBUNGSAUFGABE vervollständigt. Als einzige Methode ist hier der Konstruktor kontraktfrei. Da dieser vom Betriebssystem genutzt wird, ist dies auch die einzig zulässige Stelle hierfür.

Klasse: SEMESTERDATENVERWALTUNG (konkret)		
Das zu erstellende System zur Verwaltung der Daten zu einer Vorlesung		
Methoden:	**Zusammenarbeit:**	
	mit Klasse	**Methode**
Konstruktor	DATEI	Einlesen (4)
	MENÜ	Konstruktor (5)
	MENÜ	Aktionen steuern (5)
3: Daten einfügen		
3: - Übungsaufgabe stellen	ÜBUNGSA.	Konstruktor (6)
	ÜBUNGSA.	Abgabedatum setzen (6)
	PERSON	Übungsaufgabe stellen (7)
3: - Übungsaufgabe abgeben	GRUPPE	Übungsaufgabe abgeben (8)
3: - Person aufnehmen	PERSON	Konstruktor (7)
3: - Gruppe aufnehmen	GRUPPE	Konstruktor ohne Personen (8)
	GRUPPE	Konstruktor mit Personen (8)
3: - Person einer Gruppe zuordnen	GRUPPE	Person zuordnen (8)
3: Daten ändern	...	
3: - Bewertung erhalten	GRUPPE	Bewertung erhalten (8)
3: Daten löschen	...	
3: Daten ausgeben	DATEI	Konstruktor (4)
	PERSON	Hole Datensatz (7)
	DATEI	Setze Datensatz (4)
	DATEI	Ablegen (4)

Die ÜBUNGSAUFGABE stellt genau einen Kontrakt zur Verfügung.

Klasse: ÜBUNGSAUFGABE (konkret)		
Zu bearbeitende Übungsaufgabe		
Methoden:	**Zusammenarbeit:**	
	mit Klasse	**Methode**
6: Konstruktor		
6: Abgabedatum setzen		

Damit ist zunächst auch diese Analyse abgeschlossen.

7.3.2 Teilsysteme

Schritt 21: *Erstelle einen Zusammenarbeitsgraph des Systems. Benutze dazu die in Abbildung 7.9 dargestellten Symbole.*

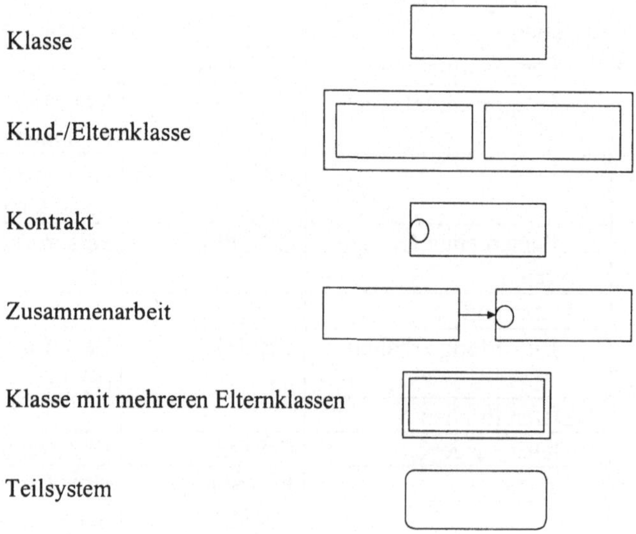

Abbildung 7.9 *Mit diesen Symbolen wird der Zusammenarbeitsgraph des Systems erstellt*

Klasse

Kind-/Elternklasse

Kontrakt

Zusammenarbeit

Klasse mit mehreren Elternklassen

Teilsystem

Die Skizzierung der Zusammenarbeit hilft dabei, das System bezüglich der Teilsysteme strukturieren zu können. Sie erkennen, an welchen Stellen viel und an welchen wenig Kommunikation stattfindet und kommen daher einfacher zu einer Trennung von Teilen. Eine Überarbeitung sollte mit der Darstellung einher gehen.

Beispiel: Der Zusammenarbeitsgraph ist in Abbildung 7.10 dargestellt.

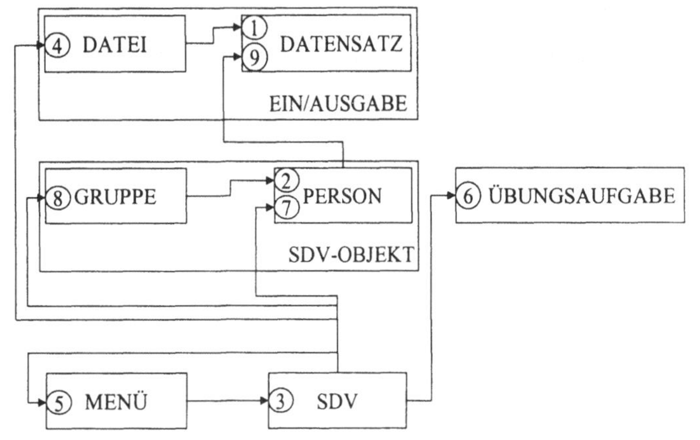

Abbildung 7.10
Der Zusammenarbeitsgraph der Semesterdatenverwaltung nach dem ersten Aufstellen der Kontrakte

Die folgenden Betrachtungen fassen Details der Vererbung nochmals auf.

- DATEI und DATENSATZ stellen durch EIN/AUSGABE einen gemeinsamen Kontrakt für nutzende Klassen zur Verfügung. Dieser Kontrakt könnte als eigenständiger Kontrakt 1 weitergeführt werden, nunmehr aber auf der Ebene der Elternklasse. Damit wäre allerdings die Kommunikation zwischen der SDV und der DATEI gesplittet. Hiermit ist also keine zusätzliche Klarheit zu gewinnen.
- Übertragbares gilt für diejenigen Methoden, die von SDV-OBJEKT, GRUPPE und PERSON geteilt werden.

Die Kommunikationsstruktur kann also in dieser Form erhalten bleiben.

Schritt 22 *Identifiziere potentielle Teilsysteme und beschreibe sie mit Hilfe von Teilsystemkarten.*

- *Klassen innerhalb eines Teilsystems sollten zusammenarbeiten und eine zusammengehörige Gruppe von Attributen bilden.*
- *Klassen innerhalb eines Teilsystems sollten voneinander abhängen.*

Teilsysteme sind Sammlungen von Klassen oder Sammlungen von anderen Teilsystemen und Klassen, die auf eine bestimmte Art zusammenarbeiten. Sie werden zur weiteren Abstraktion des Systems als Einheit betrachtet, die ebenso wie Klassen Kontrakte erfüllen. Diese Funktionalität wird innerhalb des Teilsystems an dessen Komponenten (Klassen oder weitere Teilsysteme) delegiert.

Eine Teilsystemkarte ist ähnlich aufgebaut wie eine Klassenkarte, enthält aber keine Angaben zur Vererbungshierarchie (Abbildung 7.11).

Abbildung 7.11 *Karte zur Beschreibung eines Teilsystems*

Teilsystem: Teilsystemname	
Attribut	Zusammenarbeit

Beispiel: Aufgrund der Kommunikationsstruktur fällt es leicht, Teilsysteme zu beschreiben. Eines der Teilsysteme, bestehend aus der SDV und dem MENÜ ist für die Interaktion und die Steuerung zuständig. Das zweite bildet sich aus den datentragenden Klassen ÜBUNGSAUFGABEN, PERSON und GRUPPE und das letzte ist am ehesten einer Datenbankschicht in einer klassischen Schichtenarchitektur vergleichbar.

Die Struktur der Teilsysteme und ihrer Zusammenarbeit können Sie der Abbildung 7.12 entnehmen. Eine Beschreibung durch Teilsystemkarten ist wegen der Einfachheit der Teilsystemstruktur nicht unbedingt notwendig.

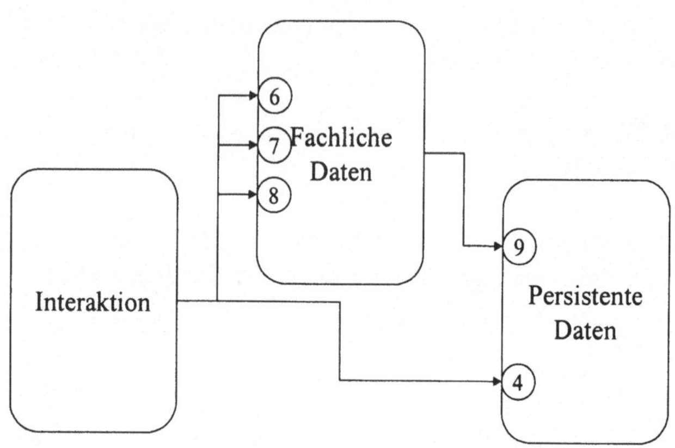

Abbildung 7.12 *In diesem Graphen sind nur noch die Teilsysteme und ihre Schnittstellen skizziert*

Schritt 23 *Vereinfache die Zusammenarbeit zwischen und innerhalb von Teilsystemen.*

- *Minimiere die Zusammenarbeit einer Klasse mit Teilsystemen oder anderen Klassen.*
- *Minimiere die Zahl der Klassen und Teilsysteme, an die ein Teilsystem Aufgaben delegiert.*
- *Minimiere die Anzahl der Kontrakte einer Klasse bzw. eines Teilsystems.*

Anhand des Zusammenarbeitsgraphen des Systems, in dem die Teilsysteme eingetragen werden, können Sie erkennen, ob Teilsysteme in sich oder in der Zusammenarbeit mit anderen Teilen vereinfacht werden können. Je geringer die Zahl der Kontrakte eines Teilsystems ist, desto entkoppelter ist es vom Rest des Programms. Änderungen in anderen Teilen wirken sich dann auf diesen Teil nicht aus.

Bei allen Änderungen an der Struktur des Programms sollten Sie allerdings immer den gewünschten Ablauf vor Augen haben. Diagramme lassen sich leicht verschieben – die Umstrukturierung muß aber auch semantisch sinnvoll sein!

Beispiel: In unserem Beispiel sind keine sinnvollen Vereinfachungen anwendbar.

7.3.3 Protokolle und Dokumentation

Das Endergebnis des Entwurfsprozesses ist ein Dokument, das aus den Graphen der Klassenhierarchien, dem Zusammenarbeitsgraphen sowie den einzelnen Spezifikationen besteht. Diese Beschreibungen sind die Basis für die Implementierung. Dazu müssen zuerst die bisher erhaltenen Ergebnisse verfeinert und auf Konsistenz geprüft werden. Für alle Klassen wird das genaue Verhalten festgelegt. Anschließend werden alle Klassen, Teilsysteme und Kontrakte auf Formularen festgehalten.

Die Dokumentation des Entwurfs besteht aus

- dem Graphen der Vererbungshierarchie,
- dem Zusammenarbeitsgraph für alle Teilsysteme und das Gesamtsystem,
- der Spezifikation der Klassen,

- der Spezifikation der Teilsysteme und
- der Spezifikation der Kontrakte.

Schritt 24 *Stelle das Protokoll jeder Klasse auf. Verfeinere dazu die Attribute.*

- *Benutze gleiche Namen für konzeptionell gleiche Methoden im ganzen System.*
- *Assoziiere eine konzeptionelle Operation mit jeder Methode.*
- *Vergebe sinnvolle Signaturen.*
- *Vergebe Vorbelegungen für möglichst viele Parameter.*

Die vollständige Beschreibung der Methoden einer Klasse wird als ihr Protokoll bezeichnet. In diesem Verfahrensschritt werden für alle Methoden einer Klasse Namen vergeben und ihr Definitions- und Wertebereich festgelegt. Die oben angegebenen Regeln sollen diese Aufgabe unterstützen. Das Ergebnis dieses Prozesses können Sie in der im folgenden Abschnitt vorgeschlagenen Form festhalten.

Auch wenn Sie an dieser Stelle bereits kurz davor stehen, eine Implementierung zu beginnen, sollten Sie noch immer versuchen, programmiersprachenunabhängig zu formulieren.

Beispiel: Die Spezifikation des Beispiels, welche die Protokolle der Klassen enthält, wird im Anschluß an die Beschreibung des Aufbaus im ganzen dargestellt.

Schritt 25 *Beschreibe die Entwurfsspezifikation der Klassen.*

Eine Beschreibung der Klasse sollte alle Informationen enthalten, die Sie im Laufe des Entwurfs für die Klasse gesammelt haben. Ein Vorschlag für ein Formular zur Spezifikation von Klassen ist in Abbildung 7.13 gezeigt.

1. **Klasse: (abstrakt/konkret)**
2. **Elternklasse(n):**
3. **Kindklasse(n):**
4. **Hierarchiegraph:**
5. **Zusammenarbeitsgraph:**
6. **Beschreibung:**
7. **Kontrakt (Nummer):**
   a) **Beschreibung:**
   b) **Attribut (Signatur):**
      I. **Zusammenarbeit:**
      II. **Beschreibung:**
8. **Privates Attribut (Signatur):**
   a) **Zusammenarbeit:**
   b) **Beschreibung:**

Abbildung 7.13
Das Formular zur Spezifikation einer Klasse

Schritt 26 *Beschreibe die Entwurfsspezifikation der Teilsysteme.*

Analog werden die Teilsysteme beschrieben. Ein mögliches Formular ist in Abbildung 7.14 zu sehen.

1. **Teilsystem:**
2. **Enthält (Klassen, Teilsysteme):**
3. **Zusammenarbeitsgraph:**
4. **Beschreibung:**
5. **Kontrakt (Nummer):**
   a) **Beschreibung:**
   b) **Kontraktgebende Klasse:**

Abbildung 7.14
Das Formular zur Spezifikation eines Teilsystems

Schritt 27 *Beschreibe die Entwurfsspezifikation der Kontrakte.*

Als letztes werden die Kontrakte beschrieben. Ihre relativ kurze Darstellung kann sich am Formular in Abbildung 7.15 orientieren.

1. **Kontrakt (Nummer):**
2. **Kontraktgebende Klasse:**
3. **Kontraktnehmende Klasse:**
4. **Beschreibung:**

Abbildung 7.15
Das Formular zur Spezifikation eines Kontraktes

Beispiel: Im nächsten Abschnitt ist der vollständige Entwurf der gestellten Aufgabe mit Hilfe der eben gezeigten Formulare und Diagramme aufgeführt. Im Verlauf der Bearbeitung der Anforderungsbeschreibung sind potentielle Klassen eingeführt und wieder verworfen worden. Das System wurde auf der Basis einer formalen Vorgehensweise strukturiert und bei darauf folgenden Schritten wieder umstrukturiert.

Der hier vorgestellte Entwurf ist also das Ergebnis eines Prozesses, das auch – je nachdem von wem und wie lange der Entwurf bearbeitet wird – ganz anders aussehen könnte. Sie erinnern sich an die vorangestellte Bemerkung, daß dieser Prozeß möglichst mehrfach wiederholt oder parallel von mehreren Personen bearbeitet werden sollte. Das kann in der „linearen" Darstellung eines Buches natürlich nicht geleistet werden. Der folgende Abschnitt dient Ihnen daher im wesentlichen dazu, ein Muster für eigene Entwürfe vorliegen zu haben.

7.4 Entwurf der Semesterdatenverwaltung

Das Programm zur Semesterdatenverwaltung besteht aus zehn Klassen, drei Teilsystemen und neun Kontrakten. Sie stellen ein System dar, das die in der Aufgabenstellung beschriebene Datenverwaltung übernimmt. Mit ihm werden die Übungen von Studentinnen und Studenten eines Semesters bearbeitet.

7.4.1 Die Vererbungshierarchie

Das Programm besteht aus den folgenden Klassen:

- DATEI ist die Sammlung aller Datensätze, die ein- und ausgelesen werden können und repräsentiert die physikalisch vorhandene Datei.
- DATENSATZ ist ein einzelner Datensatz mit Informationen zu den abgegebenen und testierten Übungsaufgaben.
- EIN/AUSGABE ist eine abstrakte Klasse für Klassen, die Ein- oder Ausgaben auf Dateien beinhalten.
- GRUPPE verwaltet den Zusammenschluß mehrerer Personen zum Zweck der gemeinsamen Erarbeitung von Übungsaufgaben.

- MENÜ steuert die Eingabe und die Auswahl von Aktionen, die das System durchführen soll.
- OBJEKT ist die abstrakte Elternklasse aller Klassen.
- PERSON faßt die Daten einer Person, die an einer Vorlesung teilnimmt, zusammen.
- SDV-OBJEKT ist die Abstraktion zu einer Klasse von Objekten, die in der Semesterdatenverwaltung bearbeitet werden können.
- SEMESTERDATENVERWALTUNG ist die Anwendungsklasse des Systems.
- ÜBUNGSAUFGABE enthält die zu bearbeitende Übungsaufgabe.

Ihre Vererbungshierarchie wurde bereits in Abbildung 7.8 dargestellt und hat sich nicht mehr verändert.

7.4.2 Die Zusammenarbeitsgraphen

Das System besteht aus drei Teilsystemen: „Interaktion“, in dem alle direkten Ein- und Ausgaben über Bildschirm, Tastatur und Menü sowie die Steuerung zusammengefaßt sind, „Fachliche Daten“, als Teilsystem der Personen-, Gruppen- und Daten der Übungsaufgaben sowie „Persistente Daten“ mit allen Möglichkeiten der Speicherung der Daten.

Die Zusammenarbeit der Teilsysteme wurde bereits in Abbildung 7.12 dargestellt, die Zusammenarbeit der Klassen in Abbildung 7.10 festgehalten.

7.4.3 Spezifikation der Klassen

Auf den folgenden Seiten werden die Spezifikationen der Klassen der Semesterdatenverwaltung in alphabetischer Reihenfolge aufgeführt. Die Inhalte ergeben sich aus den oben beschriebenen Klassenkarten sowie der Festlegung der Teilsysteme und Kontrakte. Die Erstellung einer Signatur für jede Methode eines Kontraktes stellt die eigentliche Arbeit bei dieser Informationssammlung dar.

1. **Klasse:** DATEI (konkret)
2. **Elternklasse(n):** EIN/AUSGABE
3. **Kindklasse(n):** —
4. **Hierarchiegraph:** s. Abbildung 7.8
5. **Zusammenarbeitsgraph:** s. Abbildung 7.10
6. **Beschreibung:** Sammlung der Datensätze, die ein- und ausgelesen werden können. Die externe Datei hat ein lesbares (ASCII-) Format
7. **Kontrakt 4:**
   a) **Beschreibung:** Konstruktion, Ein- und Ausgabe von Daten
   b) **Attribut:** Konstruktor
      I. **Zusammenarbeit:** —
      II. **Beschreibung:** Erzeugt ein Objekt
   b) **Attribut:** Ablegen
      I. **Zusammenarbeit:** DATENSATZ, Ablegen
      II. **Beschreibung:** Schreibt die intern gespeicherten Datensätze in eine Datei
   b) **Attribut:** Einlesen
      I. **Zusammenarbeit:** DATENSATZ, Einlesen
      II. **Beschreibung:** Liest die in einer Datei gespeicherten Daten in die intern gespeicherten Datensätze
   b) **Attribut:** Setze Datensatz
      I. **Zusammenarbeit:** —
      II. **Beschreibung:** Nimmt einen neuen Datensatz in die Sammlung der intern gespeicherten Datensätze auf
8. **Privates Attribut:** Name der Datei
   a) **Zusammenarbeit:** —
   b) **Beschreibung:** Gibt den Namen der externen, physikalisch vorhandenen Datei an.
8. **Privates Attribut:** Datensätze
   a) **Zusammenarbeit:** —
   b) **Beschreibung:** Die in der Datei abzulegende Information.

1. **Klasse:** DATENSATZ (konkret)
2. **Elternklasse(n):** EIN/AUSGABE
3. **Kindklasse(n):** —
4. **Hierarchiegraph:** s. Abbildung 7.8
5. **Zusammenarbeitsgraph:** s. Abbildung 7.10
6. **Beschreibung:** Einzelner Datensatz mit Informationen zu den abgegebenen und testierten Übungsaufgaben einer Vorlesung
7. **Kontrakt 1:**
   a) **Beschreibung:** Ein- und Ausgabe von Daten
   b) **Attribut:** Ablegen
      I. **Zusammenarbeit:** —
      II. **Beschreibung:** Schreibt den Datensatz in eine Datei
   b) **Attribut:** Einlesen
      I. **Zusammenarbeit:** —
      II. **Beschreibung:** Liest die in einer Datei gespeicherten Daten in einen Datensatz
7. **Kontrakt 9:**
   a) **Beschreibung:** Konstruktion
   b) **Attribut:** Konstruktor
      I. **Zusammenarbeit:** —
      II. **Beschreibung:** Erzeugt ein Objekt

---

1. **Klasse:** EIN/AUSGABE (abstrakt)
2. **Elternklasse(n):** OBJEKT
3. **Kindklasse(n):** DATEI, DATENSATZ
4. **Hierarchiegraph:** s. Abbildung 7.8
5. **Zusammenarbeitsgraph:** s. Abbildung 7.10
6. **Beschreibung:** Sammlung der Datensätze, die ein- und ausgelesen werden können. Die externe Datei hat ein lesbares (ASCII-) Format
7. **Privates Attribut:** Einlesen
   a) **Zusammenarbeit:** —
   b) **Beschreibung:** Abstrakte Methode für das Einlesen aus einer Datei
8. **Privates Attribut:** Ablegen
   a) **Zusammenarbeit:** —
   b) **Beschreibung:** Abstrakte Methode für die Ausgabe in eine Datei

1. **Klasse:** GRUPPE (konkret)
2. **Elternklasse(n):** SDV-OBJEKT
3. **Kindklasse(n):** —
4. **Hierarchiegraph:** s. Abbildung 7.8
5. **Zusammenarbeitsgraph:** s. Abbildung 7.10
6. **Beschreibung:** Zusammenschluß mehrerer Personen zum Zwecke der gemeinsamen Erarbeitung von Übungsaufgaben
7. **Kontrakt 8:**
    a) **Beschreibung:** Alle Aktivitäten einer Gruppe: Konstruktion, Abgeben und Bewerten von Übungsaufgaben sowie Zuordnen von Personen
    b) **Attribut:** Konstruktor ohne Personen
        I. **Zusammenarbeit:** —
        II. **Beschreibung:** Erzeugt eine Gruppe, ohne daß ihr gleichzeitig Personen zugeordnet sind
    b) **Attribut:** Konstruktor mit Personen
        I. **Zusammenarbeit:** PERSON, Setze Gruppe
        II. **Beschreibung:** Erzeugt eine Gruppe und ordnet ihr gleichzeitig die übergebenen Personen zu
    b) **Attribut:** Übungsaufgabe abgeben
        I. **Zusammenarbeit:** PERSON, Übungsaufgabe abgeben
        II. **Beschreibung:** Speichert, welche Übungsaufgabe von der Gruppe abgegeben wurde
    b) **Attribut:** Bewertung erhalten
        I. **Zusammenarbeit:** PERSON, Bewertung erhalten
        II. **Beschreibung:** Speichert, welche Bewertung die Gruppe für eine bestimmte Übungsaufgabe erhalten hat
    b) **Attribut:** Person zuordnen
        I. **Zusammenarbeit:** PERSON, Setze Gruppe
        II. **Beschreibung:** Nimmt eine neue Person in die Gruppe auf
8. **Privates Attribut:** Personen
    a) **Zusammenarbeit:** —
    b) **Beschreibung:** Verweise auf die Personen, die Mitglied dieser Gruppe sind

1. **Klasse:** MENÜ (konkret)
2. **Elternklasse(n):** OBJEKT
3. **Kindklasse(n):** —
4. **Hierarchiegraph:** s. Abbildung 7.8
5. **Zusammenarbeitsgraph:** s. Abbildung 7.10
6. **Beschreibung:** Steuert die Eingabe und die Auswahl der getätigten Aktionen
7. **Kontrakt 5:**
   a) **Beschreibung:** Konstruktion und Steuerung
   b) **Attribut:** Konstruktor
      I. **Zusammenarbeit:** —
      II. **Beschreibung:** Erzeugt ein Objekt
   b) **Attribut:** Aktionen steuern
      I. **Zusammenarbeit:**
      SDV: Daten einfügen,
      SDV: Daten ändern,
      SDV: Daten löschen,
      SDV: Daten ausgeben,
      SDV: Übungsaufgabe stellen,
      SDV: Übungsaufgabe abgeben,
      SDV: Person aufnehmen,
      SDV: Gruppe aufnehmen,
      SDV: Person einer Gruppe zuordnen,
      SDV: Bewertung erhalten
      II. **Beschreibung:** Erhält über Eingaben Ereignisse, die in Form von Befehlen an die Semesterdatenverwaltung weitergegeben werden

---

1. **Klasse:** OBJEKT (abstrakt)
2. **Elternklasse(n):** —
3. **Kindklasse(n):** EIN/AUSGABE, MENÜ, SEMESTERDATENVERWALTUNG, SDV-OBJEKT, ÜBUNGSAUFGABE
4. **Hierarchiegraph:** s. Abbildung 7.8
5. **Zusammenarbeitsgraph:** s. Abbildung 7.10
6. **Beschreibung:** Abstrakte Elternklasse aller Klassen der Semesterdatenverwaltung

1. **Klasse:** PERSON (konkret)
2. **Elternklasse(n):** SDV-OBJEKT
3. **Kindklasse(n):** —
4. **Hierarchiegraph:** s. Abbildung 7.8
5. **Zusammenarbeitsgraph:** s. Abbildung 7.10
6. **Beschreibung:** Zusammenfassung der Eigenschaften einer Person, die an einer Vorlesung teilnimmt
7. **Kontrakt 7:**
   a) **Beschreibung:** Konstruktion der Person sowie ihrer Teile
   b) **Attribut:** Konstruktor
      I. **Zusammenarbeit:** —
      II. **Beschreibung:** Erzeugt ein Objekt
   b) **Attribut:** Übungsaufgabe stellen
      I. **Zusammenarbeit:** —
      II. **Beschreibung:** Eintragen einer neuen Übungsaufgabe in die internen Strukturen
   b) **Attribut:** Hole Datensatz
      I. **Zusammenarbeit:** DATENSATZ, Konstruktor
      II. **Beschreibung:** Konstruiert auf der Basis der in der Person gespeicherten Informationen zum Status der Übungsaufgaben einen Datensatz
7. **Kontrakt 2:**
   a) **Beschreibung:** Setzen verschiedener Statusinformationen
   b) **Attribut:** Übungsaufgabe abgeben
      I. **Zusammenarbeit:** —
      II. **Beschreibung:** Markiert, daß die Übungsaufgabe abgegeben wurde
   b) **Attribut:** Bewertung erhalten
      I. **Zusammenarbeit:** —
      II. **Beschreibung:** Eintragen der Bewertung zur Übungsaufgabe
   b) **Attribut:** Setze Gruppe
      I. **Zusammenarbeit:** —
      II. **Beschreibung:** Ordnet die Person einer Gruppe zu

...

...

8. **Privates Attribut:** Name
   a) **Zusammenarbeit:** —
   b) **Beschreibung:** Name der Person
8. **Privates Attribut:** Gruppe
   a) **Zusammenarbeit:** —
   b) **Beschreibung:** Gruppe, in der die Person im Rahmen der Vorlesung mitarbeitet
8. **Privates Attribut:** Schein (Bool)
   a) **Zusammenarbeit:** —
   b) **Beschreibung:** Angabe, ob die Person zu der Vorlesung die Scheinkriterien erfüllt hat oder nicht
8. **Privates Attribut:** Geschlecht
   a) **Zusammenarbeit:** —
   b) **Beschreibung:** Angabe, ob die Person männlich oder weiblich ist
8. **Privates Attribut:** Übungsaufgaben
   a) **Zusammenarbeit:** —
   b) **Beschreibung:** Verweise auf die bereits gestellten Übungsaufgaben
8. **Privates Attribut:** Bewertungen der Übungsaufgaben
   a) **Zusammenarbeit:** —
   b) **Beschreibung:** Für jede Übungsaufgabe die Angabe, ob die Aufgabe testiert oder nicht testiert ist
8. **Privates Attribut:** Übungsaufgaben abgegeben? (Bool)
   a) **Zusammenarbeit:** —
   b) **Beschreibung:** Für jede Übungsaufgabe die Angabe, ob die Aufgabe allein oder im Rahmen einer Gruppe abgegeben wurde

1. **Klasse:** SDV-OBJEKT (abstrakt)
2. **Elternklasse(n):** OBJEKT
3. **Kindklasse(n):** GRUPPE, PERSON
4. **Hierarchiegraph:** s. Abbildung 7.8
5. **Zusammenarbeitsgraph:** s. Abbildung 7.10
6. **Beschreibung:** Abstrakte Elternklasse zu Klassen von Objekten, die in der Semesterdatenverwaltung angelegt werden können
7. **Privates Attribut:** Übungsaufgabe abgeben
   a) **Zusammenarbeit:** —
   b) **Beschreibung:** Abstrakte Methode zur Abgabe einer Übungsaufgabe
8. **Privates Attribut:** Bewertung erhalten
   a) **Zusammenarbeit:** —
   b) **Beschreibung:** Abstrakte Methode zur Bewertung einer Übungsaufgabe

---

1. **Klasse:** SEMESTERDATENVERWALTUNG (konkret)
2. **Elternklasse(n):** OBJEKT
3. **Kindklasse(n):** —
4. **Hierarchiegraph:** s. Abbildung 7.8
5. **Zusammenarbeitsgraph:** s. Abbildung 7.10
6. **Beschreibung:** Das zu erstellende System zur Verwaltung der Daten einer Vorlesung
7. **Ohne Kontrakt :**
   a) **Beschreibung:** Konstruktor
   b) **Attribut:** Konstruktor
      I. **Zusammenarbeit:** —
      II. **Beschreibung:** Erzeugt ein Objekt; wird vom Betriebssystem aufgerufen
7. **Kontrakt 3:**
   a) **Beschreibung:** Steuerung aller Aktivitäten der Semesterdatenverwaltung
   b) **Attribut:** Daten einfügen
      I. **Zusammenarbeit:** —
      II. **Beschreibung:** Allgemeine Funktion zum Einfügen von Daten

...

...

b) **Attribut:** Übungsaufgabe stellen
   I. **Zusammenarbeit:**
      ÜBUNGSAUFGABE, Konstruktor
      ÜBUNGSAUFGABE, Abgabedatum setzen
      PERSON, Übungsaufgabe stellen
   II. **Beschreibung:** Fügt eine neue Übungsaufgabe in das System ein
b) **Attribut:** Übungsaufgabe abgeben
   I. **Zusammenarbeit:** GRUPPE, Übungsaufgabe abgeben
   II. **Beschreibung:** Registriert die Abgabe einer neuen Übungsaufgabe durch eine Gruppe
b) **Attribut:** Person aufnehmen
   I. **Zusammenarbeit:** PERSON, Konstruktor
   II. **Beschreibung:** Nimmt eine neue Person in die Vorlesung auf
b) **Attribut:** Gruppe aufnehmen
   I. **Zusammenarbeit:**
      GRUPPE, Konstruktor ohne Personen,
      GRUPPE, Konstruktor mit Personen
   II. **Beschreibung:** Nimmt eine neue Gruppe mit oder ohne Angabe der zugehörigen Personen in die Vorlesung auf
b) **Attribut:** Person einer Gruppe zuordnen
   I. **Zusammenarbeit:** GRUPPE, Person zuordnen
   II. **Beschreibung:** Ordnet ein Person einer bekannten Gruppe zu
b) **Attribut:** Daten ändern
   I. **Zusammenarbeit:** —
   II. **Beschreibung:** Abstrakte Methode zum Ändern von Daten
b) **Attribut:** Bewertung erhalten
   I. **Zusammenarbeit:** GRUPPE, Bewertung erhalten
   II. **Beschreibung:** Eingabe einer Bewertung für die Übungsaufgabe einer Gruppe
b) **Attribut:** Daten löschen
   I. **Zusammenarbeit:** —
   II. **Beschreibung:** Abstrakte Methode zum Löschen von Daten

...

...

b) **Attribut:** Daten ausgeben

   I. **Zusammenarbeit:**
   DATEI, Konstruktor
   DATEI, Setze Datensatz
   DATEI, Ablegen
   PERSON, Hole Datensatz

   II. **Beschreibung:** Methode, um sämtliche in den Personen gespeicherte Information in eine externe Datei auszugeben

8. **Privates Attribut:** Zahl der Übungsaufgaben
   a) **Zusammenarbeit:** —
   b) **Beschreibung:** Anzahl der bereits gestellten und an die Personen verteilten Übungsaufgaben
8. **Privates Attribut:** Anzahl von Personen
   a) **Zusammenarbeit:** —
   b) **Beschreibung:** Anzahl der an der Vorlesung teilnehmenden Personen
8. **Privates Attribut:** Name der Vorlesung
   a) **Zusammenarbeit:** —
   b) **Beschreibung:** Bezeichnung der Vorlesung, z.B. aus dem Vorlesungsverzeichnis
8. **Privates Attribut:** Name des Semesters
   a) **Zusammenarbeit:** —
   b) **Beschreibung:** Bezeichnung des Semesters, in dem die Vorlesung stattfindet
8. **Privates Attribut:** Kriterium (Anzahl testierter Aufgaben)
   a) **Zusammenarbeit:** —
   b) **Beschreibung:** Kriterium, anhand dessen bestimmt wird, ob eine Person einen Schein für die Vorlesung erhält oder nicht

1. **Klasse:** ÜBUNGSAUFGABE (konkret)
2. **Elternklasse(n):** OBJEKT
3. **Kindklasse(n):** —
4. **Hierarchiegraph:** s. Abbildung 7.8
5. **Zusammenarbeitsgraph:** s. Abbildung 7.10
6. **Beschreibung:** Zu bearbeitende Übungsaufgabe
7. **Kontrakt 6:**
   a) **Beschreibung:** Konstruktion
   b) **Attribut:** Konstruktor
      I. **Zusammenarbeit:** —
      II. **Beschreibung:** Erzeugt ein Objekt
   b) **Attribut:** Abgabedatum setzen
      I. **Zusammenarbeit:** —
      II. **Beschreibung:** Setzt das Abgabedatum für die Übungsaufgabe
8. **Privates Attribut:** Abgabedatum (Bool)
   a) **Zusammenarbeit:** —
   b) **Beschreibung:** Zeitpunkt, zu dem die Übungsaufgabe abgegeben werden soll

7.4.4 Spezifikation der Teilsysteme

Im Anschluß an die Spezifikation der Klassen folgt die Spezifikation der drei Teilsysteme der Semesterdatenverwaltung. Die Erstellung dieser Informationen besteht in einer Sammlung der vorher festgelegten Daten zu diesen Teilsystemen. Im allgemeinen werden diese auf den Teilsystemkarten vermerkt sein.

1. **Teilsystem:** Interaktion
2. **Enthält:** SEMESTERDATENVERWALTUNG, MENÜ
3. **Zusammenarbeitsgraph:** s. Abbildung 7.12
4. **Beschreibung:** Interaktion mit dem System und Steuerung

1. **Teilsystem:** Fachliche Daten
2. **Enthält:** GRUPPE, PERSON, ÜBUNGSAUFGABE
3. **Zusammenarbeitsgraph:** s. Abbildung 7.12
4. **Beschreibung:** Beinhaltet alle fachlich relevanten Objekte der Semesterdatenverwaltung
5. **Kontrakt 6:**
   a) **Beschreibung:** Konstruktion
   b) **Kontraktgebende Klasse:** ÜBUNGSAUFGABE
5. **Kontrakt 7:**
   a) **Beschreibung:** Konstruktion der Person sowie ihrer Teile
   b) **Kontraktgebende Klasse:** PERSON
5. **Kontrakt 8:**
   a) **Beschreibung:** Alle Aktivitäten einer Gruppe: Konstruktion, Abgeben und Bewerten von Übungsaufgaben sowie Zuordnen von Personen
   b) **Kontraktgebende Klasse:** GRUPPE

1. **Teilsystem:** Persistente Daten
2. **Enthält:** DATEI, DATENSATZ
3. **Zusammenarbeitsgraph:** s. Abbildung 7.12
4. **Beschreibung:** Faßt alle Teile des Systems zusammen, die mit der persistenten Speicherung der Daten befaßt sind
5. **Kontrakt 4:**
   a) **Beschreibung:** Konstruktion, Ein- und Ausgabe von Daten
   b) **Kontraktgebende Klasse:** DATEI
5. **Kontrakt 9:**
   a) **Beschreibung:** Konstruktion
   b) **Kontraktgebende Klasse:** DATENSATZ

7.4.5 Spezifikation der Kontrakte

Zum Schluß erfolgt die Beschreibung der Kontrakte. Hier werden jeweils nur Kontraktgeber und Kontraktnehmer aufgeführt. Die Signatur ist den Spezifikationen der Klassen zu entnehmen.

1. **Kontrakt 1:**
2. **Kontraktgebende Klasse:** DATENSATZ
3. **Kontraktnehmende Klasse:** DATEI
4. **Beschreibung:** Ein- und Ausgabe von Daten

1. **Kontrakt 2:**
2. **Kontraktgebende Klasse:** PERSON
3. **Kontraktnehmende Klasse:** GRUPPE
4. **Beschreibung:** Setzen verschiedener Statusinformationen

1. **Kontrakt 3:**
2. **Kontraktgebende Klasse:** SDV
3. **Kontraktnehmende Klasse:** MENÜ
4. **Beschreibung:** Steuerung aller Aktivitäten der Semesterdatenverwaltung

1. **Kontrakt 4:**
2. **Kontraktgebende Klasse:** DATEI
3. **Kontraktnehmende Klasse:** SDV
4. **Beschreibung:** Konstruktion, Ein- und Ausgabe von Daten

1. **Kontrakt 5:**
2. **Kontraktgebende Klasse:** MENÜ
3. **Kontraktnehmende Klasse:** SDV
4. **Beschreibung:** Konstruktion und Steuerung

1. **Kontrakt 6:**
2. **Kontraktgebende Klasse:** ÜBUNGSAUFGABE
3. **Kontraktnehmende Klasse:** SDV
4. **Beschreibung:** Konstruktion

1. **Kontrakt 7:**
2. **Kontraktgebende Klasse:** PERSON
3. **Kontraktnehmende Klasse:** SDV
4. **Beschreibung:** Konstruktion der Person sowie ihrer Teile

1. **Kontrakt 8:**
2. **Kontraktgebende Klasse:** GRUPPE
3. **Kontraktnehmende Klasse:** SDV
4. **Beschreibung:** Alle Aktivitäten einer Gruppe: Konstruktion, Abgeben und Bewerten von Übungsaufgaben sowie Zuordnen von Personen

1. **Kontrakt 9:**
2. **Kontraktgebende Klasse:** DATENSATZ
3. **Kontraktnehmende Klasse:** PERSON
4. **Beschreibung:** Konstruktion

7.4.6 Zusammenfassung

Mit dieser Spezifikation der Semesterdatenverwaltung ist der zweite größere Abschnitt des Buches beendet. Sie haben bislang eine Übersicht über Konzepte objektorientierter Programmierung und einige objektorientierte Programmiersprachen erhalten und ein objektorientiertes Analyse- und Entwurfsverfahren kennengelernt.

Das auf zwei Phasen beruhende Verfahren ist in diesem Kapitel ausführlich dargelegt worden. Anhand der Semesterdatenverwaltung haben sie alle Schritte dieses Verfahrens auch praktisch angewendet. Das Ergebnis ist eine Spezifikation, dessen Umsetzung in die Sprache C++ in Kapitel 14 besprochen werden wird. Als Vorbereitung dazu lernen Sie in den nächsten Abschnitten Grundzüge von C++ kennen.

7.5 Übungen

1. Bankautomat

Bearbeiten Sie die folgende Spezifikation mit dem in diesem Kapitel vorgestellten Verfahren.

Es wurde u.a. deshalb gewählt, da es fast durchgehend in der gesamten Literatur immer wieder beispielhaft diskutiert wird und Sie insofern Ihre Lösungen dort spiegeln können.

Ein Bankautomat ist eine Maschine, mit deren Hilfe Bankkunden übliche Transaktionen selbständig durchführen können. Er besteht aus einem Bildschirm, einem Kartenleser, numerischen Tasten und Funktionstasten, einem Geldausgabeschlitz, einem Geldeinzug und einem Drucker für Belege. Die Elemente sind alle in Form eines üblichen Displays angeordnet.

Solange keine Kundenwünsche bearbeitet werden, wird eine Begrüßung dargestellt. Alle Tasten und Elemente sind inaktiv, bis eine Karte eingegeben wurde.

Wenn eine Karte in den Kartenleser eingeführt wird, versucht der Kartenleser, die Karte zu lesen. Ist sie nicht lesbar, so wird eine entsprechende Information zusammen mit der Karte wieder ausgegeben. Die Karte beinhaltet die Information über das Konto, mit dem die folgenden Transaktionen abgewickelt werden sollen.

Ist die Karte lesbar, so muß eine persönliche Kennzahl (PIN) eingegeben werden. Während der Eingabe wird eine Rückkopplung über die Anzahl der eingegebenen Ziffern angezeigt, jedoch nicht die Ziffern selbst. Wurde die PIN korrekt eingegeben, so wird das Hauptmenü (weiter unten beschrieben) angezeigt. Ansonsten wird der Kunde bzw. die Kundin maximal zwei weitere Male aufgefordert, die PIN einzugeben. Nach dreimaliger, nicht korrekter Eingabe der PIN wird die Karte vom Automaten einbehalten und eine entsprechende Information ausgegeben. Die Karte kann anschließend nur durch ein autorisiertes Mitglied der Bank zurückerhalten werden.

Das Hauptmenü besteht aus einer Liste möglicher Transaktionen. Dies sind im einzelnen:

- Einzahlungen auf ein Konto
- Auszahlung von einem Konto
- Überweisungen von einem Konto auf ein anderes
- Abfragen des Kontostandes

Die Transaktionen können jeweils über eine Taste gewählt werden und müssen mit allen relevanten Informationen versorgt werden. Wann immer eine Transaktion abgeschlossen ist, kehrt der Automat zum Hauptmenü zurück.

Nachdem das Hauptmenü erreicht und bevor eine Transaktion beendet wurde, kann jederzeit die „Cancel"-Taste gedrückt werden. Dies führt zum Abbruch der Transaktion, die Karte wird wieder ausgegeben und eine Quittung über alle durchgeführten und abgeschlossenen Transaktionen wird ausgedruckt. Die Maschine befindet sich anschließend wieder in ihrem inaktiven Zustand.

Wenn eine Einzahlung vorgenommen werden soll, wird der gewünschte Betrag über den Geldeinzug eingegeben und der Betrag auf dem Bildschirm entsprechend aktualisiert. Mit Drücken einer speziellen Taste bzw. nach einer definierten Zeit, in der keine Scheine mehr eingegeben werden, wird die Transaktion beendet und der Geldbetrag dem Konto gutgeschrieben.

Soll eine Auszahlung vorgenommen werden, ist der Betrag einzugeben. Ist das Konto gedeckt bzw. ein entsprechende Überziehung möglich, dann wird der angegebene Betrag über die Geldausgabe ausgeworfen.

Bei einer Überweisungstransaktion muß das Zielkonto und die Zielbank sowie der Betrag eingegeben werden. Kann das Quellkonto mit dem Betrag belastet werden, dann wird die Überweisung durchgeführt.

Wird der Kontostand abgefragt, dann kann die Ausgabe alternativ auf dem Bildschirm oder über den Drucker erfolgen.

2. Mensch-ärgere-Dich-nicht

In dieser Aufgabe soll die zweite Übungsaufgabe des Kapitel 3 wieder aufgegriffen werden. Dort haben Sie auf der Basis der Kenntnisse, die bis dahin präsentiert wurden, eine Analyse ad hoc durchgeführt. Wenden Sie nun das in diesem Kapitel vorgestellte Verfahren auf die Spielanleitung eines Mensch-ärgere-Dich-nicht-Spiels an.

In wiefern unterscheidet sich das Ergebnis, das Sie auf der Basis der hier geschilderten Analyse- und Entwurfstechnik gewinnen, von dem des vorangehenden Kapitels?

3. Erweiterungen der Semesterdatenverwaltung

Erweitern Sie das Modell der Semesterdatenverwaltung um die folgenden Punkte:

- Vervollständigen Sie zunächst den Entwurf, der im Rahmen der Präsentation in diesem Kapitel bezüglich der Methoden „Daten ändern“ und „Daten löschen“ in der Klasse SEMESTERDATENVERWALTUNG unvollständig geblieben war.

- Ermöglichen Sie die Verwaltung mehrerer Vorlesungen. Eine Vorlesung läuft unter einem bestimmten Namen und ist einem Zeitraum (Semester) zugeordnet.
- Erweitern Sie das System dahingehend, daß die Zeitabschnitte (Semester, Trimester, ...), in der eine Vorlesung stattfindet, ebenfalls flexibel gestaltet werden kann.
- Das Bewertungskriterium, derzeit eine feste Anzahl testierter Übungsaufgaben, soll pro Vorlesung festzulegen sein. Welche weiteren Bewertungskriterien sind hier denkbar?
- Berücksichtigen Sie, daß der Scheinerwerb jetzt für eine Menge von Vorlesungen pro Person möglich ist.

Welche zusätzlichen Klassen werden hierfür benötigt? An welcher Stelle treten diese in Beziehung zu den Klassen des vorhandenen Analyseergebnisses?

War die Erweiterung auf einfache Art und Weise möglich? Hätte die Entscheidung, mit der Semesterdatenverwaltung eher ein Werkzeug als eine Anwendung zu entwerfen (vgl. Schritt 11) die Erweiterung vereinfacht?

8 Klassen in C++

Sie haben bisher gelernt, was objektorientierte Konzepte sind und wie Sie die Analyse eines Problems zu einem objektorientierten Entwurf nutzen können. Die folgenden Kapitel sollen nun die Anwendung des Erlernten in der Programmierung zeigen, C++ vorstellen und an kleinen Projekten einsetzen.

Es soll dabei nicht die Literatur zu diesem Thema wiederholt, sondern anhand der in Kapitel 3 kennengelernten Konzepte eine Einführung in die Sprache gegeben werden. Als Literatur für die Programmiersprache C wird das „Standardwerk" von Kernighan und Ritchie und für C++ das Buch von Stroustrup empfohlen [KR90, Str91].

In diesem Kapitel wird dargestellt, wie Klassen in C++ beschrieben werden, wie Daten in Klassen repräsentiert sind, welche Mechanismen für den Zugriff existieren und welche sonstigen Eigenschaften die Implementierung von Klassen und Objekten hat.

8.1 Allgemeines zu C++

C++ ist eine Erweiterung von C, die mit dem expliziten Ziel geschrieben wurde, ein „besseres C" darzustellen. Jedes C-Programm sollte, zumindest theoretisch, auch von einem C++-Compiler übersetzt werden können. Praktisch ist das leider nicht der Fall. Die Sprache ist seit Mitte der 70er Jahre in der Entwicklung und ist durch andere Sprachen, wie beispielsweise Simula oder Ada, in ihrer Entwicklung beeinflußt worden. Als weitere Entwurfsziele neben der Verbesserung von C werden die Unterstützung von Datenabstraktion und objektorientiertem Programmieren genannt.

Die Verwendung von C++ als Programmiersprache in diesem Buch hat verschiedene Gründe.

1. C++ ist weit verbreitet. Im Gegensatz zu Smalltalk oder Eiffel, die als Programmiersprachen zum Lernen objektorientierter Pro-

grammierung vielleicht besser geeignet wären, kann C++ in verschiedenen Entwicklungsumgebungen auf fast allen Rechnern übersetzt werden.

2. C++ basiert auf C. Es ist in den meisten Entwicklungsumgebungen nicht möglich, von heute auf morgen eine neue Sprache und neue Software-Entwicklungsmethoden einzuführen. C++ ermöglicht Ihnen also einen „sanfteren" Übergang zum objektorientierten Programmieren.

Für die folgenden Ausführungen benötigen Sie Grundkenntnisse in C, die hier nicht wiederholt werden.

8.2 Klassen und Inhalte von Klassen

Klassen werden in C++ als neuer Typ, der Daten und Methoden enthält, beschrieben. Als einfachste Art der Klassendefinition können Strukturen verwendet werden. Dies wird im folgenden an einem Beispiel in der Sprache C genauer erläutert.

Ein Datum besteht strukturell aus der Angabe eines Tages, eines Monats und eines Jahres. Es wird in C als Struktur definiert.

```
struct DATUM
{
   int Tag, Monat, Jahr;
};
```

Üblicherweise wird ein Datum durch bestimmte Funktionen manipuliert. Es kann gesetzt, fortgeschaltet oder auch ausgedruckt werden.

```
void SetzeDatum(DATUM *aktuellesDatum,
   int Tag, int Monat, int Jahr);
void SchalteDatumFort(DATUM
   *aktuellesDatum);
void DruckeDatum(DATUM aktuellesDatum);
```

Ein Datum ist also der typische Fall eines abstrakten Datentyps.

In C wird eine Struktur **DATUM** und drei Funktionsprototypen, die im Prinzip nur auf diese Struktur zugreifen, deklariert. Nach dem Abstraktionsprinzip und der bekannten Methode der Datenkapselung sollten Daten und Funktionen jetzt zusammengefaßt werden. So ist es nun in C++ erlaubt, zu schreiben:

```
struct DATUM
{
   int Tag, Monat, Jahr;

   void Setze(int neuerTag, int neuerMonat,
      int neuesJahr);
   void Hole(int *aktuellerTag,
      int *aktuellerMonat,
      int *aktuellesJahr);
   void SchalteFort();
   void Drucke();
};
```

DATUM ist nun analog zu einem abstrakten Datentyp formuliert. **Tag, Monat** und **Jahr** sind die Daten, **Setze, Hole, SchalteFort** und **Drucke** die Methoden des abstrakten Datentyps. Die Parameter der Methoden können um das Datum jeweils „gekürzt" werden, denn nun ist ja klar, worauf sich die Funktionen beziehen. Der Rückgabewert **void** besagt, daß die Funktionen keine Werte zurückgeben.

Funktionen innerhalb einer Struktur heißen *Mitgliedsfunktionen* der Struktur und können ebenso wie die Daten über den Strukturzugriff „." aufgerufen werden. Mitgliedsfunktionen entsprechen den Methoden des ADT. Die Elemente der Struktur sind dessen Attribute. Die Methoden werden in der Regel an dieser Stelle allerdings nur prototypisch definiert.

Die Nutzung des abstrakten Datentyps in einer C++-Struktur zeigt das nächste Beispiel:

```
DATUM heute, geburtstag;

// Setzen des Geburtstages
geburtstag.Setze(7, 11, 1962);

// Setzen des heutigen Datums
heute.Setze(27, 12, 1997);

// Ausdrucken des Geburtstages
geburtstag.Drucke();

// Inkrementieren des Datums
heute.SchalteFort();
```

In der ersten Zeile dieses Beispieles werden zwei Instanzen von **DATUM** definiert: **heute** und **geburtstag**. In der Nomenklatur objektorientierten Programmierens handelt es sich also um Objekte. In der ersten Anweisungszeile bekommt **geburtstag** die Botschaft **Setze** geschickt. Ohne die Implementierung von **Setze** zu kennen, wissen wir doch, was bei dieser Anweisung geschehen wird: Das angegebene Datum wird in die internen Daten übernommen.

Die „//" bezeichnen in C++ Kommentare, die mit dem Zeilenende automatisch abgeschlossen sind.

Es ist erlaubt, daß verschiedene Strukturen Mitgliedsfunktionen gleichen Namens haben. Um diese z.B. bei der Beschreibung der Implementierung voneinander unterscheiden zu können, muß **Strukturname::** vor den Namen der Funktion gesetzt werden. Soll in unserem Beispiel die Methode **SchalteFort** ausgeführt werden, so würde der Programmtext durch

```
void DATUM::SchalteFort()
{
   ...        // Beschreibung der Funktion
}
```

begrenzt sein. Datenelemente einer Struktur müssen innerhalb einer Mitgliedsfunktion nicht qualifiziert werden, da sie lokal zur Struktur sind.

Die bisher vorgestellte Art der Implementierung von Klassen implizierte, daß alle Attribute der Klasse, zumindest aber deren Methoden, frei zugänglich sind. Strukturen stellen in C++ einen Spezialfall der Klasse dar. Alle Daten von Strukturen sind frei zugreifbar, während für Klassen ohne explizite Freigabe ein Zugriff nicht möglich ist. Klassen werden wie Strukturen definiert, benötigen aber das Schlüsselwort **class** statt **struct**. Die Klasse **DATUM** wird also wie folgt definiert:

```
class DATUM
{
   // durch Voreinstellung von außen
   // nicht zugreifbar
   int Tag, Monat, Jahr;

public:
   void Setze(int neuerTag, int neuerMonat,
      int neuesJahr);
   void Hole(int *aktuellerTag,
      int *aktuellerMonat,
      int *aktuellesJahr);
   void SchalteFort();
   void Drucke();
};
```

Die Deklaration der Klasse **DATUM** unterscheidet sich nur durch das Schlüsselwort **public** von der Struktur **DATUM**. Gemäß dem Geheimnisprinzip sind alle Attribute einer Klasse so lange nicht öffentlich zugänglich, bevor sie nicht explizit zugänglich gemacht wurden. Hier sind die Methoden, nicht aber die Daten zugreifbar.

Innerhalb von Klassen werden drei Zugriffskategorien unterschieden: **public**, **protected** und **private**. Durch Voreinstellung sind Klassenattribute im Gegensatz zu Strukturattributen **private** und damit von außen nicht zugreifbar. Ist **DATUM** als Klasse statt als Struktur definiert, dann ist

```
heute.Monat = heute.Monat + 1;
```

nicht ausführbar. Zugriffsrechte werden noch ausführlich im Kapitel 10 diskutiert.

8.3 Konstruktoren und Destruktoren

Die im vorherigen Abschnitt durch die Funktion **Setze** angedeutete Funktionalität der Initialisierung eines Objektes ist in C++ eine spezielle Funktion, genannt *Konstruktor*. Diese Funktion wird immer dann aufgerufen, wenn ein Objekt einer bestimmten Klasse deklariert oder angelegt wird. Das Gegenstück dazu ist der *Destruktor*, der immer beim Löschen eines Objektes aus dem Programm aufgerufen wird. Ein C++-System stellt vordefinierte Konstruktoren und Destruktoren zur Verfügung. In vielen Fällen ist es aber sinnvoll, diese Methoden selbst zu programmieren.

Konstruktoren haben in C++ immer den Namen der Klasse, für die ein Objekt angelegt werden soll. Sie haben keinen Rückgabewert. In unserem Beispiel wird **Setze** durch den Konstruktor **DATUM** ergänzt.

```
class DATUM
{
   ...
public:
   DATUM(int neuerTag, int neuerMonat,
      int neuesJahr);
};
```

Der Unterschied zwischen **Setze** und **DATUM** ist der Aufrufzeitpunkt und die Verfügbarkeit. **Setze** kann als Botschaft *jederzeit* an jede Instanz der Klasse **DATUM** gesendet werden. **DATUM** dagegen wird aufgerufen, wenn ein Objekt statisch deklariert oder dynamisch angelegt wird.

Wenn eine Klasse einen Konstruktor hat, dann werden alle Objekte mit diesem Konstruktor initialisiert. Die Parameter müssen mit den definierten übereinstimmen.

```
DATUM heute(6, 10, 1992);             // gültig
DATUM weihnachten(25, 12, 0);         // gültig
DATUM geburtstag;                // nicht gültig
```

Diese Syntax bedeutet in der ersten Zeile: Lege ein Objekt **heute** der Klasse **DATUM** an und übergebe dem Konstruktor die Daten **6, 10** und **1992** als Parameter. Der Konstruktor der Klasse **DATUM** könnte nun beispielsweise gleich die Korrektheit des angegebenen Datums überprüfen.

Die letzte Zeile ist nicht korrekt, da die Zahl der Parameter nicht mit der Zahl der Parameter des Konstruktors übereinstimmt.

Eine Klasse kann mehrere Konstruktoren haben, die aber anhand der Parameter eindeutig identifizierbar sein müssen.

```
class DATUM
{
   ...
public:
   DATUM(int neuerTag, int neuerMonat,
      int neuesJahr);

   // implizit: neuesJahr=heute.Jahr
   DATUM(int neuerTag, int neuerMonat);

   // implizit: neuesJahr=heute.Jahr,
   //           neuerMonat=heute.Monat
   DATUM(int neuerTag);

   // implizit: neuesJahr=heute.Jahr,
   //           neuerMonat=heute.Monat,
   //           neuerTag=heute.Tag
   DATUM();
};
```

C++ gestattet also jene Art von Polymorphismus, die als Überladen von Funktionen bezeichnet wird.

Eine elegante Art, zumindest die im letzten Beispiel aufgetretene Vielfalt von Konstruktoren in den Griff zu bekommen, ist auch vorgesehen. Durch Initialisierung der Parameter mit vorbelegten Werten können diese Konstruktoren in der Klassendefinition zusammengefaßt werden.

```
class DATUM
{
   ...
public:
   DATUM(int neuerTag = heute.Tag,
      int neuerMonat = heute.Monat,
      int neuesJahr = heute.Jahr);
}
```

Hier wird die Existenz eines Objektes **heute**, welches das aktuelle Datum enthält (das ausnahmsweise zugreifbar ist), vorausgesetzt. Die Deklaration von **DATUM** gibt an, daß die Parameter jeweils mit den Daten des heutigen Tages vorbelegt werden. Sind sie beim Aufruf von **DATUM** nicht vorhanden, werden sie erzeugt und mit diesem Wert belegt. Mögliche Aufrufe von **DATUM** und ihre Wirkung sind also:

```
DATUM(a, b, c);
   => DATUM(a, b, c);
DATUM(a, b);
   => DATUM(a, b, heute.Jahr);
DATUM(a);
   => DATUM(a, heute.Monat, heute.Jahr);
DATUM();
   => DATUM(heute.Tag, heute.Monat,
        heute.Jahr);
```

Das Gegenstück zum Konstruktor ist der Destruktor. Er wird immer dann aufgerufen, wenn ein dynamisch oder statisch angelegtes Objekt gelöscht wird. Ein Beispiel dafür ist jedes Programmende. Der Destruktor hat immer den Namen **~Klassenname**, keine Argumente und keinen Rückgabewert. In unserem Beispiel heißt er **~DATUM**.

```
class DATUM
{
   ...
public:
   DATUM();  // das ist der Konstruktor
   ~DATUM(); // und das der Destruktor
};
```

Der Destruktor wird immer vor Freigabe des Speichers für ein Objekt ausgeführt, so daß eventuell zu diesem lokale Objekte zuerst gelöscht werden können. Eine Definition eines Destruktors ist dann sinnvoll und notwendig, wenn innerhalb eines Objektes Speicherplatz angefordert wurde, der mit dem Verschwinden des Objektes ebenfalls gelöscht werden muß. Ansonsten wird der vom System zur Verfügung gestellte Destruktor genutzt.

8.4 Weitere Eigenschaften von Klassen

In diesem Abschnitt sind verschiedene interessante und beachtenswerte Eigenschaften von Klassen zusammengestellt. Anschließend wird gezeigt, wie der Aufbau eines C++-Programms gestaltet werden sollte. Er wird in dieser Form auch von einigen Entwicklungsumgebungen unterstützt. Die Diskussion, welche Methoden eine Klasse beinhalten sollte, folgt am Ende des Abschnitts.

8.4.1 Lokale Klassen

Klassen können lokal innerhalb von Klassen definiert werden. Diese unterliegen dann den gleichen Zugriffsmechanismen wie Attribute von Klassen. Die Lokalität von Klassen sollte nicht mit der Lokalität von Funktionen verwechselt werden. Lokale Funktionen können, im Gegensatz zu Pascal, weder in C noch in C++ deklariert werden.

```
class EXTERN
{
   class INTERN         // lokal, private
   {
      ...
   };

public:
   class OEFFENTLICH  // lokal, public
   {
      ...
   };
};
```

Hier wird eine Klasse **EXTERN** mit einer nicht zugreifbaren Unterklasse **INTERN** definiert. Zugreifbar ist dagegen die Klasse **OEFFENTLICH**. Im folgenden sind für dieses Beispiel zulässige und unzulässige Zugriffe demonstriert.

```
INTERN a;                  // nicht erlaubt
OEFFENTLICH b;             // nicht erlaubt
EXTERN::INTERN c;          // nicht erlaubt
EXTERN::OEFFENTLICH d;  // erlaubt
```

Von diesen Deklarationen ist lediglich die letzte korrekt. Die erste und dritte sind nicht gestattet, da **INTERN** lokal zur Klasse **EXTERN** vereinbart wurde. **OEFFENTLICH** ist zwar mit **public** spezifiziert, die Lokalität zu **EXTERN** kommt aber nur in der letzten Zeile zum Ausdruck.

8.4.2 Befreundete Klassen und Funktionen

Normalerweise dürfen auf die Attribute einer Klasse nur deren eigene Methoden zugreifen, sofern sie nicht durch **`public`** gekennzeichnet sind. In einigen Fällen kann es aber sinnvoll sein, die Klassenelemente für bestimmte Funktionen oder andere Klassen zugänglich zu machen, um einen effizienteren Zugriff zu ermöglichen. Für diesen Zweck können Funktionen oder Klassen als **`friend`** deklariert werden.

Wird innerhalb einer Klasse **`X`** eine andere Klasse **`Y`** als befreundet angegeben, so sind alle Funktionen der Klasse **`Y`** „Freund-Funktionen" von **`X`**. Sie dürfen auf die Elemente von **`X`** zugreifen, auch wenn diese als **`private`** deklariert sind.

```
class X
{
   friend class Y;
   ...
};
```

Die Zeile **`friend class Y`** kann mit der gleichen Wirkung an verschiedenen Stellen in der Klassendefinition stehen.

`friend`-Funktionen durchbrechen eindeutig das Prinzip der Kapselung. Da sie in der Deklaration der Klassen erwähnt werden, ist zumindest die Tatsache dann bekannt. Das Prinzip der expliziten Schnittstellen wird also beibehalten.

Eine außerhalb zweier Klassen deklarierte Funktion kann ebenfalls als befreundet deklariert werden. Es folgt das durchaus realistische Beispiel der Multiplikation einer Matrix mit einem Vektor.

```
// Bekanntmachung der Klasse MATRIX
class MATRIX;

class VEKTOR
{
   friend VEKTOR Multiply(MATRIX m,
      VEKTOR v);

   float V[4];
   ...
};

class MATRIX
{
   friend VEKTOR Multiply(MATRIX m,
      VEKTOR v);

   VEKTOR V[4];
   ...
};

...

VEKTOR Multiply(MATRIX m, VEKTOR v)
{
   ...    // hier dürfen m.V und v.V
          // verwendet werden
}
```

In der ersten Zeile wird **MATRIX** als Klasse bekannt gemacht. Entsprechend der prototpyischen Deklaration einer Funktion ist sie damit im folgenden verwendbar. Die Klasse **VEKTOR** enthält einen vierdimensionalen reellen Vektor und erklärt die Funktion **Multiply** zur **friend**-Funktion. Innerhalb von **Multiply** darf also auf dic Attribute von **VEKTOR** zugegriffen werden.

MATRIX cnthält cin vierdimensionales Feld von Vektoren, repräsentiert also eine 4×4-Matrix. Die Klasse läßt ebenfalls Zugriffe durch **Multiply** zu. In der Funktion selbst kann nun auch auf die Komponente **V** aus **MATRIX** zugegriffen werden.

8.4.3 Selbstbezug von Objekten

Variablen des Typs **class** sind die Objekte in C++. In allen Methoden einer Klasse kann jeweils auf alle Attribute der Klasse zugegriffen werden. Oftmals ist es aber auch notwendig, z.B. beim Kopieren, auf das Objekt als Ganzes innerhalb seiner Methoden zugreifen zu können. Hierzu gibt es in C++ das Konstrukt des implizit definierten Zeigers **this**. Er würde wie folgt deklariert:

```
class X
{
    ...
    X* const this;
}
```

Sie sollten mit diesem Konstrukt allerdings sparsam umgehen und sich bei der geplanten Nutzung fragen, ob die damit beschriebene Funktionalität nicht besser außerhalb der Klasse liegen könnte und sollte.

8.5 Programmaufbau

Bei der Erstellung großer Programmsysteme müssen immer gewisse „Spielregeln“ zwischen den Beteiligten vereinbart werden, sogenannte Entwicklungsrichtlinien. Dies betrifft z.B. die Nomenklatur von Klassen, Objekten und deren Attributen, der Dateiablage, der Versionierung, die Kommentierung und die hierbei verwendete Sprache, die Oberfläche des Programms und vieles andere mehr.

Die im folgenden beschriebenen Regeln dienen dem sinnvollen Aufbau eines Programmsystems in C++. Wenden Sie diese von Anfang an bei der Programmierung an, so strukturieren Sie damit Ihr Projekt und können Klassen aus mehreren Projekten dann leichter zu neuen Projekten zusammenfügen. Abbildung 8.1 und Abbildung 8.2 illustrieren die einzelnen Punkte.

Jedes getrennt übersetzbare Modul enthält die Beschreibung und Implementierung einer Klasse in C++. Die Dateien besitzen Namen in Anlehnung an die Klassennamen. Die eine Datei enthält die Deklaration, die zweite Datei die genaue Definition und Ausführung der Methoden.

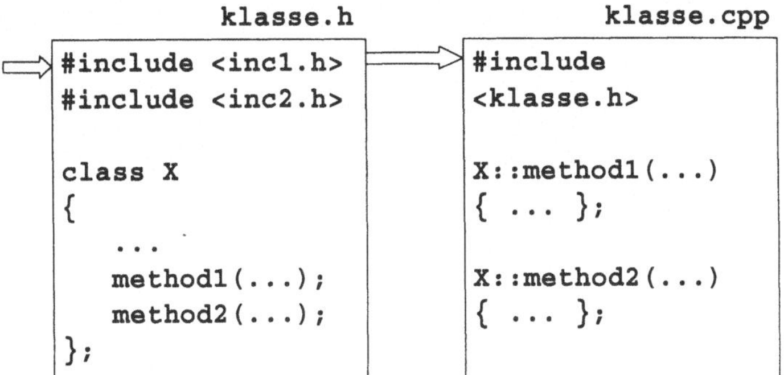

Abbildung 8.1
Eine Klasse verteilt sich auf zwei Dateien

1. Jede Klasse wird auf zwei Dateien verteilt, **KLASSE.H** und **KLASSE.CPP**.
2. **KLASSE.H** enthält die Deklaration und somit den öffentlichen Teil, **KLASSE.CPP** die Implementierung der Klasse. Sie kann anderen verborgen bleiben. Beachten Sie, daß in C++ auch die als **private** oder **protected** bekannten Attribute in der Deklaration auftauchen. Das führt dazu, daß die Module dann doch nicht so unabhängig voneinander sein werden, wie theoretisch durch die Kapselung gewünscht.
3. **KLASSE.CPP** importiert **KLASSE.H** und alle für die Ausführung notwendigen Dateien, während **KLASSE.H** alle für die Deklaration benötigten Dateien importiert. Damit liegt die Beschreibung der bekannten Schnittstelle allein in der Datei **KLASSE.H**.
4. Das Hauptprogramm importiert alle notwendigen **KLASSE.H**-Dateien.
5. Jedes **KLASSE.CPP**-Modul kann getrennt übersetzt werden.
6. Jedes ausführbare Programm besteht aus dem Hauptprogramm und den dazugebundenen Klassenmodulen.

Abbildung 8.2
Eine Anwendung nutzt mehrere Klassen

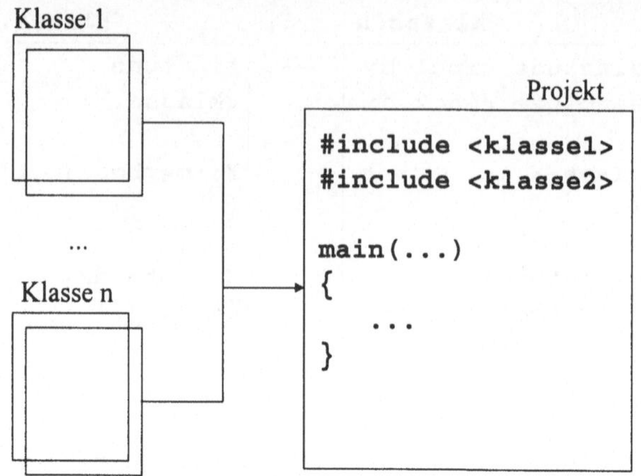

Somit besteht ein Projekt aus der Zusammensetzung verschiedener Klassen. Sie werden im Hauptprogramm des Projektes durch ihre Schnittstelle bekannt gemacht. Die zusammengebundenen Implementierungen der Klassen- und des Projektmoduls bilden dann das ablauffähige Programm.

Wie gesagt, dies sind nur erste Anhaltspunkte für einen systematischen internen Aufbau Ihres Systems, der in den meisten Entwicklungsumgebungen auch bereits so unterstützt wird. Sie sollten für größere Projekte auf alle Fälle Entwicklungsrichtlinien festlegen, welche die Qualitätssicherung unterstützen.

8.6 Welche Methoden benötigt eine Klasse?

Eine der oft gestellten Fragen ist die nach den Methoden, die eine Klasse haben sollte. Es ist eigentlich die Frage nach den Attributen eines abstrakten Datentyps, da Klassen Implementierungen abstrakter Datentypen entsprechen. Die folgenden Regeln werden von Sommerville angegeben [Som89] und bestätigen sich in allen Projekten immer wieder.

Sie geben Ihnen Hinweise, welche Methoden typisch für eine Klasse sind – unabhängig von der Analyse Ihrer konkreten Anwendung! Ein „sklavisches" Umsetzen ist daher nicht ratsam. Die Methoden unter 1.–3. stellen im allgemeinen aber die Minimalkonfiguration einer Klasse dar.

1. Jede Klasse sollte einen Konstruktor haben, der Instanzen und Teilobjekte korrekt initialisiert. Im Beispiel der Klasse **DATUM** ist dies der Konstruktor **DATUM**.

2. Für jedes Datum der Klasse sollten Zugriffs- und Veränderungsfunktionen (**Get** und **Set**) zur Verfügung stehen. Mit Hilfe der Zugriffsfunktion können Werte abgefragt werden. Veränderungsfunktionen erlauben das Setzen einzelner Daten.

   Für **DATUM** könnten drei bzw. vier Zugriffsfunktionen definiert werden.

   ```
   int HoleTag();
   int HoleMonat();
   int HoleJahr();
   DATUM HoleDatum();
   ```

   Die Bedeutung der Methoden ist offensichtlich. Analog zu **Setze** von oben werden drei weitere Methoden definiert.

   ```
   void SetzeTag(int neuerTag);
   void SetzeMonat(int neuerMonat);
   void SetzeJahr(int neuesJahr);
   ```

   Der Vorteil dieser vielen Methoden, die scheinbar keine große Wirkung haben, ist der Schutz der gekapselten Daten. Weiterhin sind in allen Konstruktorfunktionen Gültigkeitstests möglich und sinnvoll.
3. Methoden zum Ausdrucken, zum Ablegen in und dem Einlesen von Dateien sind vorzusehen. Für die Klasse **DATUM** war bereits die Methode **Drucke** angegeben. Diese Methode ist extrem hilfreich bei der Fehlersuche. Die weiteren Methoden ermöglichen die Persistenz von Objekten. Die persistente Speicherung wird in der Regel allerdings durch eine Klassenbibliothek des Herstellers des Datenbankmanagementsystems unterstützt.
4. Methoden für die Zuweisung und den Test auf Gleichheit erlauben eine Programmierung auf abstraktem Niveau. Mit Hilfe der Zuweisungsoperation können Kopien eines Objektes leicht angelegt werden. In C++ können Zuweisung und Gleichheit von Objekten mit den üblichen Symbolen „=" und „==" ausgedrückt werden. In Kapitel 12 wird diese Möglichkeit der Operatorenüberlagerung vorgestellt.
5. Für jede Ausnahme, welche die Anwendung einer Methode verhindert, sollte eine Testmethode vorhanden sein.

Für unsere Beispielklasse **DATUM** sollten die unter 2. genannten Zugriffsmethoden mit Hilfe einer Funktion

```
BOOL DatumIstGueltig();
```

zuerst feststellen, ob das gespeicherte Datum überhaupt ein gültiges Datum ist.

6. Zusammengesetzte abstrakte Datentypen sollten Zugriffsmethoden auf die Zusammensetzung bereitstellen. Ist in einer Klasse z.B. eine Liste von Objekten definiert, sind das Hinzufügen und das Löschen dieser Objekte sinnvolle Methoden. Die Klasse **DATUM** benötigt solche Methoden nicht.
7. Aus anderen Klassen oder Objekten zusammengesetzte Klassen sollten notwendige Informationen über die Teile, z.B. deren Größe, nach außen verfügbar machen.
8. Ist die Klasse aus einer Sammlung von Teilen (z.B. einer Liste oder einem Feld) zusammengesetzt, sollte eine Funktion den iterativen Zugriff auf diese Elemente ermöglichen.
9. Klassen sollten parametrisiert werden. Dies verbreitert den Anwendungsbereich des abstrakten Datentyps und führt zu einem höheren Maß an Wiederverwendung.

9 Programmierung einer Klasse

Mit den bisher erworbenen Kenntnissen in C++ soll nun die Umsetzung einer ersten Klasse realisiert werden. Diese Klasse bildet komplexe Zahlen ab. Anhand dieses Beispiels soll verdeutlicht werden, wie Entscheidungen getroffen werden können, ob Funktionalität in Form von Methoden innerhalb einer Klasse oder außerhalb einer Klasse liegen sollte und wie der Aufbau und die Umsetzung eines Programms realisiert werden können. Außerdem sollen weitere Entwicklungsrichtlinien vorgeschlagen werden.

Zunächst wird die Aufgabenstellung und mögliche Entwurfsentscheidungen vorgestellt. Im Anschluß finden sich dann Auszüge aus Quelltexten in C++, die Lösungen demonstrieren.

9.1 Aufgabenstellung

Der Körper der komplexen Zahlen ist der typische Fall eines zusammengesetzten Datentyps mit Daten und zugehörigen Operationen. Er kann daher als Klasse implementiert werden.

Im Bronstein [Bro83] werden komplexe Zahlen rein mathematisch wie folgt definiert:

Eine komplexe Zahl ist ein geordnetes Paar (α, β) reeller Zahlen mit den folgenden Eigenschaften:

1. Die reelle Zahl α bezeichnet den Realteil der komplexen Zahl.
2. Die reelle Zahl β bezeichnet den Imaginärteil der komplexen Zahl.
3. Der Betrag einer komplexen Zahl ist eine nichtnegative reelle Zahl

$$|a| = \sqrt{\alpha^2 + \beta^2}$$

4. Zwei komplexe Zahlen $a_1=(\alpha_1, \beta_1)$ und $a_2=(\alpha_2, \beta_2)$ sind genau dann gleich, wenn $\alpha_1=\alpha_2$ und $\beta_1=\beta_2$ gilt.

5. Die Summe zweier komplexer Zahlen ist definiert durch

$$a_1+a_2 = (\alpha_1+\alpha_2, \beta_1+\beta_2)$$

6. Das Produkt zweier komplexer Zahlen ist definiert durch

$$a_1*a_2 = (\alpha_1\alpha_2-\beta_1\beta_2, \alpha_1\beta_2+\alpha_2\beta_1)$$

7. Der Quotient zweier komplexer Zahlen ist definiert durch

$$\frac{a_1}{a_2} = \frac{(\alpha_1\alpha_2 + \beta_1\beta_2, \alpha_2\beta_1 - \alpha_1\beta_2)}{\alpha_2^2 + \beta_2^2}$$

Implementieren Sie eine Klassendefinition und eine Implementierung, verteilt auf die beiden Dateien **`komplex.h`** und **`komplex.cpp`**. Definieren Sie die folgenden Operationen bzw. Funktionen:

- **`Equal`**: Gleichheit zweier komplexer Zahlen
- **`Add`**: Summe zweier komplexer Zahlen
- **`Product`**: Multiplikation zweier komplexer Zahlen
- **`Quotient`**: Division zweier komplexer Zahlen
- **`Length`**: Betrag einer komplexen Zahl
- **`GetReal`**: Realteil einer komplexen Zahl
- **`GetImag`**: Imaginärteil einer komplexen Zahl

Definieren Sie ebenfalls die Konstruktoren, die Sie für nötig und sinnvoll erachten.

Welche der Operationen können als Klassenmethoden implementiert werden, welche nicht? Wo haben Sie Wahlmöglichkeiten?

Erstellen Sie ein Testprogramm, in das Sie eine oder zwei komplexe Zahlen und eine Operation (z.B. über ein Auswahlmenü) eingeben. Aufgrund der Eingabe sollen entsprechende Objekte erzeugt und bearbeitet werden. Das Ergebnis der Operation wird ausgegeben.

9.2 Herleitung der Lösung

Der folgende Lösungsvorschlag besteht aus der Sammlung von mehreren Dateien, die teilweise nur Definitionen von Funktionen oder Klassen (`*.h`) oder deren Ausführung (`*.cpp`) enthalten.

- **`global.h`**: Definition globaler Datentypen und Konstanten
- **`komplex.h`**: Klassendefinition

- **`komplex.cpp`**: Ausführung der Methoden der Klasse
- **`function.h`**: Definition weiterer Operationen, die nicht klassengebunden sind
- **`function.cpp`**: Ausführung dieser Operationen

Dabei wird ein Hauptprogramm nicht weiter erörtert, da vorausgesetzt wird, daß seine Realisierung und Umsetzung Ihnen möglich ist.

Die Hauptentwurfsentscheidung betrifft die Aufteilung der in der Aufgabenstellung geforderten Operationen auf der Menge der komplexen Zahlen.

Generell sollten Operationen, an denen nur ein (unärer) Operator beteiligt ist – hier also **`Length`**, **`Real`** und **`Imag`** – als Methoden der entsprechenden Klasse definiert werden. Ein Objekt der Klasse **`KOMPLEX`**, dem die entsprechende Botschaft gesendet wird, kann diese Methode demgemäß interpretieren.

Für binäre Operationen ist es schwieriger zu entscheiden, ob sie Methoden der Klasse sein sollten oder nicht. Als Beispiel sei hier die Addition zweier Zahlen a und b genannt. Vorerst können zwei Fälle unterschieden werden:

1. Das Ergebnis ist einer der Operanden, also z.B. a = a+b. Dann erscheint es sinnvoll, eine Methode **`Add`** innerhalb der Klasse **`KOMPLEX`** zu definieren, die zu einem Objekt (a) ein zweites addiert. Die Deklaration würde also wie folgt aussehen:

```
class KOMPLEX
{
   ...
public:
   void Add(KOMPLEX b);
};
```

   Die Botschaft an ein Objekt der Klasse **`KOMPLEX`** lautete also: „Addiere zu Deinem Inhalt die Werte von b".
2. Das Ergebnis ist keiner der Operanden, also z.B. c = a+b. Hier ist also in der mathematischen Notation nicht abzulesen, welches der beteiligten Objekte a, b oder c die Botschaft der Addition mit welchen Parametern bekommt. Am sinnvollsten erscheint noch die Wahl von c, also die Speicherung des Ergebnisses der Addition von a und b im Objekt c. Die Klassendefinition erhielte also eine andere Methode **`Add`**:

```
class KOMPLEX
{
   ...
public:
   void Add(KOMPLEX a, KOMPLEX b);
};
```

Die Botschaft an das Objekt lautete also: „Ersetze Deinen Wert durch die Addition von a und b“. Die Benennung der Methode wäre insgesamt mißverständlich.

Alternativ kann natürlich auch von der Verwendung innerhalb der Klasse Abstand genommen und eine „ganz normale“ Funktion statt dessen implementiert werden. Ob diese dann aus Gründen der Effizienz über den **`friend`**-Mechanismus direkt auf die Elemente zugreifen darf, ist dann eine weitere Entwurfsentscheidung.

Im Fall der Addition, der Multiplikation und der Division wird aus Gründen der Verallgemeinerung hier die Entwurfsentscheidung zugunsten außerhalb der Klasse liegender Funktionen gefällt.

Der Test auf Gleichheit hingegen wurde als Klassenmethode aufgenommen.

Der Inhalt der einzelnen Dateien sowie die Entwurfsentscheidungen, die getroffen wurden, werden im Anschluß erläutert. Der Umfang dieses „Projektes“ rechtfertigt zwar nicht unbedingt die Aufteilung auf mehrere Dateien. Es hat sich allerdings als günstig erwiesen, dies von vornherein im Sinne einer Modularisierung immer durchzuführen.

9.3 Lösungsvorschlag

Eine mögliche Lösung der Aufgabe besteht aus den folgenden Modulen: globalen Vereinbarungen, der Klasse **`KOMPLEX`** sowie den nicht klassengebundenen Funktionen. Die letzten beiden werden jeweils in einen Deklarations- und in einen Definitionsteil aufgegliedert.

9.3.1 Globale Vereinbarungen

```
// Für Tests auf Gleichheit
#define eps 1.0E-10
```

An dieser Stelle wurde für den Test auf Gleichheit eine Konstante **eps** definiert. Zwei Gleitpunktzahlen können (sinnvollerweise) nicht direkt auf Gleichheit oder auf 0.0 getestet werden, daher ist eine solche Festlegung notwendig.

Abhängig vom geplanten System ist dabei alternativ zur Definition einer Konstanten über den C-Präprozessor die Vereinbarung einer globalen Konstanten

```
const double eps = 1.0e-10;
```

oder die Deklaration als klassenlokale Konstante möglich. Letztere Variante würde in dem Fall vorgezogen, falls diese Konstante tatsächlich nur in dieser Klasse verwendet würde und andere Klassen hierfür andere Werte definierten. Als weiterer Schritt könnte die Genauigkeit von Vergleichsoperationen dann auch als Eigenschaft der Klasse „einstellbar" sein, wenn es sich nicht um eine Konstante, sondern um eine Variable handelte.

Wenn eine solche Konstante oder Variable pro Klasse nur genau ein Mal instantiiert wird – d.h. für alle Objekte dieser Klasse nur genau ein Mal existiert –, dann wird dies als *Klassenkonstante* oder *Klassenvariable* bezeichnet.

9.3.2 Die Klasse **KOMPLEX**

Die Klasse **KOMPLEX** besteht aus den beiden Dateien **komplex.h** und **komplex.cpp**, welche die Deklaration und die Implementierung der Klasse enthalten und die o.a. globale Definition nutzen.

```
class KOMPLEX
{
   // Bestandteile einer komplexen Zahl:
   // Real- und Imaginärteil
   float m_real, m_imag;

// Methoden einer komplexen Zahl
public:
   // Konstruktor
   KOMPLEX(float newreal=0.0,
      float newimag=0.0);
   // Destruktor "inline"
   ~KOMPLEX() {};
```

```
    // Bestimmung des Betrags
    float Length();
    // Erfragen des Realteils
    float GetReal();
    // Erfragen des Imaginärteils
    float GetImag();
    // Setzen des Realteils
    void SetReal(float newreal);
    // Setzen des Imaginärteils
    void SetImag(float newimag);

    // Test auf Gleichheit mit a
    bool Equal(KOMPLEX a);
}
```

Die Klasse **KOMPLEX** enthält die beiden geschützten Daten **m_real** für den Realteil und **m_imag** für den Imaginärteil. Als Alternativlösung hätte z.B. auch ein Vektor mit zwei Komponenten oder als Datentyp **double** genutzt werden können. Wie die Umsetzung erfolgt, ist letztlich irrelevant, wesentlich ist die Erfüllung der Funktionalität durch die Methoden.

Die Benennung von Attributen mit dem Präfix **m_** ist übrigens inzwischen auch als Entwicklungsrichtlinie relativ weit verbreitet und hat sich durchgesetzt. Wird in einer Methode auf eine Variable mit **m_** zugegriffen, weiß man, daß es sich um ein „Member", also ein Attribut der Klasse, handelt und nicht um eine lokale oder globale Variable.

Der Konstruktor **KOMPLEX** erwartet bis zu zwei Argumente. Ist keines gegeben, dann entspricht die erzeugte Zahl dem Ursprung des komplexen Koordinatensystems. Ein Argument besetzt den Realteil, der Imaginärteil wird dann auf 0.0 gesetzt. Mit zwei Argumenten wird eine komplexe Zahl in Real- und Imaginärteil vorbelegt.

Der Destruktor führt keine zusätzlichen Befehle aus. Er ist hier nur der Vollständigkeit halber aufgeführt. Eine Methode, die direkt in der Klassendeklaration von C++ aufgeführt wird, kann vom übersetzenden Compiler direkt („inline") eingesetzt werden.

In der Folge sind die oben schon erwähnten Operationen auf komplexen Zahlen als Methoden aufgeführt. Dazu kommen die beiden Methoden **SetReal** und **SetImag**, mit denen die beiden Bestandteile einer komplexen Zahl unabhängig von deren Konstruktion noch gesetzt werden können. Diese wurden aufgrund der Ausführung der Division nötig.

Die Funktionalität der Methoden entspricht den mathematischen Vorgaben. Sie sind in der Datei **komplex.cpp** aufgeführt. Beispielsweise wird der Betrag mit der folgenden Methode berechnet:

```
float KOMPLEX::Length()
{
   return( sqrt( m_real*m_real
                 + m_imag*m_imag ));
}
```

Die Ausführung der anderen Methoden ist analog zu beschreiben und wird hier nicht weiter ausgeführt.

9.3.3 Funktionen auf komplexen Zahlen

Diejenigen Funktionen, die außerhalb der Klasse liegen sollten, werden mit den folgenden Deklarationen definiert. Es handelt sich dabei um die binären Operationen auf komplexen Zahlen.

```
KOMPLEX Add(KOMPLEX a, KOMPLEX b);
KOMPLEX Product(KOMPLEX a, KOMPLEX b);
KOMPLEX Quotient(KOMPLEX a, KOMPLEX b);
```

Alternativ zu dieser Deklaration können sie in C++ auch über das Überladen der Operatoren „+", „*" bzw. „/" realisiert werden. Da Sie diese Möglichkeit bislang allerdings nicht kennengelernt haben (sie folgt in Kapitel 12), bleiben wir zunächst bei dieser Art der Darstellung.

Die Ausführung der Addition kann z.B. wie folgt programmiert werden:

```
KOMPLEX Add(KOMPLEX a, KOMPLEX b)
{
   KOMPLEX res( a.GetReal()+b.GetReal(),
                a.GetImag()+b.GetImag() );
   return res;
}
```

Interessant an dieser Formulierung sind übrigens noch ein paar Detailbetrachtungen. Zunächst: Was passiert in dieser Routine?

Beim Aufruf

```
z = Add(x, y);
```

wird zunächst jeweils eine Kopie des (vollständigen) Objektes **x** und des Objektes **y** angelegt, die eigentlich nur dazu benötigt werden, die entsprechenden Daten daraus zu erhalten. Sinnvoller wäre es an dieser Stelle also, mit Referenzen auf diese Objekte oder mit **const** zu arbeiten. Wie dies in C++ formuliert wird, lernen Sie in Kapitel 12.

Anschließend erhalten Sie mit **GetReal()** bzw. **GetImag()** die jeweiligen Real- und Imaginärteile. Da diese Methoden – gemäß dem Prinzip des „information hiding" – die einzige Möglichkeit sein sollten, auf die Bestandteile der komplexen Objekte zuzugreifen, sollten diese im Zugriff effizient implementiert sein. Dies wird z.B. durch die Implementierung als **inline**-Funktion erreicht. Alternativ könnte diese Funktion auch als **friend** der Klasse **KOMPLEX** deklariert werden.

Die Ergebnisse der beiden Additionen werden direkt als Parameter des Konstruktors eines neuen Objektes namens **res**, das lokal zu dieser Methode angelegt wird, übergeben.

Egal, wie die Routine im einzelnen formuliert wird, bei der Rückgabe des Ergebnisses erfolgt eine Kopieroperation bei der Zuweisung an **z**. Um diese ausführen zu können, muß eine solche Operation aber überhaupt erst einmal für komplexe Zahlen definiert sein. Sie fehlt also noch in der o.a. Klassendefinition.

Anhand dieser einen Funktion wird auch erkennbar, daß auf die Effizienz des Codes in der objektorientierten Programmierung genauso geachtet werden muß wie in anderen Programmierstilen. Bei „geradliniger" Programmierung, wie oben dargestellt, würden allein für die Addition der beiden Objekte **a** und **b** insgesamt drei temporäre Objekte der Klasse **KOMPLEX** angelegt sowie fünf Methodenzugriffe ausgeführt werden.

In einem System, in dem viele solcher Operationen durchgeführt werden, ist das nicht tragbar. Über Konstrukte von C++, die Sie hauptsächlich in Kapitel 12 kennenlernen werden, kann die Zahl der temporären Objekte auf 0 gedrückt und die auszuführenden Methodenzugriffe so optimiert werden, daß keine indirekten Sprünge mehr notwendig sind!

9.4 Übungen

1. Trennung interner und externer Schnittstellen
Ein bezüglich der Modularisierung von Programmen großer Nachteil von C++ ist die Tatsache, daß alle Attribute und Methoden, egal, ob

sie von außen zugreifbar sind oder nicht, in der Deklaration einer Klasse enthalten sind.

```
class XY
{
   int a;
   Methode1();

public:
   float b;
   Methode2();
};
```

In diesem Beispiel sind Attribut **a** und **Methode1** nicht zum externen Gebrauch bestimmt, sondern nur Attribut **b** und **Methode2**. Ändern Sie beispielsweise die interne Datenstruktur der Klasse – z.B. von **int a** auf **float a** –, dann führt diese Änderung zu einer Neuübersetzung aller Module, die diese Deklaration benutzen. Da aber gerade eine Umstellung interner Strukturen andere Module nicht beeinflussen soll, ist es üblich, diese Schnittstellen zu trennen.

Entwickeln Sie eine generelle Methodik, um das geschilderte Problem zu umgehen, und formulieren Sie eine entsprechende Entwicklungsrichtlinie. Wenden Sie diese auf Ihre Klasse **KOMPLEX** an.

2. Entwicklung einer Datumsklasse

Beschreiben und implementieren Sie eine Klasse **DATUM**, in der Datumsangaben mit Jahr, Tag und Monat verwaltet werden können. Realisieren Sie hierfür übliche Operatoren wie die Berechnung von Zeitspannen, der Feststellung von Feiertagen und Werktagen sowie eventuell die Eingabe in einem spezialisierten Eingabefeld und die formatierte Ausgabe in verschiedenen länderspezifischen Formaten.

Haben Sie mit Ihrer Klasse das Jahr-2000-Problem im Griff?

10 Vererbung in C++

Vererbung als grundlegendes Konzept ist im Sprachumfang von C++ enthalten. In diesem Kapitel werden die Vererbung und die damit verbundenen Fragestellungen diskutiert. Am Anfang steht die Darstellung der Syntax und der Modifikation durch Zugriffsmechanismen. Die Möglichkeit der expliziten dynamischen Bindung von Methoden mit sogenannten virtuellen Methoden und die Darstellung des Mechanismus der Mehrfachvererbung beschließen diesen Abschnitt.

10.1 Prinzip der Vererbung

Die Vererbung wird bei der Deklaration einer Struktur bzw. einer Klasse durch die Angabe der Elternklasse ausgedrückt.

```
class Kindklasse :
   <Modifizierer> Elternklasse
{
   ...
};
```

Im Beispiel zweier konkreter Klassen ausgedrückt:

```
class ANGESTELLTE
{
   char* Name;
   int Alter;
};

class MANAGERIN : public ANGESTELLTE
{
   char* Verantwortungsbereich;
};
```

Hier werden zwei Klassen definiert. Die Klasse **ANGESTELLTE** hat die Daten **Name** und **Alter** und ist die Elternklasse von **MANAGERIN**. **MANAGERIN** erbt die Daten **Name** und **Alter** von **ANGESTELLTE** und definiert zusätzlich das Attribut **Verantwortungsbereich**.

Die Vererbung kann ebenso wie die Attribute einer Klasse als **public** oder **private**, nicht jedoch als **protected** deklariert werden. Im allgemeinen wird eine Vererbung, wie in unserem Beispiel, mit **public** modifiziert, da sich nur dann die Eigenschaften der Elternklassen auch entsprechend vererben.

10.2 Zugriffsrechte

Attribute einer Klasse können ebenso wie der Vorgang der Vererbung qualifiziert werden. Dabei gilt generell:

- Ein Attribut einer Klasse kann **private**, **protected** oder **public** sein.
- Ein **private**-Attribut kann nur von Methoden und **friend**-Funktionen der Klasse genutzt werden. Es ist also im wesentlichen auf die Klasse beschränkt.
- Ein **protected**-Attribut kann von Methoden und **friend**-Funktionen der Klasse, allen abgeleiteten Klassen sowie deren Methoden und **friend**-Funktionen genutzt werden. Solche Attribute sind innerhalb der Vererbungshierarchie gegen den Eingriff von außen geschützt.
- Ein **public**-Attribut kann von jedem anderen Objekt verändert bzw. aufgerufen werden.

Attribute von Strukturen sind immer **public**. Dagegen sind Attribute in Klassen so lange **private**, bis sie anderweitig qualifiziert werden. Für eine sichere Programmentwicklung empfiehlt sich also die Verwendung von Klassen, um unbeabsichtigte Zugriffe zu verhindern.

10.2.1 Bei der Vererbung

Bei Vererbung sind grundsätzlich nur die Modifikationen **public** und **private** vorgesehen. Als Standardwert bei der Vererbung von Klassen wird **private** angenommen. Hier steht also wieder der Schutz der Daten im Vordergrund. Bei der Verwendung einer Struktur als Kindklasse wird **public** eingesetzt.

Durch die Modifikation bei der Ableitung ändert sich die Zugriffsmöglichkeit auf Attribute der Elternklasse, die vererbt werden. Diese Veränderung ist in der folgenden Tabelle dargestellt.

Modifikation durch Vererbung	Attribut in der Elternklasse private	protected	public
private	—	private	private
public	—	protected	public

Bei einer Vererbung mit **private** sind also die ererbten Attribute nur der Kindklasse selbst zugänglich, die Vererbungshierarchie wird quasi „abgeschnitten". **public** erhält die Art der Zugriffsmöglichkeit der Elternklasse und wird daher im allgemeinen eingesetzt.

10.3 Mehrfach definierte Methoden

Werden bei der Ableitung einer Klasse von einer Elternklasse Methoden gleichen Namens mehrfach definiert, so muß beim Aufruf zur eindeutigen Identifizierung eventuell der Klassenname vorangestellt werden. Dazu ein Beispiel:

```
class VEKTOR2D
{
   int X, Y;

public:
   void Print();
};
```

```
class VEKTOR3D : public VEKTOR2D
{
   int Z;

public:
   void Print();
};

void VEKTOR3D::Print()
{
   VEKTOR2D::Print();
   ...
}
```

Als Elternklasse wird **VEKTOR2D** mit den Attributen **X**, **Y** und **Print** definiert. Die Kindklasse **VEKTOR3D** erweitert **VEKTOR2D** um die Attribute **Z** und **Print**. **VEKTOR3D** hat durch die ererbten Attribute also die Daten **X**, **Y** und **Z** sowie die beiden Methoden **Print** und **Print**.

Wird innerhalb einer Methode der Kindklasse **Print** aufgerufen, so wird dieser Aufruf lokal interpretiert, also als **VEKTOR3D::Print**. Nur durch Voranstellen von **VEKTOR2D::** wird die geerbte Methode aktiviert. Die Implementierung von **VEKTOR3D** bewirkt hier den Aufruf der geerbten Methode mit anschließenden Erweiterungen.

10.4 Konstruktoren und Destruktoren

Der Konstruktor einer Elternklasse kann im Konstruktor einer Kindklasse verwendet werden. Er wird in der Kopfzeile der Beschreibung des Konstruktors aufgerufen.

Die Klassen im Beispiel des letzten Abschnittes werden jetzt um Konstruktoren erweitert.

```
class VEKTOR2D
{
   int X, Y;

public:
   VEKTOR2D(int newx=0, int newy=0);
};
```

```
VEKTOR2D::VEKTOR2D(int newx, int newy)
{
   X = newx;
   Y = newy;
}

class VEKTOR3D: public VEKTOR2D
{
   int Z;

public:
   VEKTOR3D(int newx=0, int newy=0,
      int newz=0);
};

VEKTOR3D::VEKTOR3D(int newx, int newy,
   int newz) : VEKTOR2D(newx, newy)
{
   Z = newz;
}
```

In **VEKTOR2D** wie in **VEKTOR3D** sind Konstruktoren mit Standardbelegungen der Parameter definiert. Die Ausführung des Konstruktors der Kindklasse enthält den Aufruf des Konstruktors der Elternklasse mit „: **VEKTOR2D(newx, newy)**". **VEKTOR2D** werden die entsprechenden Parameter übergeben und anschließend das neu hinzugekommene Datum **Z** mit dem entsprechenden Wert initialisiert.

Grundsätzlich gilt, daß Klassenobjekte von den Elternklassen her aufgebaut werden, also:

- zuerst das Objekt der Elternklasse, dann
- alle Klassenelemente des Objektes und zuletzt
- das Objekt selbst.

Würde beispielsweise das Attribut **int Z** durch ein Attribut **VEKTOR2D Z** ersetzt, dann erfolgte nach dem Aufruf des Konstruktors der Elternklasse ein weiterer Aufruf von **VEKTOR2D** für das Datum **Z**.

Das Löschen mit Hilfe der Destruktoren geschieht dementsprechend in der umgekehrten Reihenfolge.

10.5 Virtuelle Methoden

Virtuelle Methoden dienen der Aufhebung der statischen Bindung für Elementfunktionen. Wird die Methode einer Klasse mit dem Schlüsselwort **`virtual`** gekennzeichnet, so hat dies den Effekt, daß der Compiler die Korrespondenz zwischen einem Objekt und der verwendeten Methode dynamisch, d.h. auf der Basis des Typs eines Objektes, herstellt.

Damit wird die in C++ übliche statische Methodenbindung für ausgewählte Methoden aufgehoben. Die Wirkung dieses Konzeptes sollen zwei Beispiele verdeutlichen.

Beispiel 10.1 Die Klassen **`PUNKT`** und **`PIXEL`** seien wie folgt ohne die Verwendung von **`virtual`** definiert.

```
class PUNKT
{
    ...
public:
    void Male();
};

class PIXEL : public PUNKT
{
    ...
public:
    void Male();
};
```

Die abgebildete Klasse **`PIXEL`** hat nun zwei Methoden **`Male`**, nämlich jeweils eine, die durch **`PUNKT`** bzw. durch **`PIXEL`** definiert ist. Ein Objekt der Klasse **`PIXEL`** würde **`Male`** immer als Aufruf der Methode **`PIXEL::Male`** interpretieren. Intern oder extern könnte jedoch auch die Methode der Elternklasse aufgerufen werden.

```
PIXEL einPixel;

einPixel.Male();
einPixel.PUNKT::Male();
```

Wird die Methode **`Male`** nun als virtuell deklariert, sieht die Deklaration wie folgt aus.

```
class PUNKT
{
   ...
public:
   virtual void Male();
};

class PIXEL : public PUNKT
{
   ...
public:
   virtual void Male();
};
```

Alle der oben angeführten Aufrufe sind noch immer möglich, handelt es sich dabei doch um statische Aufrufe. Das Schlüsselwort **virtual** muß übrigens nur ein Mal angegeben werden. Aus Gründen der Klarheit und Verständlichkeit empfiehlt es sich aber, die Angabe über die gesamte Klassenhierarchie hinweg durchzuziehen.

Die virtuelle Methodenbindung beginnt nun zu greifen, wenn es sich um dynamische Aufrufe der Methode handelt, d.h., wenn Zeiger auf Objekte benutzt werden.

```
PIXEL* pixelPtr;
PUNKT* punktPtr;

pixelPtr->Male();
punktPtr->Male();
```

Auch in diesen Zeilen geschieht noch das, was auch vorher schon bewirkt wurde, nämlich der Aufruf der Methode **Male** der jeweiligen Klasse.

Wegen der Eigenschaft, daß sich „ein Hund wie ein Säugetier verhält, aber ein Säugetier nicht wie ein Hund", darf einem Zeiger auf ein Objekt einer Elternklasse auch Zeiger auf Objekte abgeleiteter Klassen zugewiesen werden.

```
punktPtr = pixelPtr;
punktPtr->Male();
```

Das bedeutet, daß der Zeiger vom Typ **PUNKT*** jetzt ein Objekt vom Typ **PIXEL** enthält. Für dieses können zwar „nur" alle Methoden, die in **PUNKT** deklariert sind, aufgerufen werden, wegen des Schlüsselworts **virtual** wird nun allerdings eine dynamische Bindung ausgeführt. Es wird also diejenige Methode ausgeführt, die zu dem Objekt in **punktPtr** gehört, hier also **PIXEL::Male**!

Zusammengefaßt heißt das: In der Elternklasse als **virtual** deklarierte Methoden führen dazu, daß für abgeleitete Klassen – obwohl deren konkrete Methoden noch gar nicht bekannt sind – Funktionalität programmiert werden kann. Viele Methoden in Klassenbibliotheken leisten genau dies und das macht den „Charme" von wiederverwendbaren Komponenten aus.

Beispiel 10.2 Es seien die Klassen **GRAFISCHES_OBJEKT**, **LINIE** und **KREIS** deklariert, wobei die letzten beiden Kindklassen der ersten Klasse sind. Jede der Klassen habe eine virtuelle Methode **Male()**.

```
class GRAFISCHES_OBJEKT
{
public:
   virtual void Male();
};

class LINIE : public GRAFISCHES_OBJEKT
{
   int x1, y1, x2, y2;

public:
   virtual void Male();
};

class KREIS : public GRAFISCHES_OBJEKT
{
   int mx, my, rx, ry;

public:
   virtual void Male();
};
```

Abbildung 10.1
Das Beziehungsdiagramm des Beispiels

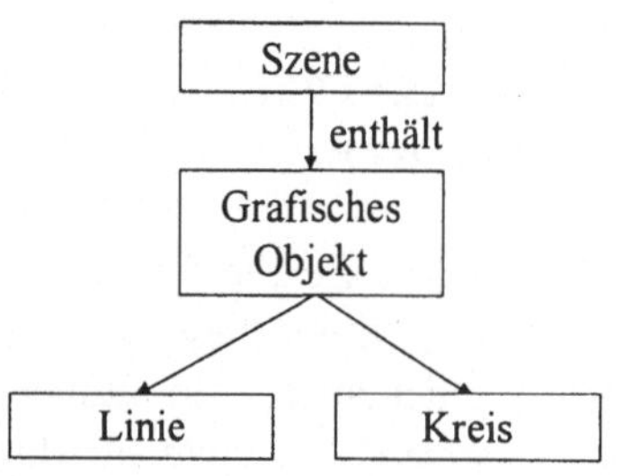

Es wird eine weitere Klasse **SZENE** definiert, die aus einer Sammlung von grafischen Objekten besteht. Deren Methode **Male** besteht nun daraus, alle in der Szene referenzierten Objekte mit der jeweils richtigen Funktion aufzurufen.

```
class SZENE
{
   GRAFISCHES_OBJEKT*
      Liste[MaximaleAnzahl];

public:
   void Male();
};

SZENE::Male()
{
   int i;

   for ( i=0; i < AnzahlDerObjekte; i++ )
      Liste[i]->Male();
}
```

In der Liste können wegen der Vererbungsrelation Objekte aller drei der oben genannten Klassen referenziert sein. Wird die Methode **SZENE::Male** mit der oben angegebenen Definition der Klassen aufgerufen, so wird jedes der verschiedenen Objekte mit der zugehörigen Methode dargestellt.

Ein neuer Typ grafischer Objekte, z.B. Ellipsen, der als Kindklasse neu eingefügt würde, könnte die Funktionalität unter Beibehaltung der bisherigen Struktur sinnvoll erweitern.

10.6 Mehrfachvererbung

In C++ ist Mehrfachvererbung vorgesehen. Eine Klasse wird als Kindklasse mehrerer Elternklassen durch eine Liste der Elternklassen definiert.

In der Diskussion der Mehrfachvererbung war das Beispiel der Klasse **WAL** angeführt worden. Sie würde als

```
class WAL : public SAEUGETIER,
            public IM_WASSER_LEBENDES_TIER
{
   ...
};
```

definiert. Die Kindklasse zweier Elternklassen erbt alle Attribute beider Elternklassen mit den angegebenen Zugriffsmodifikationen.

Für die Mehrfachvererbung gelten weitere Festlegungen, die hier nur erwähnt, aber nicht ausführlicher diskutiert werden.

- Eine Klasse kann nicht *direkt* mehrfache Kindklasse der gleichen Elternklasse sein.
- Ist eine Klasse *indirekt* mehrfache Erbin der gleichen Elternklasse, so existieren die Attribute der Elternklasse auch mehrfach.
- Das Einschränken des mehrfachen Auftretens von Attributen ist möglich. Die Attribute der betreffenden Elternklassen werden dann bei der Vererbung mit dem zusätzlichen Schlüsselwort **`virtual`** gekennzeichnet.

C++ stellt also sowohl die Mehrfachvererbung als auch Methoden der Konfliktbeseitigung für Attribute zur Verfügung. Details können Sie bei Bedarf der entsprechenden Literatur entnehmen [Str91].

11 Programmierung einer einfachen Klassenhierarchie

In diesem Abschnitt soll anhand einer einfachen Klassenhierarchie die Programmierung in C++ eingeübt werden. Damit das Programm nicht nur aus einer Anhäufung von Klassen besteht, wird seine Aufgabe sein, eine Relation zwischen Objekten zu bestimmen und auszugeben.

Wie in Kapitel 9 wird zunächst die Aufgabe vorgestellt, anschließend die Umsetzung in das Programm und die damit verbundenen Entwurfsentscheidungen. Die Diskussion der Ergebnisse und einzelne Programmtexte folgen.

11.1 Aufgabenstellung

Eine einfache Sammlung von „Objekten" für ein grafisches System enthält folgende Einzelheiten:

- zweidimensionale Vektoren mit reellen x- und y-Koordinaten,
- dreidimensionale Vektoren mit reellen x-, y- und z-Koordinaten,
- zweidimensionale Punkte mit reellen x- und y-Koordinaten,
- dreidimensionale Punkte mit reellen x-, y- und z-Koordinaten und
- Pixel mit ganzzahligen, positiven x- und y-Koordinaten sowie einem ganzzahligen Farbindex. Er verweist auf die Farbe, in der Pixel auf dem Bildschirm dargestellt werden.

Die Unterscheidung von Punkten und Vektoren in jeder der Dimensionen dient der mathematischen „Reinheit" der Berechnungen.

11.1.1 Implementierung einer Klassenhierarchie

Die oben angegebenen Objekte sollen als C++-Klassen implementiert werden. Dazu gehören sinnvolle Konstruktoren und Destruktoren, Methoden zur Ausgabe der Objektinhalte sowie Methoden, mit denen die Komponenten abgefragt und gesetzt werden können.

Vektoren der Länge Null und Pixel außerhalb eines durch **`[0,XMAX]`** und **`[0,YMAX]`** gegebenen Bereiches (Bildschirmbegrenzung) sind nicht erlaubt.

Als Vorbereitung für die zweite Teilaufgabe sollen alle Klassen von einer Klasse **`GOBJEKT`** „abstammen“, die deren Gemeinsamkeiten beinhaltet.

11.1.2 Realisierung einer Is-A-Relation

Die Is-A-Relation sichert zu, daß Instanzen einer Kindklasse spezialisierte Formen der Instanzen ihrer Elternklasse sind. In der objektorientierten Programmierung kann sie beispielsweise dazu genutzt werden, um festzustellen, ob eine Methode überhaupt angewendet werden darf.

Die Relation soll in zwei Versionen implementiert werden. Die „schwache“ Form liefert genau dann **`true`**, wenn ein Objekt Instanz der direkten Kindklasse einer Elternklasse (repräsentiert durch eine noch zu bestimmende Klassenbeschreibung) ist. **`IsA`** soll als Methode, die jedem Objekt zur Verfügung steht, implementiert werden.

Die „starke“ Form der Relation ist dann erfüllt, wenn zwischen der Klasse des Objektes und der angegebenen Klasse direkte *oder indirekte* Vererbung stattfindet. Das Programm soll beide Formen der Is-A-Relation umsetzen und in Tabellenform für alle möglichen Kombinationen von Klassen ausgeben.

11.2 Herleitung der Lösung

Gemäß der Aufgabenstellung wird zuerst die Aufstellung der Klassenhierarchie und anschließend die Umsetzung der Is-A-Relation besprochen.

11.2.1 Die Klassenhierarchie

Es werden mindestens sechs Klassen benötigt. Sie sollen **GOBJEKT**, **VEKTOR2D**, **VEKTOR3D**, **PUNKT2D**, **PUNKT3D** und **PIXEL** heißen. Da wir das Geheimnisprinzip als hohes Gut einstufen, werden dies alles C++-Klassen und keine Strukturen sein. Bis auf die erst- und die letztgenannte Klasse haben alle Klassen gemeinsame Daten: die reellen x- und y-Koordinaten. Sie können also Kindklassen einer gemeinsamen Elternklasse sein, die diese Koordinaten als Daten enthält.

Weiterhin haben jeweils zwei Klassen die gleiche Dimension als gemeinsames Merkmal. Daher lautet der Vorschlag, drei weitere Klassen zu schaffen: **OBJ2DR** stellt reelle, zweidimensionale Koordinaten zur Verfügung, **OBJ2DI** ganzzahlige. Als Erweiterung von **OBJ2DR** und daher als Kindklasse hat **OBJ3DR** zusätzlich eine reelle z-Komponente. Die Unterscheidung in zwei- und dreidimensionale Objekte bietet sich für grafische Systeme an. Sie werden z.B. unterschiedlich transformiert, so daß die Annahme unterschiedlichen Verhaltens gerechtfertigt ist.

Die aus diesen Überlegungen resultierende Klassenhierarchie mit den entsprechenden Daten finden Sie in Abbildung 11.1.

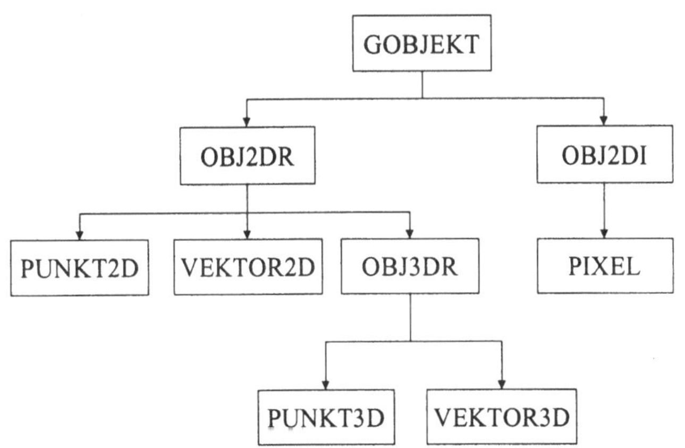

Abbildung 11.1 *Die Klassenhierarchie für grafische Objekte*

Sie ist mit neun Klassen für die eigentliche Aufgabenstellung zwar etwas „überdimensioniert“, aber für Ihre eigenen Anwendungen ausbaufähig. Die Methoden der einzelnen Klassen werden im nächsten Abschnitt genauer dargestellt. Dort wird auch deutlich, wie mit den Nebenbedingungen, z.B. für die Pixelkoordinaten, umgegangen wird.

11.2.2
Die Is-A-Relation

Da Objekte sich in C++ nicht selbst oder ihre Klasse identifizieren können, muß für die Realisierung der Is-A-Relation in jedem Objekt festgehalten werden, um welche Klasse es sich jeweils handelt. Dazu kann ein Aufzählungstyp gut eingesetzt werden.

```
enum IdentifikationsTyp
{  K_UNGUELTIG, K_GOBJEKT, K_OBJ2DR,
   K_OBJ2DI, K_PUNKT2D, K_VEKTOR2D,
   K_OBJ3DR, K_PIXEL, K_PUNKT3D, K_VEKTOR3D
};
```

Jede Klasse und damit jedes Objekt erhält ein Datum, das die Klassenbezeichnung ihrer Elternklasse enthält, und zwei Methoden für **IsA**, welche die Relation implementieren. Da diese Attribute allen Klassen hinzugefügt werden müssen, werden sie in **GOBJEKT** definiert. Die Bezeichnung **K_UNGUELTIG** wird als „Elternklasse" von Klassen gewählt, die keine Elternklasse besitzen.

Die Methoden haben die Namen **IsASchwach** und **IsAStark**. In **IsASchwach** entspricht der Rückgabewert dem Wahrheitswert eines Vergleiches mit dem angefragten Wert. Die starke Form hingegen muß rekursiv bestimmt werden, indem die Vererbungshierarchie durchlaufen wird. Eine Klasse kann direkte oder indirekte Kindklasse einer angefragten Klasse sein. Zuerst wird also jeweils die direkte Elternklasse abgefragt, anschließend die Anfrage in der Vererbungshierarchie nach oben weitergegeben.

11.2.3
Erstellen der Tabellen

Beide Relationen sollten in einer Tabelle ausgegeben werden. Zu diesem Zweck wird eine weitere Klasse **TABELLE** definiert, welche die Daten und Methoden zum Ausdrucken der Tabelle kapselt. Sie enthält von jeder der oben beschriebenen Klassen genau ein Objekt und iteriert über alle möglichen Klassennamen. Das Ergebnis wird mit Hilfe einer Methode **Darstellen** auf der Standardausgabe angezeigt.

Das Hauptprogramm legt dann nur ein Objekt der Klasse **TABELLE** an, dem es die Botschaft zum Darstellen sendet. Vergleichbar zum Kapitel 9 wollen wir hier allerdings nicht weiter auf diesen Teil des Programms eingehen.

11.3 Diskussion der Programme

Das Programm besteht aus insgesamt elf Klassen. Jede Klasse wird, wie in der Systematik oben gefordert, in einer Datei mit der Endung **.H** definiert und in einer Datei mit der Endung **.CPP** ausgeführt. Dazu kommt ein Modul, in dem das Hauptprogramm beschrieben ist. Im folgenden werden Teile der oben angesprochenen Klassen vorgestellt.

11.3.1 Globale Vereinbarungen

In der Datei mit den globalen Vereinbarungen werden die globalen Typdefinitionen von oben implementiert. Zusätzlich beinhaltet sie die für **PIXEL** notwendigen Bildschirmbegrenzungen. Bezüglich alternativer Umsetzungen solcher Konstanten vergleiche auch Kapitel 9.

```
#ifndef ENUMS_H
#define ENUMS_H

// IdentifikationsTyp, wie oben beschrieben

enum IdentifikationsTyp
{   K_UNGUELTIG, K_GOBJEKT, K_OBJ2DR,
    K_OBJ2DI, K_PUNKT2D, K_VEKTOR2D,
    K_OBJ3DR, K_PIXEL, K_PUNKT3D,
    K_VEKTOR3D
};

// Globale Konstanten
#define XMAX 639
#define YMAX 479
#define EPSILON 1E-10

#endif
```

Die Datei enthält neben den Definitionen einige Hinweise an den Präprozessor, die mit # beginnen. Sie bewirken, daß bei mehrfachem Einlesen der Datei diese nur einmal übersetzt wird. Dieses Konstrukt hat sich für große Programmsysteme bewährt, da dort der Überblick über die gegenseitigen Abhängigkeiten zwischen Dateien schnell verloren geht. Sie sollten auch ein solches Konstrukt als Vorschrift in Ihre Entwicklungsrichtlinien aufnehmen.

XMAX und **YMAX** waren in der Aufgabenbeschreibung als Konstanten gefordert worden. Sie beschreiben die maximalen Koordinaten des Bildschirms in Pixeln. **EPSILON** dient der Abgrenzung bei der Feststellung der Länge eines Vektors.

11.3.2 Die Klasse GOBJEKT

Die oberste Elternklasse **GOBJEKT** verteilt sich auf die beiden Dateien **GOBJEKT.H** und **GOBJEKT.CPP**. Ihre Deklaration lautet:

```
class GOBJEKT
{
protected:
   /* Elternklasse */
   IdentifikationsTyp ElternKlasse;

public:
   GOBJEKT();  /* Konstruktor */
   ~GOBJEKT(); /* Destruktor */
               /* Ausgabefunktion */
   virtual void Print();

   bool IsASchwach(
      IdentifikationsTyp frageKlasse);
   virtual bool IsAStark(
      IdentifikationsTyp frageKlasse);
};
```

Als Attribut der Klasse ist die **ElternKlasse** angegeben. Es ist als geschützt kategorisiert, da die Kindklassen der Klasse dieses Datum erben sollen. Ansonsten wird es nach außen aber nicht sichtbar.

Die geforderten Methoden sind öffentlich zugänglich. Konstruktor und Destruktor haben die von C++ vorgesehenen Namen. Eine Methode zum Darstellen des Inhaltes ist die dynamisch bindbare Methode **Print**. Beide Is-A-Relationen sind in dieser Klasse gleich vorgesehen: die starke und die schwache Form mit den entsprechenden Namen.

Die Implementierung der einzelnen Funktionen ist in **GOBJEKT.CPP** beschrieben.

```
// Der Konstruktor setzt den Typ der
// ElternKlasse.
GOBJEKT::GOBJEKT()
{
   ElternKlasse = K_UNGUELTIG;
}

// Der Destruktor bewirkt nichts.
GOBJEKT::~GOBJEKT()
{
}

// Die Ausgabefunktion erläutert nur die
// Klasse, nicht aber den Inhalt.
void GOBJEKT::Print()
{
   cout << "Objekt vom Typ GOBJEKT.\n";
}

// Die Is-A-Relation in ihrer schwachen
// Form. Sie ist für alle Objekte der
// Klassen und der Kindklassen gleich.
// Stimmt die angefragte Klasse mit der
// gespeicherten Elternklasse überein,
// dann ist sie erfüllt, sonst nicht.

bool GOBJEKT::IsASchwach(
   IdentifikationsTyp frageKlasse)
{
   return ( frageKlasse == ElternKlasse );
}

// Die Is-A-Relation in ihrer starken Form.
bool GOBJEKT::IsAStark(
   IdentifikationsTyp frageKlasse)
{
   return false;
}
```

Der Konstruktor setzt lediglich den Hinweis auf die Elternklasse auf die richtige Größe. Wird er von Kindklassen aufgerufen, müssen diese also anschließend **ElternKlasse** neu setzen. Der Destruktor bewirkt nichts. Er hätte daher der Einfachheit halber auch weggelassen werden können. Sie sollten ihn aber bei der Programmierung von vornherein immer vorsehen.

Print ist eine virtuelle Funktion, die für Testzwecke Informationen über die Objekte liefern soll. Hier wird nur der Klassenname ausgegeben.

IsASchwach ist eine statische Funktion. Sie liefert für jedes Objekt der Klasse **GOBJEKT** und ihrer Kindklassen immer dann den Wahrheitswert **true**, wenn der angefragte Klassenname mit der Bezeichnung der Elternklasse übereinstimmt. Die Formulierung

```
if ( frageKlasse == ElternKlasse )
   return true;
else
   return false;
```

kann bei der Wahl des booleschen Typs, die wir getroffen haben, so wie im Programm kürzer formuliert werden.

Die zweite Is-A-Methode liefert für Objekte dieser Klasse immer **false**, da die Klasse **GOBJEKT** keine Elternklasse hat. Sie wird in jeder Kindklasse überladen und dynamisch gebunden, damit sie auch für künftige Erweiterungen funktionsfähig ist.

11.3.3 Die Klasse OBJ2DR

Objekte mit zwei reellen Koordinaten faßt diese Klasse zusammen. Sie dient damit der Strukturierung der Klassenhierarchie. Es handelt sich also um eine abstrakte Klasse im Sinne der vorgestellten Entwurfsmethodik, da von ihr im allgemeinen keine Objekte instantiiert werden sollen.

```
class OBJ2DR : public GOBJEKT
{
protected:
   float X, Y; /* Daten reell */

public:
   OBJ2DR(float neuesX = 0.0,
      float neuesY = 0.0);
   ~OBJ2DR();

   virtual void Print();
   virtual bool IsAStark(
      IdentifikationsTyp frageKlasse);

   virtual void SetX( float neuesX = 0.0);
   virtual void SetY( float neuesY = 0.0);

   float GetX();
   float GetY();
};
```

OBJ2DR erbt mit einer **public**-Vererbung alle Daten und Methoden der Klasse **GOBJEKT**. Dort sind Daten als geschützt und die Methoden als öffentlich aufrufbar bezeichnet worden. Das Datum **ElternKlasse** steht also genauso zur Verfügung wie der Konstruktor, der Destruktor, die Ausgabefunktion und die beiden Is-A-Methoden.

Hinzu kommen nun die in der Aufgabenstellung geforderten reellen x- und y-Koordinaten, der Konstruktor mit vorbelegten Werten und ein Destruktor. Die virtuellen Methoden **Print** und **IsAStark** werden durch die Klasse **OBJ2DR** überladen. Die letzten vier Funktionen erlauben das Setzen und Abfragen der internen Daten. Die Methoden zum Setzen der Daten sollen von Kindklassen überschrieben werden. Beispielsweise wird in **VEKTOR2D** das Setzen um die Prüfung der Gültigkeit der eingegebenen Daten ergänzt.

Von den Methoden werden einige nun exemplarisch dargestellt, zunächst der Konstruktor.

```
OBJ2DR::OBJ2DR(float neuesX, float neuesY)
    : GOBJEKT()
{
   ElternKlasse = K_GOBJEKT;
   X = neuesX;
   Y = neuesY;
}
```

Hier wird gemäß der Reihenfolge der Anweisungen zuerst der Konstruktor der Elternklasse **GOBJEKT** aufgerufen. Dieser bewirkt, daß der Wert **ElternKlasse** auf **K_UNGUELTIG** gesetzt wird. Im Anschluß daran wird er allerdings sofort mit dem für diese Klasse korrekten Wert **K_GOBJEKT** belegt.

Die angegebenen Parameter für **X** und **Y** werden übernommen. Analog hierzu arbeiten die Methoden **GetX** und **SetX**, die hier ohne „fachliche" Prüfung arbeiten.

```
void OBJ2DR::SetX(float neuesX)
{
   X = neuesX;
}

float OBJ2DR::GetX()
{
   return X;
}
```

Für direkt von **GOBJEKT** abgeleitete Klassen entspricht die Methode **IsAStark** der Methode **IsASchwach**.

```
bool OBJ2DR::IsAStark(
   IdentifikationsTyp frageKlasse)
{
   return IsASchwach( frageKlasse );
}
```

Diese Formulierung ist allerdings insofern gefährlich, als diese Entsprechung nicht mehr stimmt, wenn **GOBJEKT** – aus welchen Gründen auch immer – eine Elternklasse erhält. Deshalb wäre es besser, sie auch hier, wie in den im folgenden geschilderten Klassen zu programmieren.

Um die Aufrufreihenfolge nochmals zu verdeutlichen, sei das folgende Beispiel betrachtet:

```
OBJ2DR obj;

bool test = obj.IsAStark( K_GOBJEKT );
```

Dieser Methodenaufruf führt zum Aufruf von **OBJ2DR::IsAStark**, der wiederum **OBJ2DR::IsASchwach** aufzurufen versucht. Da diese Methode in der Kindklasse selbst nicht definiert ist, wird die Methode **GOBJEKT::IsASchwach** mit den Daten des Objektes **obj**, also mit **ElternKlasse = K_GOBJEKT** aufgerufen. Die Nachricht lieferte also den Wert **true**.

Sie erkennen an diesem Beispiel nochmals den als Jojo bezeichneten Effekt, nämlich das Hoch- und Herunterwandern innerhalb der Klassenhierarchie bei der Bestimmung der richtigen Methode.

11.3.4 Die Klasse OBJ2DI

Entsprechend der zuletzt vorgestellten Klasse ist **OBJ2DI** aufgebaut.

```
class OBJ2DI : public GOBJEKT
{
protected:
   int X, Y; /* Daten ganzzahlig */

public:
   OBJ2DI(int neuesX = 0, int neuesY = 0);
   ~OBJ2DI() {};
   virtual void Print();

   bool IsAStark(
      IdentifikationsTyp frageKlasse);

   virtual void SetX(int neuesX = 0)
      { X = neuesX; };
   virtual void SetY(int neuesY = 0)
      { Y = neuesY; };

   inline int GetX() { return X; };
   inline int GetY() { return Y; };
};
```

Im Kontrast zur Klasse **OBJ2DR** ist hier allerdings eine kompaktere und effizientere Formulierung der Schnittstelle verwendet. Auch wenn dies dem Geheimnisprinzip widerspricht, werden hier die Funktionskörper einiger kurzer Funktionen direkt aufgenommen. Der Destruktor und die **Set**-Methoden haben so kurze „Körper", daß sie direkt in die Klassendefinition aufgenommen werden.

Der Vorteil dieser Möglichkeit ist die kompakte Darstellung. Sie verlieren damit auf der anderen Seite die strikte Trennung zwischen Deklaration und Implementierung. Wollen Sie die Implementierung später ändern, so erfordert eine Änderung der Funktion das Neuübersetzen nicht nur dieses Programmoduls, sondern auch aller Module, die diese Definitionsdatei nutzen.

Eine weitere Neuerung tritt in dieser Definitionsdatei auf: die Verwendung sogenannter **inline**-Funktionen. **inline** ist ebenso wie **virtual** ein Hinweis für den Compiler, daß diese Methode „besonders" behandelt werden soll. **inline** legt nah, daß der Funktionskörper an jeder Aufrufstelle vom Compiler direkt eingesetzt werden kann. Damit werden zusätzliche Methodenaufrufe vermieden. Gerade bei wenig umfangreichen Methoden bietet sich diese Vereinfachung an.

Methoden, die schon in der Deklaration der Klasse beschrieben werden, sind bereits implizit „inline". Werden sie dagegen in einer gesonderten Datei beschrieben, ist hier vor den Funktionsnamen das Schlüsselwort **inline** zu setzen. Das Auslagern der **inline**-Funktionen in eine gesonderte Datei können Sie hier auch wieder für die Entwicklungsrichtlinien notieren.

inline und **virtual** schließen sich gegenseitig aus, denn eine Ersetzung eines Aufrufes durch den Übersetzer kann nur bei einer statischen Bindung der Methode korrekt ablaufen.

Ein letzter Hinweis und gleichzeitig ein Vorgriff auf Kapitel 12: Eigentlich ist die Aufgabenstellung schon in der Unterscheidung der Klassen **OBJ2DR** und **OBJ2DI** nicht sehr „objektorientiert" erfolgt. Bei näherer Betrachtung kommt man zu dem Schluß, daß eine Klasse **OBJ2D** mit einem generischen Parameter ausreichen würde. Der generische Typ steuerte dann, ob es sich um ein 2D-Element mit ganzzahligen oder reellen Komponenten handelt. Das C++-Konstrukt hierzu lernen Sie im nächsten Kapitel kennen.

Durch die Verwendung der direkten Funktionsdefinition wird die Implementierungsdatei der Klasse **OBJ2DI** entsprechend kürzer. Sie bedarf keiner zusätzlichen Erläuterung.

11.3.5 Die Klasse **PIXEL**

Als erste Klasse der „dritten Stufe“ der Klassenhierarchie soll nun **PIXEL** erläutert werden. Diese Klasse stellt sich wie folgt dar.

```
class PIXEL : public OBJ2DI
{
   int Farbe; /* Farbe des Pixels */

public:
   PIXEL(int neuesX = 0, int neuesY = 0,
      int neueFarbe = 0);
   ~PIXEL() {};

   virtual void Print();
   virtual bool IsAStark(
      IdentifikationsTyp frageKlasse);

   virtual void SetX(int neuesX = 0);
   virtual void SetY(int neuesY = 0);

   void SetFarbe(int neueFarbe = 0)
      { Farbe = neueFarbe; };
   int GetFarbe() { return Farbe; };

protected:
   /* Testfunktion */ };
   bool IstPixelGueltig();
};
```

PIXEL enthält zusätzlich zu den Koordinaten des Punktes noch eine Farbe. Neben Konstruktor, Destruktor, Ausgabe- und Is-A-Methode werden die Methoden zum Setzen der Koordinaten neu definiert. Mittels zweier Zugriffsfunktionen kann auf die Farbe lesend und schreibend zugegriffen werden. Eine Funktion **IstPixelGueltig** testet alle Koordinaten auf ihre Gültigkeit. Da sie nur klassenintern benötigt wird, ist ihr Zugriff mit **protected** geregelt.

Der Konstruktor von **PIXEL** übernimmt die eingegebenen Werte, prüft sie anschließend mit der internen Testfunktion und gibt bei einem Verstoß eine Fehlermeldung aus.

```
PIXEL::PIXEL(int neuesX, int neuesY,
   int neueFarbe) : OBJ2DI(neuesX, neuesY)
{
   Farbe = neueFarbe;
   ElternKlasse = K_OBJ2DI;

   if ( ! IstPixelGueltig() )
      cerr << "Objekt der Klasse PIXEL hat"
         << " keine gueltigen Parameter.n";
}
```

Natürlich ist es schwierig, wenn ein aufgerufener Konstruktor mit falschen Werten „gefüttert" wird. Das sollte nicht passieren, den mit der Konstruktion des Objektes ist es dann ja vorhanden. Üblicherweise wird auch *keine* Ausgabe auf den Bildschirm erzeugt, sondern eher mit internen Fehlermeldungen gearbeitet.

Da Konstruktoren per definitionem in C++ aber keinen Rückgabewert haben, muß dies mit einem anderen Mechanismus geschehen. Einen solchen Mechanismus, die sogenannte Ausnahmebehandlung, stellt das nächste Kapitel vor.

Die starke Is-A-Relation für Kindeskinderklassen beruht auf einer Rekursion: Entweder ist die schwache Is-A-Relation erfüllt oder es wird ein Testobjekt der Elternklasse generiert, dessen starke Is-A-Relation erfüllt sein muß.

```
bool PIXEL::IsAStark(
   IdentifikationsTyp frageKlasse)
{
   OBJ2DI testObjekt;
   return ( IsASchwach( frageKlasse ) ||
      testObjekt.IsAStark( frageKlasse ));
}
```

Leider ist es in C++ auch nicht möglich, ein Objekt der Elternklasse eines Objektes zu erzeugen. Das wäre sicher die eleganteste Möglichkeit, auch **IsAStark** für alle Klassen gleich zu formulieren. So muß zu dieser „Krücke" gegriffen werden.

Da **PIXEL** Kindklasse einer Kindklasse der Klasse **GOBJEKT** ist, wird die Methode zur Berechnung der Is-A-Relation mit Hilfe eines Testobjektes gestaltet. Die starke Relation ist sicher erfüllt, wenn die schwache Relation erfüllt ist. Sie ist aber auch erfüllt, wenn es eine weitere Klasse gibt, von der

1. bekannt ist, daß sie die Is-A-Relation erfüllt und
2. welche die Is-A-Relation mit der angefragten Klasse erfüllt.

In jeder Klasse kann bei einfacher Vererbung eine solche Klasse nur die Elternklasse sein. Für sie ist die erste Bedingung erfüllt und wir können rekursiv nach „oben" anfragen, ob ein Objekt dieser Klasse die Is-A-Relation in ihrer starken Form mit der angefragten Klasse erfüllt. Alle im weiteren dargestellten **IsAStark**-Methoden basieren auf dieser Rekursionsidee.

Als letzte Methode sei hier noch die Routine zur Prüfung der Gültigkeit eingegebener Werte aufgeführt.

```
bool PIXEL::IstPixelGueltig()
{
   return ( ( 0 <= X ) && ( X <= XMAX ) &&
            ( 0 <= Y ) && ( Y <= YMAX ) );
}
```

Sowohl im Konstruktor als auch in den Methoden **SetX** und **SetY** werden die eingegebenen Koordinaten auf ihre Zulässigkeit überprüft. Das bedeutet in diesem Fall, daß x- und y-Koordinaten innerhalb des durch **XMAX** und **YMAX** gegebenen Bereiches liegen müssen.

11.3.6 Die weiteren Klassen

Die weiteren Klassen sollen nun nur noch im Überblick vorgestellt werden.

PUNKT2D fügt den Attributen ihrer Elternklasse **OBJ2DR** einen neuen Konstruktor und einen neuen Destruktor hinzu. Die Ausgabefunktion und die Methode zur Bestimmung der Is-A-Relation werden überladen. Die Körper der Methoden ergeben sich analog zu den bisher dargestellten Routinen.

Neben den üblichen Erweiterungen und überschriebenen Methoden hat die Klasse **VEKTOR2D** ebenfalls eine Methode, welche die Zulässigkeit der internen Werte überprüft. Das Kriterium für nicht erlaubte Vektoren sollte deren Länge sein. Diese Routine wird bei der Eingabe von Werten mit dem Konstruktor oder den **Set**-Funktionen aufgerufen.

```
bool VEKTOR2D::IstVektorGueltig()
{
   float LaengeZumQuadrat = X*X + Y*Y;
   return ( LaengeZumQuadrat > EPSILON );
}
```

Das Kriterium zur Ablehnung eines Eingabewertes ist die Länge des Vektors. Sie sollte laut Aufgabenstellung immer ungleich Null sein. **IstVektorGueltig** berechnet das Quadrat der Länge des Vektors und testet diese Größe entsprechend.

OBJ3DR ist die dreidimensionale Erweiterung von **OBJ2DR.** In dieser Klasse sind Objekte mit drei reellen Koordinaten zusammengefaßt. Der Definitionsdatei ist zu entnehmen, daß zusätzlich die z-Komponente und Zugriffsfunktionen auf diese Komponente eingerichtet werden. Die aus der restlichen Klassenhierarchie bekannten Methoden werden überladen bzw. neu definiert. Die Zugriffsfunktion auf die z-Komponente wird als virtuell deklariert, da sie von Unterklassen überladen werden soll.

PUNKT3D ist analog zu **PUNKT2D** definiert und unterscheidet sich in der Ausführung nur in der Berücksichtigung der anderen Dimension.

VEKTOR3D hat wieder eine Methode **IstVektorGueltig**, welche die Gültigkeit der von außen eingegebenen Werte überprüft.

11.4 Zusammenfassung

In diesem Kapitel haben Sie erstmals den Aufbau einer Klassenhierarchie in C++ nachvollziehen können. Es ist eine einfach strukturierte und sehr kleine Klassensammlung grafischer Objekte, mit deren Hilfe Sie bislang nur die Is-A-Relation zwischen den Klassen ausgeben können. Im übernächsten Kapitel soll eine weitere Hierarchie aufgebaut werden, mit deren Hilfe wir das Vorurteil, objektorientiertes Programmieren sei „per definitionem" langsam, untersuchen werden.

11.5 Übungen

Generische Lösung der Relationsaufgabe

Die Behandlung der Typinformation, also der Klasseninformation, bzw. der Aussagen über die Elternklasse(n) eines Objektes ist in C++ nicht im Standard-Sprachumfang enthalten.

Da aber immer wieder Situationen auftreten, in denen diese Information benötigt wird – insbesondere wenn Sie viel mit dynamischen Objekten arbeiten muß dieses Problem gelöst werden. Einige Hersteller von Entwicklungsumgebungen stellen die Information bspw. über Makros zur Verfügung und unter dem Stichwort RTTI („run time type information") gibt es entsprechende Standardisierungsbemühungen.

Die in diesem Abschnitt vorgestellte Lösung ist insofern unbefriedigend, als sie nicht einfach erweiterbar ist. Entwickeln Sie ein generisches Konzept zur Feststellung des Typs (Klasse) eines Objektes und der Is-A-Relation und demonstrieren Sie dies an der hier programmierten Klassenhierarchie.

12 Weitere Möglichkeiten von C++

Sie wissen nun, wie in C++ Klassen definiert und wie der Vererbungsmechanismus eingesetzt wird. Dieser Abschnitt führt einige weitere Eigenschaften von C++ an, welche die Arbeit mit dieser Sprache erleichtern: **new** und **delete** ermöglichen den einfachen Umgang mit dynamisch verwalteten Objekten. Die Verwendung von Referenzen hilft, Speicherplatz einzusparen. C++ stellt weiterhin drei neue Befehle für die unformatierte und unkomplizierte Ein- und Ausgabe zur Verfügung.

Als Neuerungen gegenüber anderen Programmiersprachen bietet C++ außerdem das Überladen von Funktionen, generische Parameter für Klassen und Funktionen sowie die Ausnahmebehandlung an. Die letztgenannten wurden erst nachträglich in den Standard aufgenommen, ebenso wie die STL, die „standard template library". Sie ergänzt den Funktionsumfang der Programmiersprache um eine Klassenbibliothek für oft genutzte Datenstrukturen und Aufgaben.

Für die Darstellung weiterer Spracheigenschaften von C++ und der Details muß wieder auf die weiterführende Literatur verwiesen werden [Str91]. Sie haben aber mit den hier dargestellten Methoden eine gute Grundlage erworben, um mit C++ objektorientiert zu programmieren.

12.1 Dynamisches Verwalten von Objekten

In C ist die Bereitstellung und die Freigabe von Speicherplatz nur durch Bibliotheksfunktionen möglich (**malloc** und **free**). In C++ gibt es hierfür speziell definierte Routinen, die das Anlegen und die Freigabe von Speicherplatz für beliebige Objekte erledigen. Sie heißen **new** und **delete**.

Die Syntax der beiden Befehle ist:

```
<Objektzeiger> = new <Klassenname>;
delete <Objektzeiger>;
```

Beim Aufruf von **new** wird der Konstruktor der jeweiligen Klasse aufgerufen und entsprechend viel Speicherplatz zur Verfügung gestellt. Ist nicht mehr genügend Speicherplatz vorhanden oder ist die Ausführung des Befehls sonst nicht erfolgreich, dann wird das Resultat auf **NULL** gesetzt. **NULL** entspricht dem nicht belegten Zeiger, in manchen Sprachen auch als **NIL** bezeichnet.

Der Aufruf von **delete** führt zum Aufruf des Destruktors. Wir greifen wieder die Beispielklasse **VEKTOR2D** von oben auf.

```
class VEKTOR2D
{
   int X, Y;

public:
   VEKTOR2D(int newx=0, int newy=0);
   Print();
};

VEKTOR2D* derDa;

derDa = new VEKTOR2D(3,1);
derDa->Print();
...
delete derDa;
```

Im Deklarationsteil wird **derDa** vom Typ „Zeiger auf **VEKTOR2D**" definiert. Der Aufruf von **new** reserviert zuerst genügend Speicherplatz für ein Objekt der Klasse **VEKTOR2D** und bewirkt anschließend den Aufruf des Konstruktors mit den Parametern **newx=3** und **newy=1**.

Werden an das Objekt, auf das **derDa** referenziert, Botschaften geschickt, sind diese nicht mehr mit dem Punkt, sondern mit einem Pfeil „**->**" angehängt. Im Beispiel ist dies der Aufruf von **Print**.

Nach der Bearbeitung beschließt **delete** die Existenz eines Objektes. **delete** ruft zuerst den Destruktor der Klasse **VEKTOR2D** auf und gibt anschließend den Speicherplatz wieder frei. Die Zeigervariable **derDa** bleibt weiter existent.

12.2
Referenzen auf Objekte

Referenzen sind alternative Bezeichnungen für Variablen oder Objekte. Ihr Einsatzgebiet sind hauptsächlich Parameterübergaben und Rückgabewerte von Funktionen. Eine Referenz wird mit einem „**&**“ gekennzeichnet. In:

```
int  i=1;
int& r=i;
```

bedeutet die zweite Zeile, daß **r** eine Referenz auf die ganze Zahl **i** ist. Jede Änderung von **i** bewirkt die Veränderung des Inhaltes von **r** und umgekehrt.

Im nächsten Beispiel wird eine Referenz zur effizienten Parameterübergabe genutzt.

```
void Inkrementiere( int& Eingabe )
{
   Eingabe = Eingabe + 1;
}
...
Inkrementiere(i);
```

Der Aufruf von **Inkrementiere** bewirkt, daß **i** um eins erhöht wird. **Eingabe** stellt eine Referenz auf **i** dar. Jede Änderung an **Eingabe** wirkt auf den Inhalt von **i**. Diese Vorgehensweise ist also mit der Übergabe eines „Variablenparameters“ mit dem Schlüsselwort **VAR** in Pascal vergleichbar.

Die dritte Möglichkeit, Referenzen einzusetzen, ist die Rückgabe von Funktionswerten. Mit Referenzen wird immer das Anlegen zusätzlichen Speicherplatzes vermieden.

12.3
Einfache Ein- und Ausgabe

In einer der Bibliotheken, die normalerweise zum Lieferumfang von C++ gehören, wurden unformatierte Ein- und Ausgaberoutinen aufgenommen. Diese unformatierte Ein- und Ausgabemöglichkeit erleichtert z.B. Fehler- oder Testausgaben.

Die Bibliothek wird mit **#include <iostream.h>** bekanntgemacht. Unter anderem enthält sie die Befehle **cin**, **cout** und **cerr** mit der Syntax:

```
cin  >> Variablenname;
cout << Ausgabebeschreibung;
cerr << Fehlerausgabebeschreibung;
```

Die Funktionen lesen von der Standardeingabe bzw. schreiben auf die Standardausgabe bzw. die Standardfehlerdatei. Sie sind für alle Standard-C++-Typen definiert. Der Operator **<<** bzw. **>>** kann mittels Überladen (s.u.) modifiziert werden. Das bedeutet, daß Sie auch Ihre eigenen Klassen dann recht einfach ausgeben können.

Das folgende Beispiel zeigt die Verwendung der beschriebenen Funktionen.

```
int a;
char* string = "Fehler :";

cin >> a;
if ( a > 0 )
   cout << "Alles klar!.\n";
else
   cerr << string << "a<=0:" << a << "\n";
```

Dieses Programmstück liest mit `cin` einen Wert für die Variable `a` ein. Bei negativem `a` wird eine Fehlermeldung ausgegeben, ansonsten eine Kontrollmitteilung.

Sie erkennen, wie leicht das Ein- und Ausgeben durch Aneinanderhängen der Argumente im Gegensatz zu den in C verwendeten `print`- und `scan`-Funktionen ist. Das Überladen der Operatoren **<<** und **>>** erhöht diese Flexibilität nochmals.

12.4 Überladen von Operatoren

Dies ist eine sehr reizvolle Art, C++ lesbarer zu gestalten. Das Konzept ist die logische Erweiterung des Polymorphismus von Funktionen und Methoden auf Operatoren. Zur Motivation betrachten wir das folgende Beispiel (vergleiche Kapitel 9):

```
class KOMPLEX
{
   float Realteil, Imaginaerteil;

public:
   KOMPLEX& Addiere(KOMPLEX& a);
};

KOMPLEX& KOMPLEX::Addiere(KOMPLEX& a)
{
   ...
}
...
KOMPLEX x, y, z;

z = x.Addiere(y);
```

Der abstrakte Datentyp **KOMPLEX** wird hier als Klasse in C++ wieder aufgenommen. Eine komplexe Zahl besteht aus Realteil und Imaginärteil. Eine der möglichen Operationen ist die Addition. Sie erhält zwei komplexe Argumente und resultiert in einer komplexen Zahl. Ohne Überladen müssen wir diese Operation etwas umständlich als **z = x.Addiere(y)** ausdrücken.

An dieser Stelle wäre es schön, den Operator **+** so interpretieren zu können, daß er auch für komplexe Zahlen gültig ist. In C++ ist dies für fast alle Operatoren möglich, unter anderem für die arithmetischen Operationen, z.B. **+** und **-**, den Ein- und Ausgabeoperator **<<** und **>>**, aber auch für die Zugriffsoperationen wie beispielsweise **->**, **[]** usw. Beim Überladen können dabei weder die Rangfolge noch die Stelligkeit der Operatoren verändert werden.

Der Name der Operator-Funktionen ist das Schlüsselwort **operator** gefolgt von dem entsprechenden Symbol. Im folgenden Beispiel wird für die Klasse **KOMPLEX** der Additionsoperator überladen.

```
class KOMPLEX
{
   float Realteil, Imaginaerteil;

public:
   KOMPLEX(float r=0.0, float i=0.0);
   friend KOMPLEX operator+(KOMPLEX& a,
      KOMPLEX& b);
};

KOMPLEX operator+(KOMPLEX& a, KOMPLEX& b)
{
   KOMPLEX resultat;

   resultat->Realteil =
      a.Realteil + b.Realteil;
   resultat->Imaginaerteil =
      a.Imaginaerteil + b.Imaginaerteil;
   return resultat;
}
...
KOMPLEX x, y, z;

z = x + y;
```

Die Addition ist nun nicht mehr eine Methode der Klasse **KOMPLEX**, sondern eine eigenständige Operation. Durch die Deklaration von **operator+** als befreundete Funktion der Klasse ist der Zugriff auf die geschützten Daten der Klasse möglich.

Sie sehen, wie intuitiv jetzt die Addition zweier komplexer Zahlen formuliert werden kann.

12.5 Templates

Die Beschreibung generischer Parameter realisiert C++ mit den sogenannten Templates (= Muster, Formular, Schablone). Dabei ist die Technik auf Klassen und deren Methoden einerseits und auf Funktionen andererseits anwendbar.

12.5.1 Generische Klassen

Eine generische Klasse entsteht durch Voranstellen des folgenden Konstruktes vor die Deklaration.

```
template<class T> class vector
{
    T*  v;         // Vektor vom Typ T
    int sz;        // Länge des Vektors

public:
    vector(int i);              // Konstruktor
    T& elem(int i);             // i-tes Element
}
```

Die Klasse beschreibt einen Vektor, der Elemente beliebiger Klassen aufnehmen kann. Soll der generische Parameter ein einfacher Datentyp sein, dann genügt die Angabe von **<T>**. Auch die Verwendung zweier oder mehr Parameter ist möglich.

Das Anlegen eines Objektes erfordert dann allerdings die Angabe des konkreten Datentyps.

```
vector<int>          v1(20);
vector<complex>      v2(30);
```

Hier wird also ein Vektor mit zwanzig ganzzahligen Werten und ein zweiter mit dreißig komplexen Werten angelegt. Generische Klassen können überall dort eingesetzt werden, wo Klassen verwendet werden dürfen, z.B. auch bei der Vererbung.

```
class svector : public vector<int*>
{
    ...
}
```

Hier erbt die Klasse **svector** von der Klasse **vector** in der speziellen Ausprägung **T = int***.

An dieser Stelle soll nicht vertieft werden, wie ein generischer Parameter in der Programmierung eingesetzt wird und wie beispielsweise spezielle Ausprägungen von generischen Klassen für bestimmte Instanzen der generischen Parameter realisiert werden. Hierzu sei auf die entsprechende Literatur verwiesen [Str91].

12.5.2 Generische Funktionen

Das Konzept generischer Parameter kann auch auf Funktionen übertragen werden. Dieses erlaubt dann also die Deklaration einer Familie von Funktionen.

Ein Sortieralgorithmus, der für beliebige Klassen angewendet werden kann, wird beispielsweise so deklariert:

```
template<class T> void sort(vector<T>);
```

Mit dem „Typ" **T** wird gearbeitet wie mit jedem anderen Datentyp bzw. wie mit Klassennamen.

12.5.3 Suchreihenfolge

Natürlich wird es mit der Einführung generischer Parameter immer komplexer nachzuvollziehen, welche Methode bei einem Aufruf auch wirklich aktiviert wird. Die Suche folgt den folgenden Vorschriften.

1. Zunächst wird nach einer exakt übereinstimmenden Funktion bzw. Methode gesucht.
2. Bei Mißerfolg wird die Suche nach einem Funktions-Template, von dem eine exakt übereinstimmende Funktion generiert werden kann, fortgesetzt.
3. Ist auch das nicht erfolgreich, dann wird nach anderen Übereinstimmungen durch entsprechende Interpretation der Parameter gesucht, z.B. einer implizit oder explizit möglichen Konvertierung.

12.6 Standard Template Library (STL)

Die seit einigen Jahren für C++ normierte Klassenbibliothek legt einerseits Konventionen fest und stellt andererseits Klassen zur Verfügung, welche übliche Anforderungen an Datenstrukturen genügen. Dies sind die sogenannten „Container"-Klassen und die darauf operierenden Iteratoren. Elemente dieser Klassen können C++-Typen – also Klassen – sein, die einen Konstruktor, einen Destruktor und einen Zuweisungsoperator überladen.

Die Klassen der STL sind bezüglich der Zugriffszeiten optimiert und verwalten den notwendigen Speicherplatz selbst, so daß eine Nutzung dieser Klassen zu einer effizienten Implementierung führt.

Als Klassen sind die folgenden definiert:

- Die *Schlange* („*deque*" = „*double ending queue*"), also eine lineare Datenstruktur, an der an beiden Enden ein Zugriff auf die einzelnen Elemente erfolgen kann. Diese ist beispielsweise so implementiert, daß das Einfügen am Ende in konstanter Zeit erfolgt.
- Die *Liste* („*list*"), die hauptsächlich für dynamisch wachsende Felder geeignet ist, sowie
- das *Feld* („*vector*"), welches für den Zugriff auf Felder mit eher gleichbleibender Größe gedacht ist.
- Die *Menge* („*set*") enthält eine Menge von Werten, die gleichzeitig als Schlüssel genutzt werden, wobei die Werte jeweils nur ein Mal in der Menge auftreten dürfen.
- Die *Mehrfachmenge* („*multiset*") dagegen kann Werte auch mehrfach aufnehmen.
- Die *Zuordnung* („*map*") besteht aus einer Menge von Paaren aus Schlüssel und Wert, wobei der Schlüssel einerseits Sortierkriterium ist und andererseits eindeutig sein muß.
- Die *Mehrfachzuordnung* („*multimap*") erweitert die Zuordnung auf nicht eindeutige Schlüssel analog zur Mehrfachmenge.

Ein Beispiel zum Einsatz einer Schlange zeigt der folgende Programmcode. Zunächst wird eine Schlange mit ganzzahligen Werten als neuer Typ deklariert.

```
typedef deque<int>  INTDEQUE;
```

Von diesem Typ wird das Objekt **A** angelegt und mit fünf Zahlen gefüllt, die jeweils an das Ende angehängt werden.

```
INTDEQUE  A;
A.push_back(1);
A.push_back(2);
A.push_back(3);
A.push_back(4);
A.push_back(5);
```

Die Ausgabe erfolgt dann mit Hilfe eines sogenannten Iterators, der alle Elemente indiziert und ausgeben läßt.

```
INTDEQUE::iterator pi;

for(pi= A.begin();  pi !=A.end(); pi++)
   cout << *pi <<" " ;

cout << endl;
```

Die Ausgabe des Programms nach diesen Schritten ist:

```
1 2 3 4 5
```

12.7 Ausnahmebehandlung

Die Ausnahmebehandlung („exception handling") ist eine Art der Fehlerbearbeitung, welche die Kontrolle des Programmablaufs *sofort* an die aufrufende Stelle zurückgibt. Sie wird hauptsächlich in ereignisgesteuerten Systemen eingesetzt. Der Fehler ist dann ebenfalls im Sinne eines „Ereignisses" zu behandeln.

In C++ benötigt die Ausnahmebehandlung zwei Komponenten: das Auslösen der Fehlersituation durch das Schlüsselwort **throw** sowie die entsprechenden Routinen zur Behandlung der Situation, die durch die Schlüsselworte **try** und **catch** charakterisiert wird. Hierzu sei ein Beispiel ohne Objekte betrachtet.

```
try
{
   ...     // Block, in dessen Verlauf die
   ...     // Ausnahme ausgelöst wird
   throw("Hilfe");    // wird vom Handler
                      // aufgefangen
   ...
}
catch (const char* p)
{
   ...     // Ausnahmebehandlung für String
}
```

Im ersten Block werden Anweisungen, z.B. Funktionsaufrufe ausgeführt, von denen eine Fehlersituation erwartet wird. Tritt im Verlauf dieser Anweisungen das Schlüsselwort **throw** auf, geht der

Kontrollfluß sofort in den **catch**-Block, sofern ein solcher mit den richtigen Parametern vorhanden ist.

Es kann mehrere **catch**-Blöcke mit unterschiedlichen Parametersätzen geben sowie den generell gültigen **catch(...)**-Block. Objekte, z.B. Fehlermeldungsobjekte, können eingesetzt werden. Solche sehen die meisten Klassenbibliotheken vor.

Sie erkennen aus diesen Ausführungen die folgenden Eigenschaften des Ausnahmemechanismus:

- Wenn Sie andere Funktionen aufrufen, die mit Ausnahmen arbeiten, sollten Sie immer eine Fehlerbehandlung durchführen.
- Das bedeutet aber auch, daß diese Tatsache dokumentiert sein muß. Ansonsten sind instabile Programme das zwangsläufige Resultat.
- Im Fall der Nutzung von Ausnahmen müssen insbesondere dynamisch angelegte Objekte immer korrekt „aufgeräumt" werden.

Der Mechanismus der Ausnahmebehandlung sollte also immer wohlüberlegt eingesetzt sein.

12.8 Zusammenfassung

Nachdem Sie in den letzten Kapiteln viele Eigenschaften und Konstrukte von C++ kennengelernt und eingeübt haben, soll an dieser Stelle nochmals eine tabellarische Zusammenfassung auf der Basis der Anforderungen aus Kapitel 3 erfolgen.

Tabelle 12.1 *Gegenüberstellung objektorientierter Konzepte und deren Umsetzung in C++*

Konzept	Umsetzung in C++
Klasse	**class** für „geschützte" Klassen, **struct** oder **union** für „offene" Klassen
Objekt	Variable vom Typ **class**, **struct** oder **union**
Vererbung	durch explizites Angeben der Elternklasse(n) bei der Deklaration der Klasse
Mehrfachvererbung	erlaubt
Botschaft	durch Aufruf der entsprechenden Methode
Zugriffsrechte	**public**, **protected** oder **private** für Daten und Methoden
Persistenz	nicht im Standard von C++ enthalten
Dynamische Methodenbindung	durch „virtuelle" Methoden

Konzept	Umsetzung in C++
Abstrakte Klasse	durch „pur virtuelle" Methoden, die überladen werden müssen
Parallelität	nicht im Standard von C++ enthalten
Speicherverwaltung	keine automatische Speicherverwaltung
Polymorphismus	1. durch dynamische Methodenbindung 2. durch Überladen von Funktionen, Methoden und Operatoren 3. durch die Möglichkeit unterschiedlicher Klassen, gleiche Methoden zu verwenden
Aggregation	durch Deklaration der Bestandteile als Attribute der Klasse
Assoziationen	durch Verweis innerhalb der Klasse oder in einer eigenen Klasse zur „Verwaltung"

13 Programmierung und Vergleich verschiedener Zugriffsmöglichkeiten auf Klassenelemente

Ein häufig geäußertes Vorurteil gegenüber objektorientierten Programmiersprachen ist die vermutete Langsamkeit. Das Ziel der Aufgabenstellung dieses Kapitels ist das Kennenlernen von Mehrfachvererbung in C++, die Verwendung der **`friend`**-Funktion und Effizienzbetrachtungen. Wir werden eine Klassenhierarchie aufbauen und verschiedene Attributzugriffe miteinander vergleichen. Neben der Beurteilung der Geschwindigkeit umfaßt der Vergleich aber auch die Sicherheit und die Kompaktheit des erzeugten Codes.

Der Aufbau dieses Kapitels verläuft analog zu den vorhergehenden Beispielkapiteln. Am Anfang steht die Aufgabenstellung. Anschließend wird die Lösung hergeleitet. Diese wird mit Teilen des Programmtextes vorgestellt und diskutiert.

13.1 Aufgabenstellung

In grundlegenden mathematischen oder grafischen Systemen werden häufig Vektoren und Matrizen sowie Operatoren benötigt, wie beispielsweise

- die Länge eines Vektors,
- die Determinante einer Matrix,
- die Transponierte einer Matrix oder
- die Multiplikation einer Matrix mit einem Vektor.

Im Gegensatz zu den ersten drei der oben genannten Funktionen, die als Methoden *einer* Klasse deklariert und implementiert werden können, muß die letzte auf die internen Daten *zweier* Klassen zugreifen. Sie ist daher nicht einer von beiden Klassen eindeutig zuzuordnen. Diese Funktion soll im folgenden genauer auf effiziente Implementierungsmöglichkeiten untersucht werden.

Zur Vorbereitung dieser Untersuchungen sollen zwei Klassen **VEKTOR** und **MATRIX** mit 3×1 bzw. 3×3 reellen, von außen nicht zugreifbaren Elementen implementiert werden.

13.1.1 Erste Variante

In der ersten Variante der Multiplikation soll eine Funktion

```
VEKTOR Multipliziere(MATRIX m, VEKTOR v);
```

als „ganz normale“, globale Funktion implementiert werden. Sie darf über die **VEKTOR**-Methoden

```
float HoleElement(unsigned int index);
void SetzeElement(unsigned int index,
   float neuerWert);
```

auf die Elemente des Vektors und über die **MATRIX**-Methode

```
float HoleElement(unsigned int xIndex,
   unsigned int yIndex);
```

auf die Elemente der Matrix zugreifen. Unzulässige Indizes sollen dabei abgefangen werden.

13.1.2 Zweite Variante

In der zweiten Variante soll die Multiplikation ebenfalls als global bekannte Funktion implementiert werden. Sie soll nun aber auf die Elemente von **VEKTOR** und **MATRIX** als **friend**-Funktion zugreifen dürfen.

13.1.3 Dritte Variante

Die letzte Variante ist eine objektorientierte „Konstruktion“. Eine Klasse **VMOP** (kurz für: Vektor-Matrix-Operation), die Erbin sowohl von **MATRIX** als auch von **VEKTOR** ist, wird deklariert. Sie enthält also jeweils eine Matrix und einen Vektor und kann daher auf alle Daten beider Elemente zugreifen. In einer solchen Klasse können alle binären Operationen, die diese Zugriffe benötigen, zusammengefaßt werden.

Die Methode **Multipliziere** soll nun mit Hilfe dieser Klasse implementiert werden.

13.1.4 Vergleich

Ein Testprogramm, das genügend oft die Multiplikation einer nicht-trivial besetzten Matrix mit einem nicht-trivial besetzten Vektor durchführt, wird auf jede der drei Varianten von oben angewendet. Die vom Programm benötigten Zeiten sollen gemessen werden. In der Diskussion der Varianten soll aber auch die Sicherheit der Zugriffsmöglichkeiten und die Kompaktheit des Programms beurteilt werden.

13.2 Herleitung der Lösung

Die Lösung dieser Aufgabe besteht aus den zwei Grundklassen, aus denen die anderen Klassen, die für die eigentliche Lösung benötigt werden, abgeleitet werden. Gemäß der Aufgabenstellung sind zwei Klassen **VEKTOR** und **MATRIX** definiert.

Um die Größe der Matrix bzw. des Vektors leicht ändern zu können, wurden die Definitionen und alle Programmstücke, die sich darauf beziehen, mit Hilfe der Konstanten **ANZAHL_ELEMENTE** beschrieben. Diese Konstante wird global definiert.

Für die erste Variante der Lösung werden von **VEKTOR** und **MATRIX** zwei Klassen **VEKTOR1** und **MATRIX1** abgeleitet. Aufgrund der Vererbung enthalten sie durch ihre Elternklassen die Felddefinitionen und den Konstruktor. Zusätzlich werden dann Konstruktoren für die abgeleiteten Klassen definiert und die Methoden **HoleElement** und **SetzeElement**, so wie sie in der Aufgabenstellung vorgeschlagen sind.

Die erste Variante der Multiplikation bekommt also als Parameter eine Matrix der abgeleiteten Klasse und einen entsprechenden Vektor. Sie liefert als Ergebnis wieder einen solchen Vektor.

Für die zweite Variante der Multiplikationsfunktion werden zwei neue Klassen **VEKTOR2** und **MATRIX2** von den Basisklassen abgeleitet. Sie enthalten keine zusätzlichen Daten, aber einen neuen

Konstruktor und die Deklaration der **`friend`**-Funktion **`Multiplizierе`**.

In der dritten Variante sollte aus den beiden Klassen **`VEKTOR`** und **`MATRIX`** eine gemeinsame Unterklasse mit dem Namen **`VMOP`** definiert werden. Diese Klasse erbt die Datenelemente des Vektors und der Matrix, d.h., das Anlegen eines Objektes vom Typ **`VMOP`** bedeutet nichts anderes, als die Daten eines Vektors und die Daten einer Matrix in diesem Objekt abzulegen.

Die Funktionalität der Multiplikation kann dann durch eine Methode dieser Klasse, der Methode **`Multipliziere`** durchgeführt werden. Diese operiert auf den internen Daten des Objektes und hat daher keine Eingabeparameter. Als Ausgabeparameter wird ein Vektor definiert.

Für die Messungen wird ähnlich zur Tabelle des Kapitel 11 eine weitere Klasse definiert. Es ergibt sich die in Abbildung 13.1 dargestellte Hierarchie.

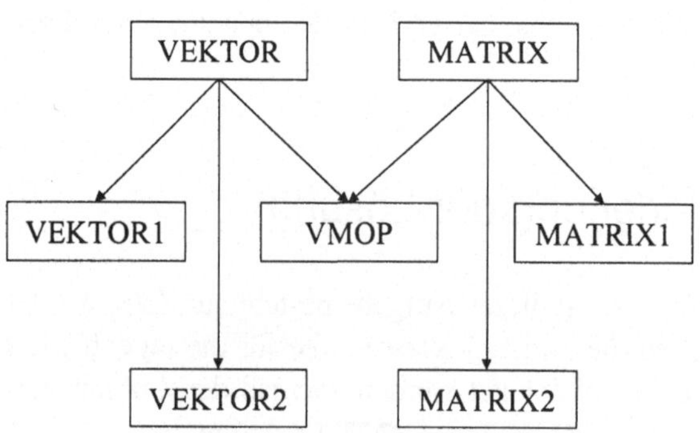

Abbildung 13.1 *Die Klassenhierarchie spiegelt die verschiedenen Varianten der Aufgabenstellung wider*

13.3 Programmtexte und Diskussion

Im folgenden werden die für die drei Varianten erzeugten Programme fragmenthaft dargestellt und diskutiert. Die Klassendefinitionen sind bewußt kurz gestaltet. Insbesondere genügen sie nicht den üblichen Vollständigkeitsbedingungen in bezug auf die Methoden.

13.3.1 Grundlegende Klassen

Die Grundlage des Programms bilden die beiden Klassen **VEKTOR** und **MATRIX** und eine Datei, in der globale Information verfügbar ist.

```
#define ANZAHL_ELEMENTE 3

// Definition der Multiplikationsfunktionen
VEKTOR1 Multipliziere(MATRIX1& m,
   VEKTOR1& v);
VEKTOR2 Multipliziere(MATRIX2& m,
   VEKTOR2& v);
```

Am Anfang wird mit der Konstanten **ANZAHL_ELEMENTE** die Größe der Vektoren und Matrizen festgelegt. Die programmübergreifende Bekanntmachung dieser Größe könnte vermieden werden, wenn **VEKTOR** und **MATRIX** diese mit abspeicherten. Dazu müssen Daten innerhalb dieser Klassen aber dynamisch anlegbar sein. Um zu komplexe Klassenbeschreibungen zu vermeiden, wurde diese Lösung hier verworfen.

Die letzten Zeilen dienen der Schnittstellenbeschreibung der Multiplikationsfunktion für die erste und zweite Variante.

Die Definition von **VEKTOR** steht in der Datei **VEKTOR.H**.

```
class VEKTOR
{
   friend class VMOP;

protected:
   float VektorElement[ANZAHL_ELEMENTE];

public:
   VEKTOR() {};
   void Init();
};
```

Diese Klasse ist keine Kindklasse einer anderen. Sie definiert ein Feld von Datenelementen **VektorElement**, in dem der Vektor abgelegt ist. Mit Hilfe der Initialisierungsfunktion wird das Datenfeld mit Zufallszahlen belegt. Der leere Konstruktor könnte von der Sprachdefinition her ohne Unterschied in der Funktionalität entfernt werden. Ein guter C++-Compiler entfernt ihn daher bei der Übersetzung.

Eine Besonderheit ergibt sich durch die Ableitung der Klasse **VMOP**. Sie hat als Kindklasse von **VEKTOR** und **MATRIX** genau deren Datenelemente zur Verfügung. Beim Schreiben des Ergebnisvektors der Multiplikation stellt sich jedoch heraus, daß diese Klasse nicht auf die Elemente eines *beliebigen* Objektes der Klasse **VEKTOR** zugreifen darf. Daher ist bereits hier **VMOP** als **friend** von **VEKTOR** bezeichnet.

Die in der Definitionsdatei deklarierte Initialisierungsfunktion wird in der Datei **VEKTOR.CPP** ausgeführt. Hier wird mit Hilfe der Funktion **frand()** das Vektorfeld mit zufälligen reellen Werten gefüllt. Diese sollten ausreichen, um die Geschwindigkeit der Multiplikation zu messen.

Die zweite Elternklasse, **MATRIX**, aus der die anderen Varianten abgeleitet sind, ist in **MATRIX.H** definiert.

```
class MATRIX
{
protected:
   float MatrixElement[ANZAHL_ELEMENTE]
                      [ANZAHL_ELEMENTE];

public:
   MATRIX() {};
   void Init();
};
```

Aus ihr und der im letzten Abschnitt beschriebenen Klasse **VEKTOR** werden die im folgenden diskutierten Varianten durch Vererbung abgeleitet. Auch die Klasse **MATRIX** ist relativ einfach aufgebaut. Sie besitzt ein Feld von reellen Variablen, welche die Matrix repräsentiert. Nach außen zugänglich ist lediglich der Konstruktor und die Initialisierungsfunktion **Init**. Sie belegt ebenfalls die Feldelemente mit zufälligen reellen Werten.

13.3.2 Klassen für die erste Variante

Die erste Variante der Multiplikationsfunktion basiert auf zwei Kindklassen der eben vorgestellten Klassen. Sie erweitern diese um die Zugriffs- bzw. Abfragemethode für die Vektor- bzw. Matrixelemente. Im Anschluß an die beiden Klassen wird die Funktion **Multipliziere** vorgestellt, welche die erste Variante umsetzt.

Für die Vektorklasse der ersten Variante wird die Klasse **VEKTOR** durch die Klasse **VEKTOR1** um zwei Zugriffsfunktionen auf die Elemente des Vektors erweitert.

```
class VEKTOR1: public VEKTOR
{
public:
   VEKTOR1() : VEKTOR() {};

   float HoleElement(unsigned int index);
   void SetzeElement(unsigned int index,
      float neuerWert);
};
```

Sie erinnern sich: Die Multiplikationsfunktion von Vektor und Matrix sollte so implementiert werden, daß sie keinen direkten Zugriff auf die Elemente dieser Klassen hat. Da **VEKTOR1** sowohl Operand als auch Ergebnis der Multiplikation ist, muß auf ihre Elemente lesend und schreibend zugegriffen werden können. Dies wird mit den Methoden **HoleElement** und **SetzeElement** erreicht.

Die Zugriffsmethode **HoleElement** überprüft zuerst, ob der angegebene Index zulässig ist. Da dies im Fall von **SetzeElement** auch getan wird, hätte dieser Test auch als gesonderte **private**-Methode ausgeführt werden können. Unzulässige Indizes führen nicht zum Abbruch des Programms, sondern dazu, daß das Element mit dem Index 0 zurückgegeben wird. Eine sinnvolle Erweiterung der Zugriffsfunktionen besteht darin, einen booleschen Wert zurückzugeben, der den Erfolg bzw. Mißerfolg des Zugriffs anzeigt.

MATRIX1 spezialisiert die Klasse **MATRIX** analog durch das zusätzliche Definieren einer Zugriffsmethode.

```
class MATRIX1 : public MATRIX
{
public:
   MATRIX1() : MATRIX() {};

   float HoleElement(unsigned int xIndex,
      unsigned int yIndex);
};
```

Im Sinne der hier nur minimal ausgeführten Klassen ist nur die Methode **HoleElement** notwendig, da auf die Matrixelemente nur lesend zugegriffen wird. Dazu kommt ein Konstruktor für die neu eingeführte Klasse.

Der Konstruktor von **MATRIX1** basiert auf dem Konstruktor von **MATRIX**. Falsch eingegebene Indizes in die Matrix werden in der Zugriffsmethode **HoleElement** abgefragt und im Fehlerfall die Indizes auf Null gesetzt. Sind die Indizes im zulässigen Bereich, dann ist das entsprechende Matrixelement Ergebnis der Methode **HoleElement**.

13.3.2.1 Die Funktion **Multipliziere**

Die erste Funktion **Multipliziere** greift über die Elementfunktionen **HoleElement** und **SetzeElement** auf die Elemente der Matrix bzw. des Vektors zu.

```
VEKTOR1 Multipliziere(
   MATRIX1& m, VEKTOR1& v)
{
   unsigned int xIndex, yIndex;
   float summe;
   VEKTOR1 ergebnis;

   for (xIndex=0; xIndex<ANZAHL_ELEMENTE;
      xIndex++ )
   {
      summe = 0.0;
      for (yIndex=0;yIndex<ANZAHL_ELEMENTE;
         yIndex++ )
         summe = summe +
            m.HoleElement(xIndex,yIndex) *
            v.HoleElement(yIndex);
      ergebnis.SetzeElement(xIndex, summe);
   }
   return ergebnis;
}
```

An die Funktion werden eine Matrix und ein Vektor als Referenz übergeben. Damit sparen Sie den Speicherplatz für temporäre Variablen.

Die Zeilen des Ergebnisvektors ergeben sich aus der Summe der Produkte der Matrixzeilen mit dem Vektor. Für eine Beschleunigung könnten die Zugriffe auf die Vektorelemente noch aus der Schleife heraus verlagert werden. Aus Gründen der Vergleichbarkeit mit der zweiten Variante ist diese Form aber beibehalten worden.

13.3.3 Klassen für die zweite Variante

Die zweite Variante basiert auf zwei weiteren Kindklassen der Elternklassen **VEKTOR** und **MATRIX**. Sie werden, gemeinsam mit der zweiten Variante der Multiplikationsfunktion, in diesem Abschnitt vorgestellt.

Die Erweiterungen von **VEKTOR** auf **VEKTOR2** bzw. **MATRIX** auf **MATRIX2** sind denkbar einfach. Die zweite Multiplikationsfunktion gleichen Namens wird zur **friend**-Funktion erklärt. Der Konstruktor wird wegen seiner Einfachheit hier direkt in die Definitionsdatei geschrieben, so daß es keine Dateien **VEKTOR2.CPP** und **MATRIX2.CPP** geben muß.

```
class VEKTOR2 : public VEKTOR
{
public:
   VEKTOR2() : VEKTOR() {};

   friend VEKTOR2 Multipliziere(
      MATRIX2& m, VEKTOR2& v);
};

class MATRIX2 : public MATRIX
{
public:
   MATRIX2() : MATRIX() {};

   friend VEKTOR2 Multipliziere(
      MATRIX2& m, VEKTOR2& v);
};
```

Vielleicht fragen Sie sich, warum hier überhaupt zwei weitere Klassen definiert wurden, wenn doch die Funktionalität des abstrakten Datentyps selbst nicht erweitert wurde. Die Erweiterung besteht gerade in der Angabe der Multiplikation als zugriffsberechtigte Funktion. Die einzelnen Varianten sind damit klar trennbar. Haben Sie sich nach dem „Experimentieren“ für eine der Varianten entschieden, dann können Sie die restlichen Klassen ohne Probleme aus ihrem Projekt entfernen!

13.3.3.1 Die Funktion `Multipliziere`

Die zweite Funktion **Multipliziere** ist **friend**-Funktion zu **VEKTOR2** und **MATRIX2**, so daß hier direkt auf die Elemente der Matrix bzw. des Vektors zugegriffen werden kann.

```
VEKTOR2 Multipliziere(MATRIX2& m,
   VEKTOR2& v)
{
   unsigned int xIndex, yIndex;
   float summe;
   VEKTOR2 ergebnis;

   for (xIndex=0; xIndex<ANZAHL_ELEMENTE;
      xIndex++ )
   {
      summe = 0.0;
      for (yIndex=0;yIndex<ANZAHL_ELEMENTE;
         yIndex++ )
         summe = summe +
            m.MatrixElement[xIndex][yIndex]
            * v.VektorElement[yIndex];

      ergebnis.VektorElement[xIndex]=summe;
   }
   return ergebnis;
}
```

In der zweiten Version der Multiplikationsfunktion werden somit alle indirekten durch direkte Zugriffe ersetzt. An sie wird wieder eine Matrix und ein Vektor als Referenz übergeben. Die Berechnung des Ergebnisses findet exakt wie in der ersten Lösung statt.

13.3.4 Die Klasse der dritten Variante

Die vorab schon angekündigte Klasse **VMOP** erbt alle Eigenschaften einer Matrix und eines Vektors.

```
class VMOP : public VEKTOR, public MATRIX
{
public:
   VMOP() : VEKTOR(), MATRIX() {};

   void Init();
   VEKTOR Multipliziere();
};
```

Die letzte Variante besteht nur noch aus einer Klassenbeschreibung. **VMOP** erbt sowohl von **VEKTOR** als auch von **MATRIX**. Die Operanden der Multiplikation werden vor der Operation in dieser Klasse gekapselt. Die Methode **Multipliziere** führt die Operation auf diesen internen Daten aus und erzeugt einen Ergebnisvektor. Um die Elemente des Ergebnisvektors auch direkt setzen zu können, ist die Klasse mit der Klasse **VEKTOR** „befreundet".

```
VEKTOR VMOP::Multipliziere()
{
   unsigned int xIndex, yIndex;
   VEKTOR ergebnis;

   for (xIndex=0; xIndex<ANZAHL_ELEMENTE;
      xIndex++ )
   {
      ergebnis.VektorElement[xIndex] = 0.0;
      for (yIndex=0;yIndex<ANZAHL_ELEMENTE;
         yIndex++ )
         ergebnis.VektorElement[xIndex] +=
            MatrixElement[xIndex][yIndex]
            * VektorElement[yIndex];
   }

      return ergebnis;
}
```

Die Initialisierungsfunktion, die hier nicht dargestellt ist, belegt die Matrix und den Vektor durch den Aufruf der Initialisierungsfunktion beider Elternklassen mit Zufallszahlen. Die Methode **Multipliziere** arbeitet im Gegensatz zu den beiden vorher vorgestellten Funktionen auf den internen Daten. Sie kann direkt darauf zugreifen und liefert das Ergebnis als **VEKTOR**.

13.3.5 Das Hauptprogramm

Bis zu diesem Zeitpunkt sind nur die Klassen der oben beschriebenen Vererbungshierarchie vorgestellt worden. Analog zur Klasse **TABELLE** des vorletzten Kapitels sollte es auch für dieses Projekt wieder eine Klasse geben, welche die Messungen ausführt und geeignet anzeigt.

Die Implementierung des Hauptprogramms wird hier nicht genauer diskutiert. Dort werden die vier Varianten entsprechend oft durchlaufen und die verstrichene Zeit mit Hilfe einer Systemfunktion gemessen.

Dazu werden zuerst alle Testobjekte mit zufälligen Werten initialisiert. Jeweils direkt vor und direkt nach der Schleife wird eine Zeitmessung durchgeführt und die Zeitdifferenz ausgegeben. Nachteilig an dieser Art der Ausführung ist, daß die Testvektoren konstant bleiben. Am Anfang des Programms wird der Zufallszahlengenerator aktiviert und die Häufigkeit, mit der gemessen werden soll, eingelesen.

Ein typischer Verlauf des Programms hat dann z.B. folgendes Ergebnis:

```
Bitte gib die Anzahl der Experimente ein:
12345
Felder direkt multipliziert: 0.38 Sekunden
Erste Variante: 0.77 Sekunden
Zweite Variante: 0.44 Sekunden
Dritte Variante: 0.39 Sekunden
```

13.3.6 Ergebnis

Der Test auf die Geschwindigkeit der drei Varianten wurde mit dem oben geschilderten Hauptprogramm durchgeführt. Ein Teil der Ergebniszeiten ist in Tabelle 13.1 dargestellt. Die Tests liefen auf einem PC 486. Alle Zeitangaben sind in Sekunden.

Anzahl der Durchläufe	C-Variante	Erste Variante	Zweite Variante	Dritte Variante
100000	2.75	6.26	3.63	3.29
100000	2.75	6.26	3.62	3.24
100000	2.75	6.32	3.62	3.24
100000	2.74	6.32	3.63	3.29
100000	2.75	6.32	3.62	3.24
1000000	27.52	62.89	36.20	32.46
1000000	27.58	62.83	36.09	32.46
1000000	27.41	62.89	36.09	32.46
1000000	27.47	62,89	36.25	32.46
1000000	27.46	62.89	36.08	32.52

Tabelle 13.1 *Gemessener Zeitvergleich zwischen den verschiedenen Varianten, die in dieser Aufgabe programmiert wurden. Die Zeitangaben sind in Sekunden*

Das in der Aufgabenstellung vermutete Resultat, daß die erste Variante die aufwendigste sei, hat sich bestätigt. Die Unterschiede zwischen der dritten und der zweiten Variante sind merkbar, liegen aber in einer geringeren Größenordnung als die Unterschiede beider zur ersten Variante.

Die Zeitmessung hat sich übrigens nicht so einfach ergeben, wie sie hier nun dargestellt ist. Erste Messungen besagten, daß die C++-Varianten etwa 10 Mal langsamer seien, als die C-Variante, die zum Vergleich beigefügt war. Diese Messung wäre natürlich eine Bestätigung für alle, die objektorientierte Programmierung ablehnen, weil sie zu langsam sei. Der Grund für diese langsame Berechnung lag im Konstruktor für den Ergebnisvektor.

In jeder der drei Multiplikationsroutinen wird ein Ergebnisvektor lokal angelegt. Mit der lokalen Vereinbarung wird auch jedesmal der Konstruktor des Ergebnisvektors aufgerufen. Werden in diesem Konstruktor Operationen ausgeführt, die für einen Ergebnisvektor aber nicht benötigt werden, so erhöhen diese die Rechenzeit und führen somit zu einem „unfairen" Vergleich.

In der hier dargestellten Version haben alle Konstruktoren von Vektoren leere Körper. Die Initialisierung mit Zufallswerten findet in der getrennt definierten und ausgeführten Methode `Init` statt.

Weitere Zeitunterschiede im Bereich ±10% um die hier gemessenen Werte der C-Variante herum erhalten Sie, wenn z.B. Parameter in der Parameterliste statt als Rückgabewert definiert werden oder wenn die C-Variante innerhalb einer Klasse „simuliert" wird.

Der Speicherplatzbedarf und damit die Kompaktheit der Beschreibung läßt sich für die drei Varianten nicht sinnvoll angeben, da die Lösung hier aus *einem* Programm besteht, in dem alle drei Varianten enthalten sind. Da die Module aber getrennt übersetzbar sind, erscheint ein sinnvolles Maß die Summe des belegten Speicherplatzes der Module zu sein, die für eine bestimmte Variante auch tatsächlich benötigt würden. Das Hauptprogramm bleibt dabei außer acht.

Für die erste Variante wurden demnach 25453 Byte, für die zweite 5813 Byte und für die letzte 2001 Byte benötigt. Die letzte Variante ist also die kompakteste Lösung des gestellten Problems.

Die Bewertung der Sicherheit im Zugriff auf die Komponenten der Matrix und des Vektors führt bei allen drei Varianten zu einem ähnlichen Ergebnis. In der ersten Variante sind Zugriffe von außen nur über die **`HoleElement`**-Methode möglich, ansonsten sind die Elemente **`protected`**.

Durch die Angabe der Multiplikationsfunktion als **`friend`** sind die Zugriffsmöglichkeiten auf interne Datenstrukturen von **`VEKTOR2`** und **`MATRIX2`** auf eben diese Funktion beschränkt. Damit entspricht dies der Forderung nach einer expliziten Schnittstelle. Auch die letzte Variante ist insofern als sicher einzustufen, als nur durch die Kindklassen auf die internen Strukturen zugegriffen werden kann.

In Tabelle 13.2 ist die Zusammenfassung der Ergebnisse dargestellt.

Tabelle 13.2 *Vergleich der drei Verfahren in Kompaktheit, Rechenzeit und Sicherheit*

Variante	Speicherplatz (Faktor)	Rechenzeit (Faktor)	Sicherheit
1	25453 Byte (12.72)	62.89 s/1000000 62.90 (1.94)	sicher
2	5813 Byte (2.90)	36.20 s/1000000 (1.12)	sicher
3	2001 Byte (1.00)	32.46 s/1000000 (1.00)	sicher

Welcher Lösung Sie aufgrund dieser Ergebnisse den Vorzug geben, können Sie mit Hilfe Ihrer eigenen Kriterien nun weiter untersuchen. Dieses Kapitel hat Sie hoffentlich auch dazu angeregt, mit dieser Form des objektorientierten Programmierens ein wenig zu „experimentieren“.

13.4 Übungen

1. Komplexe Zahlen

Nehmen Sie das Beispiel aus Kapitel 9 wieder auf und realisieren Sie die dort definierten binären Operationen (**`Add`**, **`Product`**, **`Quotient`**) in Form überladener C++-Operatoren.

Optimieren Sie die Implementierung so, daß keine zusätzlichen Objekte bei der Ausführung generiert werden. Prüfen Sie diese Eigenschaft entweder mit Hilfe Ihres Debuggers oder durch Anlegen eines „Objektzählers“, der jede erzeugte Instanz nachweist.

2. Einfache Klassenhierarchie

Nehmen Sie das Beispiel aus Kapitel 11 wieder auf. Ersetzen Sie die Klassen **`OBJ2DI`** und **`OBJ2DR`** durch *eine* Klasse **`OBJ2D`**, die durch einen generischen Parameter den Typ der internen Daten bestimmt.

Welche weiteren Vereinfachungen können Sie durch generische Parameter in dieser Klassenhierarchie erreichen?

14 Umsetzung eines objektorientierten Systementwurfs

In Kapitel 7 wurde das Beispiel der Semesterdatenverwaltung benutzt, um die einzelnen Schritte des Analyse- und Entwurfsverfahrens zu erläutern. Das Ergebnis war ein Systementwurf, in dem Klassen, ihre Beziehungen zueinander, Teilsysteme und Kontrakte spezifiziert waren.

Nachdem Sie in den letzten Kapiteln Grundkenntnisse von C++ erlernt und an Beispielen eingeübt haben, wollen wir auf dieses umfangreichere Projekt zurückkommen und seine Programmierung diskutieren. Durch gemeinsame Betrachtung der beiden Kapitel erhalten Sie damit einen Überblick über das Projekt, der von der Aufgabenstellung über die Spezifikation bis zur Implementierung reicht.

Eine Fragestellung steht im Mittelpunkt: Welcher Teil der Spezifikation spiegelt sich in welchem Teil der Implementierung wider? An diese Frage schließen sich weitere Fragestellungen an: Werden Teilsysteme beispielsweise auch in Klassen umgesetzt oder nicht? Welche zusätzlichen Methoden benötigen Klassen, um die entsprechende Funktionalität zu erfüllen?

14.1 Umsetzung des objektorientierten Systementwurfs

Ein objektorientierter Systementwurf besteht in der Regel aus der Beschreibung statischer Strukturen und des dynamischen Verhaltens der Objekte bzw. des Gesamtsystems. Elemente des statischen Entwurfs sind in der Regel

- fachliche Klassen und Teilsysteme,
- Eingabeelemente (Dialoge) und
- Datenbankelemente.

Die fachlich orientierten Klassen können in der Regel nicht generisch zur Verfügung gestellt werden. Daher werden sie immer den Schwerpunkt der Implementierung in einer neuen Anwendung darstellen.

Eingabeelemente und Datenbankelemente werden inzwischen auf allen Systemen durch entsprechende Klassenbibliotheken, z.B. die MFC (Microsoft Foundation Classes) oder die Klassen der objektorientierten Datenbank ObjectStore, unterstützt, so daß sie in einem Entwurf nicht unbedingt auftreten müssen. Genau um diese beiden Aspekte hatte sich der Entwurf in Kapitel 7 auch ein wenig „gedrückt".

Die dynamische Ebene eines Entwurfs zeigt sich auf der Objektebene typischerweise in der Modellierung von Zustandsübergängen, auf der Systemebene in der Modellierung von Zeit-Objekt-Diagrammen.

Innerhalb einer Klasse können Zustandsübergänge beispielsweise durch explizite Modellierung eines internen Zustands realisiert werden. Auf dieser Basis kann jede Methode prüfen, ob ihre Ausführung möglich und sinnvoll ist. Wurde sie korrekt ausgeführt, dann bestimmt das Modell den neuen Zustand. Dies ist sicher die klarste und systematischste Umsetzung der Zustandsübergänge. Soll das System ebenfalls verschiedene Zustände aufweisen, dann wird es auch explizit mit solchen implementiert.

Im folgenden Abschnitt wird im einzelnen beschrieben, wie solche Überlegungen auf das Verfahren von Wirfs-Brock, Wilkerson und Wiener anzuwenden ist.

14.1.1 Wie werden Klassen umgesetzt?

Die Klassen wurden in Kapitel 7 mit Hilfe eines Formulars beschrieben. Sehen Sie sich dazu nochmals Abbildung 7.13 an. Alle darin erarbeiteten Teile der Spezifikation können mehr oder weniger direkt in C++ umgesetzt werden.

1. Der Klassenname muß entsprechend der Randbedingungen von C++ gewählt werden. Es darf beispielsweise kein reserviertes Wort Klassenname sein. Wenn Sie also jemals eine Verkehrssimulation schreiben, verwenden Sie also nicht „auto", sondern „AUTO" als Klassenname.

   Wählen Sie Ihre Klassennamen konsistent in der Schreibweise. Das kann in der durchgängigen Großschreibung aller Klassennamen bestehen oder im Anhängen von **Klasse** an alle Klassennamen. Der Effekt ist ein leichteres Wiedererkennen im gesamten Programm. Arbeiten Sie in einer größeren Gruppe, sollte das Festlegen der Klassennamen gemeinsam am Anfang der Implementierungsphase geschehen.

Die Unterscheidung in abstrakte und konkrete Klassen kann in C++ umgesetzt werden. Abstrakte Klassen sind Klassen, von denen keine Instanzen gebildet werden können. Ist in einer Klasse in C++ mindestens eine Methode als **pure virtual** bezeichnet, dann ist die Klasse eine abstrakte Klasse. Von dieser Klasse dürfen keine Instanzen gebildet werden, sie kann nicht als Argumenttyp, als Rückgabewert einer Methode oder einer Funktion oder als Typ bei einer impliziten Typkonvertierung benutzt werden. Zeiger und Referenzen auf abstrakte Klassen sind erlaubt.

Eine als **pure virtual** definierte Methode zeichnet sich dadurch aus,

- daß sie im Programmtext als **virtual** gekennzeichnet ist und
- daß ein Überladen der Methode durch Kindklassen erzwungen wird.

Das Erzwingen des Überladens erfolgt im Programmtext durch Anhängen von **= 0** an die Deklaration der Methode. Soll beispielsweise eine Methode **draw** für eine Klasse grafischer Objekte von allen Kindklassen überschrieben werden, so wird die Methode mit

```
virtual void draw() = 0;
```

deklariert.

2. Die Liste der Elternklassen spiegelt sich gleich in der ersten Zeile einer Klassendefinition wider, in der die Elternklassen aufgeführt werden. Für die Implementierung müssen Sie sich entscheiden, ob die Klassen **public** oder **private** vererben. Aufgrund der Entwurfsmethode ist das im allgemeinen **public**.

   Im Verlauf der Analysephase sind beispielsweise Gemeinsamkeiten zwischen Klassen faktorisiert worden. Diese Faktorisierung bedeutet nichts anderes als das Erben der faktorisierten Attribute mit genau den angegebenen Eigenschaften durch die Kindklasse.

Dafür kommt nur eine Vererbung der Attribute mit **`public`** in Frage.

3. Die Liste der Kindklassen aus der Spezifikation wird bei der Implementierung ignoriert, da es kein Konstrukt gibt, Elternklassen mit ihren Kindklassen zu verknüpfen. Die gegenseitigen Verweise auf Eltern- und Kindklassen können beim Entwurf helfen, den Überblick über die Klassenhierarchie zu behalten.

4. Der Hierarchiegraph der Vererbung ist eine Visualisierung der Hierarchie im Programm. Er spielt also bei der Implementierung keine direkte Rolle, sondern dient dem Überblick.

5. Der Zusammenarbeitsgraph ist ebenfalls eine Visualisierung, diesmal der Zusammenarbeit zwischen Teilsystemen und Klassen. Er kann bei der Implementierung genutzt werden, um die Übersicht über das Projekt zu behalten. Bei Aufteilung der Arbeit zwischen Personen oder Gruppen stellt er die Schnittstellen zwischen diesen Gruppen bildlich dar.

6. Die Klassenbeschreibung dient der Dokumentation der Klasse. Wenn sie die Funktionalität einer Klasse sinnvoll und umfassend beschreibt, kann sie auch während der Implementierungsphase zur Abgrenzung beitragen.

7. Kontrakte sind die öffentlich zugänglichen Attribute einer Klasse. Welche Attribute zu welchem Kontrakt gehören, ist in der Spezifikation festgehalten. Die Attribute können in C++ auf mehrere Arten zugänglich gemacht werden. Entweder können sie mit **`public`** allgemein zugänglich sein, oder es werden bestimmten anderen Klassen, die als **`friend`** deklariert sind, alle Attribute zugänglich gemacht.

   Für die spezielle Zusammenarbeit zwischen zwei Klassen fehlen in C++ die Beschreibungshilfsmittel. Im allgemeinen werden die betroffenen Attribute als **`public`** deklariert. In besonderen Fällen, in denen die Zusammenarbeit zwischen zwei Klassen sehr eng ist, kann auch die Umsetzung mit einer **`friend`**-Funktion gewählt werden.

   Der Kontrakt selbst taucht in einer C++-Implementierung nicht auf. Er ist nur ein abstraktes Entwurfshilfsmittel zur Beschreibung der Zusammenarbeit zwischen Klassen. Die Liste der Zusammenarbeit innerhalb der Beschreibung des Kontraktes einer Klasse drückt sich in Methodenaufrufen anderer Klassen aus.

8. Private Attribute werden durch die Bezeichnung **`private`** geschützt. Zusammenarbeit drückt sich wiederum durch Aufrufe von Methoden anderer Klassen aus.

Die Implementierung von Klassen und ihrer Vererbungshierarchie in C++ aufgrund der in Kapitel 7 erarbeiteten Spezifikation ist also relativ „geradlinig" durchführbar.

14.1.2 Wie werden Teilsysteme umgesetzt?

Teilsysteme eines objektorientierten Entwurfs sind selbständige Einheiten, die über ihre gegenseitigen Schnittstellen für die Zusammenarbeit definiert sind. Diese Schnittstellen können zum Beispiel dazu genutzt werden, die Arbeit an der Implementierung zwischen Personen oder Gruppen zu teilen. Wie wird aber ein Teilsystem in der Implementierung umgesetzt? Entspricht es einer Klasse oder nicht? Werden die Klassen innerhalb des Teilsystems dann lokale Klassen in bezug auf die Teilsystemklasse?

Da Teilsysteme Daten kapseln und Methoden zur Verfügung stellen, entsprechen sie konzeptionell Klassen und können bei einer Implementierung ebenfalls in Klassen umgesetzt werden. Die in einem Teilsystem enthaltenen Klassen und Teilsysteme sind die Daten, die Kontrakte entsprechen den Methoden.

Gegen eine Implementierung als Klasse spricht aber der zusätzliche Aufwand in der Ausführung, der durch die weitere Kapselung entstehen kann. Außerdem war das Teilsystem im Entwurf ein Hilfsmittel zur Strukturierung der Kommunikation und wurde nicht explizit in die Klassenhierarchie eingeführt. Diese Struktur aber soll im Programm ja wiedergefunden werden.

Ein weiterer Faktor, der die Entscheidung beeinflussen kann, ist die Komplexität des gesamten Systems. Ist das System ohne die Teilsysteme überschaubar, dann müssen sie nicht unbedingt wieder in der Implementierung auftreten. Hat das System dagegen so viele Klassen, Teilsysteme und Personen, die an der Implementierung beteiligt sind, daß die Struktur und die Schnittstellen eine wichtige Rolle im Projekt spielen, dann empfiehlt sich eine Umsetzung der Teilsysteme als Klassen.

Es kann beispielsweise auch sinnvoll sein, an dieser Stelle auf standardisierte Schnittstellen für Teilsysteme, z.B. COM oder CORBA zurückzugreifen. Zu diesen Themen sei auf die aktuellere Literatur im Rahmen der Arbeit der OMG verwiesen.

14.1.3 Wie werden Kontrakte umgesetzt?

Kontrakte beschreiben die „gebündelte" Zusammenarbeit zwischen zwei Klassen und bestehen aus mehreren Attributen, die eine Klasse einer anderen Klasse als Methoden anbietet. Wie oben bereits gesagt, gibt es in C++ keine explizite Möglichkeit, Kontrakte abzubilden. Die Implementierung ist immer implizit wiederzufinden.

Im wesentlichen gibt es zwei Möglichkeiten der Festlegung der Zusammenarbeit zwischen Klassen: Die kontraktgebende Klasse „veröffentlicht" die Methode als **`public`** und macht sie damit allen anderen Klassen zugänglich. Implizit ist darin die Nutzung durch die kontraktnehmende Klasse enthalten. Die zweite Möglichkeit besteht darin, der kontraktnehmenden Klasse Zugriff auf die Attribute der kontraktgebenden Klasse durch Deklaration als **`friend`** zu gestatten.

Diese Deklaration bezieht sich auf Seiten der kontraktgebenden Klasse *immer auf alle* Attribute der Klasse. Auf der Seite der kontraktnehmenden Klasse kann sie auf bestimmte Methoden beschränkt werden.

Beide Lösungen spiegeln also nur unzureichend das Konzept des Kontraktes in der Implementierung wider. Wählen Sie die erste Lösung, ist der Zugriff auf den Kontrakt auch anderen Klassen gestattet. Bei der zweiten Lösung gestatten sie dagegen mit dem Kontrakt auch den Zugriff auf sämtliche anderen Attribute der kontraktgebenden Klasse. Aus der Abwägung der „Sicherheit" durch unbeabsichtigte Zugriffe auf Attribute ist die erste Lösung vorzuziehen.

14.2 Ausblick

Die Darstellungen dieses Kapitels beenden die Einführung in das objektorientierte Programmieren und dessen Umsetzung in C++. Sie haben die Konzepte objektorientierten Programmierens kennengelernt, die Ideen und die Ausführung in einer von vielen als objektorientiert bezeichneten Programmiersprache. Sie haben auch eine Methode kennengelernt, um von einer Anforderungsbeschreibung zu einer objektorientierten Spezifikation zu kommen und von dort zu einem objektorientierten Programm in C++.

Auf viele Aspekte und Fragestellungen konnte nicht im Detail eingegangen werden, so z.B. auf die folgenden:

- Die *Architektur* eines Systems beeinflußt einen Entwurf recht weitgehend. Sei es, daß das Datenbankmanagementsystem oder die Entwicklungsumgebung der Oberfläche bestimmte Restriktionen setzt, sei es, daß auf einer Standard-Komponentenarchitektur aufgesetzt werden soll, etc.
- Unter dem Begriff der *Entwurfsmuster* haben sich inzwischen Standardlösungen für einige der hier erwähnten Probleme und Aufgaben etabliert [Gea94]. Beispielsweise ist das Konzept zur Trennung von interner und externer Schnittstelle einer Klasse in C++ ein solches Entwurfsmuster.
- Die *Nutzung von Klassenbibliotheken* ist ein Thema, das in den bekannten Analyse- und Entwurfstechniken noch unterentwickelt ist. Das bedeutet: Auf diesem Feld müssen Sie eigene Erfahrungen sammeln und sich in die entsprechenden Bibliotheken einarbeiten.
- Der *Aufbau von Klassenbibliotheken* ist immer dann interessant, wenn Sie innerhalb eines Unternehmens Wiederverwendung wirklich auch wertschöpfend in Anspruch nehmen wollen. Hierzu muß man sich einerseits über den Anwendungsbereich klar werden, in den Entwurf und die Implementierung viel Zeit investieren und eine geeignete Kommunikation der Inhalte mit berücksichtigen.
- *Objektorientierte Datenbanken* sollten für die Persistenz von objektorientierten Anwendungen immer evaluiert werden [Heu92]. Inzwischen gibt es einige etablierte Produkte, ein zu SQL vergleichbarer Standardisierungsprozeß ist allerdings noch nicht abgeschlossen.

An vielen Stellen sind aber auch Beschreibungen nicht weiter ausgeführt worden. Insbesondere in der Programmierung von C++ ist dieses Buch kein Ersatz für das Lernen mit der entsprechenden Literatur. Falls Sie also die Beispiele in diesem Buch noch nicht auf einem Rechner nachvollzogen haben, empfiehlt es sich spätestens jetzt, eigene Projekte durchzuführen, das Erlernte umzusetzen und die eigene Erfahrung hinzuzufügen. Nur durch diese Erfahrung können Sie letztlich entscheiden, ob objektorientiertes Programmieren für Sie die Werte hat, die in Verbindung damit postuliert werden.

14.3 Übungen

1. Umsetzung der Entwürfe aus Kapitel 7

Setzen Sie die Entwürfe, die Sie im Rahmen der Übungen von Kapitel 7 erarbeitet haben – also die Semesterdatenverwaltung, den Bankautomat und das Mensch-ärgere-Dich-nicht-Spiel –, in ein Programm um.

- An welchen Stellen (Oberfläche, Datenbank) können Sie auf Klassenbibliotheken zurückgreifen?
- Wo fällen Sie weitere Entwurfsentscheidungen, die wesentlichen Einfluß auf das System und seine Umsetzung haben?
- Können alle Elemente des Entwurfs in der genutzten Programmiersprache umgesetzt werden, wenn Sie nicht C++ verwenden?

2. Ampelanlage

Beschreiben Sie die Funktionalität einer Ampelanlage an einer hinreichend großen Kreuzung mit Fußgänger- und Fahrzeugampeln. Entwickeln Sie hieraus mit Hilfe des Analyse- und Entwurfsverfahrens ein Modell, das anschließend in C++ umgesetzt wird. Üben Sie hiermit die Umsetzung von Zustandsübergängen.

Literaturverzeichnis

[BJ66] C. Böhm und G. Jacobini. Flow Diagrams, Turing Machines and Languages with only two Formation Rules. Communications of the ACM, 1996.

[Boo83] Grady Booch. Software Engineering with Ada. Benjamin/Cummings Publishing Co., Menlo Park, CA, 1983.

[Bro83] Bronstein, Semendjajew. Taschenbuch der Mathematik. Verlag Harri Deutsch, Thun und Frankfurt/Main, 1983.

[Bud91] Timothy Budd. An Introduction to Object-Oriented Programming. Addison-Wesley, Reading, MA, 1991.

[CN94] Peter Coad und Jill Nicola. Objektorientierte Programmierung. Prentice-Hall, 1994.

[Cox86] B.J. Cox. Object-Oriented Programming – An Evolutionary Approach. Addison-Wesley, Reading, MA, 1986.

[CY94a] Peter Coad und Edward Yourdon. Objektorientierte Analyse. Prentice-Hall, 1994.

[CY94b] Peter Coad und Edware Yourdon. Objektorientiertes Design. Prentice-Hall, 1994.

[FB97] J. Freytag, W. Brauer (Ed.). Objcktorientierung in der Ausbildung. Schwerpunktthema im Informatik Spektrum 20 (6), 326 ff., 1997.

[Gea94] Erich Gamma, Richard Helm, Ralph Johnson, John Vlissides. Design Patterns – Elements of Reusable Object-Oriented Software. Addison-Wesley, Reading, MA, 1994.

[Gol84] Adele Goldberg. Smalltalk-80: The Interactive Programming Environment. Addison-Wesley, Reading, MA, 1984.

[GR83] Adele Goldberg und D. Robson. Smalltalk-80: The Language and its Implementation. Addison-Wesley, Reading, MA, 1983.

[Gra91] Ian Graham. Object-Oriented Methods. Addison-Wesley, Reading, MA, 1991.

[Gut93] Jürg Gutknecht. The Tragedy of Programming Language Development. Structured Programming, (14):49–55, 1993.

[Hea94] W. Hesse, G. Barkow, H. von Braun, H.-B. Kittlaus und G. Scheschonk. Terminologie der Softwaretechnik. Ein Begriffssystem für die Analyse und Modellierung von Anwendungssystemen. Informatik-Spektrum. (17):39–47 und (17):96–105, 1994.

[Het94] Walter Hetzel-Herzog. Objektorientierte Softwaretechnik. Vieweg, Braunschweig, 1994.

[Heu92] Andreas Heuer. Objektorientierte Datenbanken. Addison-Wesley, Bonn, 1992.

[Jea92] Ivar Jacobson, Magnus Christerson, Patrik Johnson und Gunnar Overgaard. Object-Oriented Software Engineering: A Use Case Driven Approach. Addison-Wesley, Reading, MA, 1992.

[KR90] Brian Kernighan und Dennis Ritchie. Programmieren in C. Carl Hanser Verlag, München, Wien, 1990.

[LZ77] B. Liskov und S. Zilles. Programming with Abstract Data Types. ACM SIGPLAN Notices, 1977.

[Man91] Achim Manche. CASE – Ende der Softwarekrise (1. Teil). c't, (8):54–60, August 1991.

[Mey90] Bertrand Meyer. Objektorientierte Softwareentwicklung. Carl Hanser Verlag, München, Wien, 1990.

[MSS96] Stefan Middendorf, Reiner Singer, Stefan Schrobel. Java – Programmierhandbuch und Referenz. dpunkt Verlag, Heidelberg, 1996.

[Pöp92] Josef Pöpsel. Fortwährende, nicht aufgezeichnete Diskussionen über den Sinn und Unsinn von objektorientierter Programmierung, 1992.

[Rea93] J. Rumbaugh, M. Blaha, W. Premerlani, F. Eddy, W. Lorensen. Objektorientiertes Modellieren und Entwerfen. Hanser Verlag, München, Wien, 1993.

[Sch90] Arno Schulz. Software-Entwurf – Methoden und Werkzeuge. Oldenbourg, München, Wien, 1990.

[Sch97] Schülerduden Informatik. Dudenverlag, Mannheim, 1997.

[Som89] Ian Sommerville. Software Engineering. Addison-Wesley, Reading, MA, 1989.

[Ste93] Wolfgang Stein. Objektorientierte Analysemethoden – ein Vergleich. Informatik-Spektrum, 16(6):317–332, 1993.

[Ste96] René Steiner. Theorie und Praxis relationaler Datenbanken. Eine grundlegende Einführung für Studenten und Datenbankentwickler. 2. Auflage, Vieweg, Braunschweig, 1996.

[Str91] Bjarne Stroustrup. The C++ Programming Language. Addison-Wesley, Reading, MA, 1991.

[Str98] Bjarne Stroustrup. Die C++-Programmiersprache. Addison-Wesley, Bonn, 1998.

[UML] Aktuelle Darstellung der UML (Unified Modeling Language). Internet-Adresse: **www.rational.com/uml**

[UML97a] UML Summary, Version 1.1. September 1997 (von [UML]).

[UML97b] UML Notation Guide, Version 1.1. September 1997 (von [UML]).

[Wir71] Niklaus Wirth. Program Development by Stepwise Refinement. Communications of the ACM, 1971.

[WWW90] Rebecca Wirfs-Brock, Brian Wilkerson und Lauren Wiener. Designing Object-Oriented Software. Prentice-Hall, 1990.

Glossar

In das folgende Glossar wurden im wesentlichen Begriffe der objektorientierten Programmierung aufgenommen. Die Begriffe sind in deutsch gegeben und erläutert, die entsprechende englische Bezeichnung steht jeweils in Klammern dahinter. Die Seitenzahlen bei den Erläuterungen weisen auf Beschreibungen der Begriffe im Text hin.

Abgeleitete Klasse (*derived class*) Siehe *Kindklasse.*

Ablaufmodell Teil des Anwendungsmodells, das diejenigen Elemente des Gegenstandsbereiches enthält, die den Zusammenhang zwischen aktiven und passiven Elementen und zwischen verschiedenen aktiven Elementen herstellen. *S. 66*

Abstrakte Elternklasse (*abstract superclass, deferred class*) Eine Klasse, von der keine Instanzen gebildet werden. Sie dient als Elternklasse anderer Klassen, die ihre Eigenschaften erben. *S. 66*

Abstrakte Klasse (*abstract class*) Siehe *Abstrakte Elternklasse.*

Abstrakte Methode (*deferred method*) Eine Methode, die nur ihre Schnittstelle, nicht aber die Implementierung der Methode beschreibt. Die Parameter und Ergebnistypen werden festgelegt, die Ausführung dagegen den Kindklassen der Klasse überlassen. Für alle Kindklassen wird damit eine einheitliche Schnittstelle einer Methode beschrieben.

Abstrakter Datentyp (ADT) (*abstract data type*) Eine Abstraktion, ähnlich einer Klasse, die eine Menge von Objekten durch ihre Datenstruktur und Operationen auf dieser Datenstruktur beschreibt. Abstrakte Datentypen (*S. 15*) zeichnen sich dadurch aus, daß sie

1. eine Typdefinition exportieren,
2. Operationen auf dem Typ definieren und exportieren, mit denen Instanzen dieses Typs manipuliert werden können,
3. die internen Daten so schützen, daß nur durch die in 2. bestimmten Operationen darauf zugegriffen werden kann,

4. mehrfache Instantiierungen des Typs erlauben und
5. Axiome und Vorbedingungen ihren Einsatz beschreiben.

ADT Siehe *Abstrakter Datentyp.*

Agent (*agent*) Softwarekomponenten, die vor allem in vernetzten Systemen selbständig Aufgaben bearbeiten und deren Ausführung überwachen. Je nach Fähigkeiten haben sie die Eigenschaft, *stationär* oder *mobil*, *aktiv* oder nur *passiv* zu arbeiten. Kleine Agenten lassen sich auch als einfache *Objekte* auffassen.

Aggregation (*aggregation*) Form einer Relation. Eine Aggregation besteht dann, wenn sich ein Objekt (Ganzes) aus anderen Objekten (Teilen) zusammensetzt. *S. 35*

A-Kind-Of-Relation Die Vererbungsbeziehung zwischen einer Klasse und ihrer Elternklasse. Siehe auch *Is-A-Relation. S. 35*

Anwendungsmodell Modell, das sich auf einen Weltausschnitt bezieht, der Gegenstandsbereich einer Software-Anwendung ist. Setzt sich i.a. zusammen aus einem Datenmodell, einem Funktionsmodell und einem Ablaufmodell. *S. 66*

Assoziation (*association, relation*) Allgemeinste Form einer Relation. Eine Assoziation setzt zwei oder mehr Klassen miteinander in eine (attributierte) Beziehung. *S. 37*

Attribut (*attribute*) Als relevant erachtete Eigenschaft eines Objektes. Attribute können Daten oder Methoden sein. Sie existieren nicht getrennt von Objekten und können andere Objekte als Wert annehmen. *S. 22*

Automatische Speicherplatzverwaltung (*automatic storage management*) Vorgehensweise, bei der das Laufzeitsystem einer Programmiersprache für die Entdeckung und Freigabe nicht mehr benutzten Speicherplatzes verantwortlich ist.

Bindung (*binding*) Vorgang der Assoziation eines Ausdrucks mit einem Attribut, z.B. der Zuordnung einer Variablen und ihres Typs. *S. 39*

Bindungszeitpunkt (*binding time*) Zeitpunkt, an dem eine Bindung stattfindet. Als *frühe* oder *statische Bindung* wird im allgemeinen eine Bindung während der Übersetzungszeit bezeichnet, als *späte* oder *dynamische Bindung* eine Bindung während der Laufzeit.

Botschaft (*message*) Nachricht. Aufforderung an ein Objekt, eine seiner Methoden auszuführen. *S. 25*

Botschaftenaustausch (*message passing*) Der Ansatz, daß Objekte nur mittels Botschaftenaustausches miteinander kommunizieren und damit das Programm zum Ablauf bringen. Der englische Begriff wird an manchen Stellen auch für die *Methodenfindung* benutzt.

Datenmodell Modell, das die statische Struktur des Gegenstandsbereiches beschreibt. *S. 66*

Dynamische Bindung (*dynamic binding*) Synonym zu *späte Bindung*. Bindung zur Laufzeit. *S. 39*

Elternklasse (*parent class*) Synonym zu *Oberklasse*. Die direkte oder indirekte Vorgängerklasse, von der eine Klasse erbt.

Empfänger (*receiver*) Objekt, das eine Botschaft gesendet bekommt.

Ereignis (*event*) Zustandsänderung, die bezüglich einer Aufgabe relevant ist, also z.B. auslösenden oder unterbrechenden Charakter hat.

Frühe Bindung (*early binding*) Siehe *Statische Bindung*.

Funktion (*function, process*) Abbildungsvorschrift, die einer Menge von (Eingabe-) Daten eine Menge von (Ausgabe-) Daten zuordnet.

Funktionsmodell Modell, das die aktiven Elemente des Gegenstandsbereichs beschreibt: die Funktionen, ihre Ein- und Ausgaben, Verarbeitungsvorschriften sowie die dabei bearbeiteten Masken und Listen. *S. 66*

Generizität (*genericity*) Fähigkeit, Klassen (durch einen Typ) zu parametrisieren. *S. 26*

Has-A-Relation Eine Relation, die zusichert, daß Instanzen einer Klasse ein Attribut einer bestimmten anderen Klasse enthalten. *S. 36*

Instanz (*instance*) Synonym zu *Objekt*. Variable eines Klassentyps.

Is-A-Relation Eine Relation, die zusichert, daß Instanzen einer Kindklasse spezialisierte Formen der Instanzen ihrer Elternklasse sind. Daher können Instanzen einer Kindklasse überall da verwendet werden, wo Instanzen ihrer Elternklasse verlangt sind. Im Gegensatz zu *A-Kind-Of* bezeichnet Is-A eine Relation zwischen Objekten. *S. 34*

Jojo-Problem (*yo-yo problem*) Das bei der Suche nach der auszuführenden Methode auftretende Phänomen der wiederholten Auf- und Abwärtssuche in der Klassenhierarchie. Insbesondere bei der Fehlersuche mit Hilfe eines Debuggers kann diese Suche extrem verwirrend sein.

Kapselung (*information hiding*) Das Prinzip, nach dem die Schnittstelle einer Softwarekomponente (z.B. ein Modul oder eine Klasse) auf die notwendige Information beschränkt wird. Relevant ist, wie eine Komponente verwendet wird, nicht, wie sie realisiert ist. *S. 14*

Kindklasse (*child class*) Synonym zu *Unterklasse* und *abgeleitete Klasse.* Eine Klasse, die als Erweiterung einer anderen Klasse (auch Elternklasse genannt) bezüglich ihrer Attribute definiert ist.

Klasse (*class*) Synonym zu *Objekttyp*. Eine Klasse ist die abstrakte Beschreibung der Daten und des Verhaltens einer Menge von gleichartigen Objekten. Repräsentanten einer Klasse werden *Instanzen* der Klasse genannt. *S. 23*

Klassenhierarchie (*class hierarchy*) Die Hierarchie zwischen Klassen wird durch den Vererbungsgraph ausgedrückt und bezeichnet die durch die Vererbung entstehende Beziehung zwischen einer Menge von Klassen.

Konkrete Elternklasse Eine Klasse, von der auch Instanzen gebildet werden. Gegensatz zu *abstrakte Elternklasse.*

Mehrfachvererbung (*multiple inheritance*) Eigenschaft, die einer Klasse das Erben von mehr als einer Elternklasse erlaubt. *S. 32*

Merkmal (*attribute*) Siehe *Attribut.*

Metaklasse (*meta class*) Eine Klasse, die Informationen über andere Klassen enthält.

Methode (*method*) Eine Prozedur oder Funktion, die mit einer Klasse assoziiert ist und als Reaktion auf eine Botschaft aufgerufen wird. *S. 25*

Methodenfindung (*method lookup*) Der Prozeß, mit dem die richtige Methode als Antwort auf eine Botschaft gefunden wird. Dazu wird im allgemeinen die Klassenhierarchie von der speziellen zur allgemeinen Klasse (also von unten nach oben in einem „gedachten Baum") durchsucht, bis die entsprechende Methode gefunden ist. *S. 39*

Modell (*model*) Idealisierte, vereinfachte, in gewisser Hinsicht ähnliche Darstellung eines Gegenstandes, Systems oder sonstigen Weltausschnittes mit dem Ziel, daran bestimmte Eigenschaften des Vorbilds besser studieren zu können.

Oberklasse (*superclass*) Siehe *Elternklasse.*

Objekt (*object, entity*) Eindeutig identifizierbare Repräsentation eines Gegenstands. Es hat in der Regel einen Namen und kann durch genauere Beschreibung mit anderen Objekten gleichgesetzt bzw. klassifiziert werden. Seine Eigenschaften und Beziehungen charakterisieren es weiter. Merkmale eines Objektes werden als *Attribute* bezeichnet. *S. 22*

Objektorientiert (*object oriented*) Nach einschränkenden Definitionen basieren objektorientierte Systeme allein auf Objekten und deren Abstraktion in Klassen, dem Vererbungsprinzip und dem Versenden von Botschaften.

Objekttyp (*object type*) Siehe *Klasse*.

Operation Eine *Methode*.

Part-Of-Relation Eine Relation, die zusichert, daß Daten in der Instanz einer bestimmten Klasse enthalten sind. Inverse Relation zur *Has-A-Relation*.

Persistenz (*persistence*) Eigenschaft von Objekten, über die Laufzeit eines Programms hinaus in ihrer Identität, ihrem Zustand und ihrer Beschreibung zu existieren. *S. 46*

Polymorphismus (*polymorphism*) Wörtlich bedeutet Polymorphismus „viele Erscheinungsformen". Der Begriff wird für verschiedene Eigenschaften objektorientierter Programmiersprachen verwendet.

1. Die Eigenschaft von Variablen, verschiedene Typen annehmen zu können.
2. Die Eigenschaft von Funktionen, polymorphe Argumente zuzulassen.
3. Die Eigenschaft einer Funktion, für verschiedene Parametersätze mit gleichem Namen definiert zu sein.
4. Eigenschaft eines Operators, sich auf Instanzen verschiedener Klassen während der Laufzeit zu beziehen. Daher werden polymorphe Botschaften von verschiedenen Objekten verschieden interpretiert.

S. 41 ff.

Protokoll (*protocol*) Synonym zu *Verhalten*. Die vollständige Beschreibung der Methoden einer Klasse. Das Protokoll beschreibt also das Verhalten jedes Objektes, das Instanz einer Klasse ist. *S. 23*

Qualitätssicherung (*quality assurance*) Gesamtheit von angemessenen, aufeinander abgestimmten Maßnahmen zur Erfüllung vorgegebener Anforderungen an die Qualität eines Produktes oder Herstellungsprozesses.

Relation (*relation*) Bilden von Zusammenhängen (Beziehungen) in Anwendungsmodellen, in der Regel bezogen auf Objekte oder Klassen. *S. 33*

Schnittstelle (*interface*) Eine Menge von Vereinbarungen, die zur Beschreibung des Zusammenwirkens von Systemen oder Systemteilen getroffen werden. Diese können sich auf aktive oder passive Elemente beziehen. In Abhängigkeit davon spricht man von funktionalen oder Datenschnittstellen. Siehe *Protokoll.*

Software Engineering Software Engineering befaßt sich mit Prinzipien, Methoden, Werkzeugen und Menschen, die Software unter industriellen Bedingungen planen, entwickeln, anwenden und warten. Das Ziel von Software Engineering ist die Erstellung von Qualitätssoftware. *S. 4*

Softwaretechnik Siehe *Software Engineering.*

Späte Bindung (*late binding*) Siehe *Dynamische Bindung.*

Statische Bindung (*static binding*) Das Gegenteil von dynamischer Bindung. Bereits während der Übersetzungszeit werden Variablen an einen Typ oder Methoden an Botschaften gebunden. *S. 39*

Systementwurf (*system design*) Ein objektorientierter Systementwurf besteht aus einem System von Objekten bzw. Klassen, das den Anforderungen genügt und eine Beschreibung des Verhaltens der Objekte und den Kommunikationsstrukturen zwischen den Objekten wiedergibt. Siehe. *Anwendungsmodell. S. 49 ff.*

Typ (*type*) Eine Menge und die auf dieser Menge definierten Operationen. Siehe *Abstrakter Datentyp.*

Unterklasse (*subclass*) Siehe *Kindklasse.*

Vererbung (*inheritance*) Der Mechanismus, nach dem Objekte einer Klasse Zugriff auf Daten und Methoden einer bereits früher definierten Klasse bekommen, ohne daß diese neu definiert werden müssen. *S. 29*

Vererbungsgraph (*inheritance graph*) Eine abstrakte Struktur, welche die Vererbungsbeziehung zwischen einer Menge von Klassen illustriert.

Verhalten (*behaviour*) Siehe *Protokoll.* Die Menge aller Methoden eines Objektes beschreiben das Verhalten des Objektes. *S. 22*

Virtuelle Methodentabelle (*virtual method table*) Eine z.B. in C++ verwendete Art der Verwaltung des Zugriffs auf (virtuelle) Methoden.

Zustand (*state*) Zeitabhängige Eigenschaft eines Objektes.

Index

V

W

Z